本书受到韩国高等教育财团
国际学术交流援助项目（2008—2009）资助

中国社会科学院廉政智库丛书

"韩国病"的政治解读
——韩国现代化进程中的反腐败研究

陈海莹 著

HANGUOBING DE ZHENGZHI JIEDU
Hanguo Xiandaihua Jincheng Zhongde Fanfubai Yanjiu

中国社会科学出版社

图书在版编目(CIP)数据

"韩国病"的政治解读:韩国现代化进程中的反腐败研究 / 陈海莹著.—北京:中国社会科学出版社,2015.4
ISBN 978 – 7 – 5161 – 6169 – 2

Ⅰ.①韩… Ⅱ.①陈… Ⅲ.①廉政建设—研究—韩国 ②政治制度—研究—韩国 Ⅳ.①D731.26

中国版本图书馆 CIP 数据核字(2015)第 097974 号

出 版 人	赵剑英
责任编辑	田　文
特约编辑	陈　琳
责任校对	张爱华
责任印制	王　超

出　　版	中国社会科学出版社
社　　址	北京鼓楼西大街甲 158 号
邮　　编	100720
网　　址	http://www.csspw.cn
发 行 部	010 – 84083685
门 市 部	010 – 84029450
经　　销	新华书店及其他书店
印　　刷	北京君升印刷有限公司
装　　订	廊坊市广阳区广增装订厂
版　　次	2015 年 4 月第 1 版
印　　次	2015 年 4 月第 1 次印刷
开　　本	710×1000　1/16
印　　张	15.5
插　　页	2
字　　数	262 千字
定　　价	56.00 元

凡购买中国社会科学出版社图书,如有质量问题请与本社营销中心联系调换
电话:010 – 84083683
版权所有　侵权必究

目 录

前 言 ……………………………………………………………（1）

韩国现代化进程中的反腐败研究 ………………………………（1）

第一章 绪论 ……………………………………………………（4）
  一 关于腐败的定义及其产生的根源的一般性研究 …………（4）
  二 儒家传统与韩国的国民性格 ………………………………（14）

第二章 建国初期自由体制下的"腐败共和国" ………………（18）
  一 移植的现代政治制度 ………………………………………（18）
  二 贪权恋财的腐败王国 ………………………………………（23）
    ➢ 李承晚时期（1948—1960）（第1—3届）政府反腐败的
      措施、特点分析 …………………………………………（31）
  三 虚弱的民主实验无力抵制腐败的洪水猛兽 ………………（32）
    ➢ 张勉时期（1960—1961）（第4届）政府反腐败的
      措施、特点分析 …………………………………………（37）

第三章 军政威权体制下的反腐救国运动 ……………………（40）
  一 痛恨腐败的"政治军人"崛起 ……………………………（40）
  二 "韩国重建"中的庶政刷新运动 …………………………（43）
  三 新的利益集团与社会结构 …………………………………（55）
    ➢ 朴正熙时期（1961—1979）（第5—9届）政府反腐败的
      措施、特点分析 …………………………………………（64）

第四章　多元文民体制下的反腐败的制度化努力 ……………… (68)
　　一　进步阵营力量壮大 ……………………………………… (70)
　　二　不再甘心于俯首帖耳的财阀集团 ……………………… (76)
　　三　军政体制的没落与行政性腐败大爆发 ………………… (82)
　　四　军政体制退出历史舞台 ………………………………… (88)
　　　▷崔圭夏时期(1979—1980)(第10届)政府反腐败的
　　　　措施、特点分析 ………………………………………… (95)
　　　▷全斗焕时期(1980—1988)(第11—12届)政府反腐败的
　　　　措施、特点分析 ………………………………………… (96)
　　　▷卢泰愚时期(1988—1993)(第13届)政府反腐败的
　　　　措施、特点分析 ………………………………………… (100)
　　五　文民体制下反腐败进入法治化轨道 …………………… (101)
　　　▷金泳三时期(1993—1998)(第14届)政府反腐败的
　　　　措施、特点分析 ………………………………………… (110)
　　　▷金大中时期(1998—2003)(第15届)政府反腐败的
　　　　措施、特点分析 ………………………………………… (120)
　　　▷卢武铉时期(2003—2008)(第16届)政府反腐败的
　　　　措施、特点分析 ………………………………………… (124)

第五章　保守主义复归，反腐败任重道远 …………………… (128)
　　一　民主改革并未动摇产生腐败的根基 …………………… (129)
　　二　失败的经济改革 ………………………………………… (135)
　　三　神通广大的"财阀帝国" ………………………………… (140)
　　四　文民体制的无奈 ………………………………………… (149)
　　　▷李明博时期(2008—2013)(第17届)政府反腐败的
　　　　措施、特点分析 ………………………………………… (162)
　　　▷朴槿惠时期(2013—　)(第18届)政府反腐败的措施、
　　　　特点分析 ………………………………………………… (163)

求索与记录 …………………………………………………… (166)
　　韩国反腐败工作素描 ………………………………………… (166)
　　韩国发展与腐败问题新探：行政性腐败与政治性腐败 …… (184)

财阀的帝国时代 …………………………………………… (192)
社会调查:韩国人心目中最喜欢的历届总统 ……………… (219)

参考文献 ……………………………………………………… (230)

后　记 ……………………………………………………… (234)

前　言

　　腐败问题是一个世界性的难题。世界各国政府都高度重视对反腐败的研究与治理。研究发现，处于一定发展阶段所表现出的问题，总有高度的相似性。我们的近邻韩国，无疑在某些方面为我们提供了很好的参照系。

　　腐败一直被韩国人痛斥为是最严重的社会痼疾之一。韩国的年度"清廉指数"远低于韩国GDP在世界上的排名。[①]

　　由腐败引起的许多事件影响深远，甚至震惊全球：全斗焕、卢泰愚两位前总统接受"世纪审判"，双双陷入囹圄。因涉"金大中巨资买得诺贝尔和平奖"一案，财富巨子韩国现代峨山公司董事长郑梦宪自杀身亡。"廉洁先生"卢武铉却因涉腐跳崖自尽。2013年9月16日，韩国历史上唯一的女国务总理韩明淑受贿一案在首尔高等法院二审宣判，法院推翻一审无罪判决，以非法收受政治资金罪判处韩明淑有期徒刑两年，并处罚金8.8亿韩元（约合人民币537万元）。近期在对2013年夏天造成韩国最严重的电力危机、经济损失达10万亿韩元的核电腐败案的调查发现，大规模的企业界、政界腐败夹杂其中；震惊世界的韩国"岁月"号沉船事件背后，腐败同样如影随形[②]……

　　韩国人称腐败为"韩国病"，一则说明腐败对社会损害至深，人人痛恨；二则说明反复发作，是在韩国政治发展进程中普遍存在的一种典型现象。

---

　　① 韩联社首尔2013年12月3日电，国际反腐组织透明国际（Transparency International, TI）发布的2013年全球清廉指数（CPI）排行榜，韩国以5.5分位居第46位，比去年的第45位下降了一个名次。由此，韩国清廉指数排名连续第三年出现下降。同时，韩国还有1999年的腐败指数仅拿了最低分3.8分的不良历史记录。

　　② 据调查，事故所暴露出来的深层问题是"官商勾结"，负责代理检查船只安全的韩国船级社与负责管理船只安全运航的海运工会的理事长都曾是韩国海洋水产部官员。这种"官"与"商"的关系导致了韩国政府对这些机构的监督形同虚设。

"韩国病"，病源仍离不开"权"、"钱"二字。根据韩国"反腐败·透明社会协议实践协会"2006年进行的一项民意调查结果，62.8%的普通国民和50.5%的专家普遍认为造成韩国社会不断滋生腐败，"政商勾结是韩国腐败的最大原因"。

针对屡禁不止的腐败，自韩国建国以来，反腐败几乎是其历届政府最鼓舞人心的工作，也是常受诟病的领域。历届政府为了打击腐败也采取了许多严厉的措施，包括实施官员个人财产公开制、金融交易实名制、"一刀切"政策（即若官员被发现受贿或贪污，无论涉案金额大小，都将开除公职）等，国会也加强了立法，从制度上反腐败，并且韩国很早就有了专门的反腐败法。但即便如此，大大小小的腐败案件仍然层出不穷。

腐败现象同任何一种社会现象一样，其存在和发生都不是孤立的，是与一定的社会政治经济文化生活相联系的。反腐败不仅要清除危害社会生活秩序的腐败现象，更重要的是治理和改变由腐败掩盖下产生的利益冲突和政治关系。

治理腐败，首先应该把它放在一定的社会政治环境中去考察，才能发现其发生存在的根源、特征及发展规律，根据病因病情对症下药，而不限于头痛医头、脚痛医脚。

一般来讲，腐败的产生与四个方面的因素紧密相关：一定的文化与传统；一定的政治制度及行政管理方式；一定的经济构成与运行机制；以及一定的社会环境和社会风气。其中文化因素的影响是最为深层而稳定的，文化影响着国民的性格气质，以及对腐败问题的认识和包容程度。政治和经济的因素是各个影响因素中最为活跃，也是起着关键作用的，这两个因素决定腐败的程度表现和特征。而社会风气是由其他几项因素所影响的，尤其是随着政治和经济的作用影响而不断发生转变的。

在政治生活中，反腐败是一项打破旧秩序、建设新秩序的手段，它所针对的不仅仅是贪腐等腐败现象本身，更多的是对腐败背后的不正当的利益角逐和以权谋私行为的治理和矫正。

对一个政治现象进行全面观察，就离不开对其产生存在的政治体制结构、政治发展规律和相关因素的观察。

对政治发展问题进行一种宏观视角下的观察，即对整个政治体系进行结构性理解，大致可以从三个层面切入，即表层的宪政体制、中观的权力结构和基础的利益结构。

宪政体制是一个国家民主政治所采取的形式，关注的是基本法律、体制设计层面，探讨政治发展与制度变迁的相关问题；

权力结构是掌握政治权力的精英阶层及其内部不同集团所处的地位与相互关系，关注的是政治权力的实际掌握和运作；

利益结构探究社会存在的社会基础问题。

宪政体系、权力结构和利益结构共同构成政治体系的基本结构，三者关系的综合决定着政治体系的特征、运行和表现。

这其中，对利益群体和相应的权力结构的分析又是分析的基础。对权力结构的考察在韩国就是要对保守阵营和进步阵营两大阵营进行集中分析。利益结构则观察拥有政治资源和社会影响力的利益集团，这些有着相同利益诉求的社会阶级、阶层和群体为了寻求自身利益的政治解决渠道，如何在一定的权力结构中寻找利益代理人，进而影响政策的走向和权力的运行。在韩国集中表现为财阀与政治精英之间的政治博弈。政治活动在本质上是社会利益的一种权威性分配过程，其中，权力精英代表着统治阶级和主流利益集团的政治诉求。政治权力的形成和运行都反映一定社会的基本的利益结构及其需求。权力结构反映利益结构，代表集团的利益，同时又有自己的相对独立性。在权力结构与利益结构之间，利益结构是基础，而权力结构又能起到调控制约的功能。

在此规律作用下，韩国的政治发展进程直接影响政府反腐败的行为与方式，影响反腐败的内容与结果。

此外，在特殊的环境和历史背景下，韩国行政管理方式与社会意识形态上也呈现出独特的特征。韩国社会中长期存在垂直性的权力结构与水平性的意识结构的激烈对抗，二者互不妥协，使得行政权力与民众诉求产生断裂，重大问题上难以达成和谐一致，不能建立起公正的秩序体系和合理的财富分配机制，结果造成行政权力与利益集团间容易达成同盟，权钱交易，共谋利益；而民主监督往往缺位和失效。

以政党为例。作为现代民主政治的重要支柱——政党在韩国发展非常不成熟，一直以来缺乏有影响力的长期稳定发展的全国性的政党。韩国政党的政治功能的弱化，使得各党派在竞争性选举的压力下，对财阀有很严重的依赖性，既不能有效地制约腐败，又是滋生腐败的重灾区。

政党是代表了不同利益集团表达各自利益需求和态度的重要组织，拥有法律规定和保障的政治和经济上的特权。同时，由于政党介于国家与社会中间，起着连接两头、调节矛盾的桥梁作用。参与选举是政党政治作用发挥的最直接的形式，承担着政治动员以及参与和组织政府的功能。而韩国的政党的组建与分化一般是围绕着党首或个别核心人物，甚至是某个地域，而不是相对稳定的政策理念，其创建、解散、合并、更名随意而频繁。政党组织个人色彩极其浓厚，往往是政党聚集在政治领袖周围，而不是政党产生政治领袖。缺乏稳定的阶级和社会支持力量，政党不稳定，党纲和政策主张都不被重视，政党的兴衰沉浮全部系于政党领袖人物的表现。

政党制度的不完善对民主政治以及对反腐败造成伤害。由于缺乏长期的连贯性的政策与理念，极容易产生短视和急功近利行为，政治行为常常拘泥于具体事务中，为达成暂时联合不惜对不当权益进行妥协，结果给社会资源造成巨大浪费；其次是政党容易被财阀控制，沦为经济组织谋求政治利益的工具，通过权钱交易，形成腐败的关系链。

政党运作离不开财阀提供的政治资金。拥有自己的秘密政治资金渠道，是各政党间心照不宣的"秘密"。在现代政党政治中，资金是决定政党生死存亡的最主要的因素之一。政治资金在政党政治生活中占很大分量。一般来说，政治资金用于政权维持、政党运作和选举几大方面，其中选举费所占的比重最大。政治资金的来源主要有政府财政补贴、党员缴纳的党费、社会募集款等。在这些资金来源中，来自社会团体的部分是最主要的。因此，政治资金不仅仅是财政的问题，更是敏感的政治问题。当前韩国政党的政治资金来源的公开化、合法化程度仍然很低，社会监督乏力。政党筹集政治资金是腐败的高发区，也是最容易受诟病的敏感地带。然而彻底改变这一局面，也是牵一发而动全身的社会难题。

韩国的腐败，权钱交易，政经粘连，看似是一个非常简单的结论，却包含着根本的深刻的政治逻辑。因此，考察韩国的腐败问题必须结合一定的政治社会环境，详细考察社会权力结构、利益群体间利益关系的发展和变化，以及这些发展变化对于国家宏观体制的适应、变通和改造，从政治进程中，特别是民主运动中，了解其来龙去脉，从而深化我们对问题的认识。

本研究受到韩国高等教育财团国际学术交流援助项目（2008—2009）资助，后期得到"东亚民主政治研究"课题的进一步推进。房宁研究员对于政治发展问题的理论归纳与阐述为本项研究提供了理论指导；亚太所王晓玲副研究员提供了大量关于韩国社会发展情况的重要研究成果。在调研过程中，韩国学者李南周教授贡献了"政治性"腐败和"行政性"腐败的思想，给了本项研究重要的启示。本研究还借鉴了许多前贤的理论成果，在此一并致谢！

韩国现代化进程中的反腐败研究

  韩国是第二次世界大战后迅速崛起的现代民族国家。韩国从战后初期一片废墟上起步，在短短几十年内迅速发展成为欣欣向荣的新兴工业国，创造了举世瞩目的"汉江奇迹"。然而在现代化的洪流中，腐败问题也如鬼魅随行裹挟其中。一定阶段的腐败现象总是与其发生的社会环境相联系的，一定的腐败表现总是折射出其发生发展的某些鲜明社会特征。让韩国人痛恨的"韩国病"是如何落地、生根、发芽，并且"野火烧不尽，春风吹又生"的呢？这就需要我们回望过去的足迹，从历史中仔细追寻。

  建国以后，韩国先是移植了美国的自由民主制度。然而这种嫁接移植的民主在不具备生长条件的韩国表现出严重的水土不服，导致了社会动荡、腐败盛行，国家如一盘散沙。在这一社会形势下，军政集团迅速崛起并夺取政权，开启了强权主导下迅速工业化的历史进程。在实现工业化的进程中，韩国的社会结构也发生了深刻的变化，出现了新的社会阶级和利益集团。新兴阶级和利益集团政治参与和分享政治权力的要求冲击并最终结束了军政体制。而在向多元民主转型中，形成主张发展优先的"保守派"和强调社会平等正义的"进步派"两大利益集团，它们分别代表了两股政治势力、两种发展倾向，深刻影响着韩国的政治发展。以 CEO 总统李明博上台为标志，韩国又开启了向发展主义复归的历程。

  由此，我们大致可以将韩国建国后的政治进程划分为三个阶段，即从自由体制到威权体制，从威权体制到多元体制，再从多元体制上退却。①

在这半个多世纪的政治发展过程中，腐败问题一直深刻影响着韩国的政治生活，折射出韩国政治发展的进程。反腐败既是政治精英建立和巩固政治经济秩序的手段，也是应对政治结构、利益关系变化的要求，促进社会进步的表现。

亨廷顿在《变化社会中的政治秩序》一书中提出现代化的过程促进了腐败，这一观点广为流行。然而现代化并不是腐败产生的必要条件。腐败在韩国政治发展和现代化进程中表现不同，但腐败的主体集中在两大利益群体或曰利益集团：政治精英和企业精英。不同时期的腐败有不同的特点和表现，既有政府官员利用行政权力的贪污受贿、权力寻租、权钱交易等"行政腐败"，也有政治领导人、政党收受政治献金的"政治性腐败"。在不同的发展阶段，腐败的性质、类型、程度等亦有所不同。反腐败首先要厘清不同时期腐败利益群体间的利益链条、利害关系。

伴随着波澜壮阔的现代化与民主化进程，韩国反腐败既有重大的成果，也充满了艰苦探索与曲折。与韩国的政治发展的政治分期相应，韩国反腐败的进程大致也分为四个阶段。

第一阶段是政府无作为阶段。时间跨度为建国初期的第一、第二共和国，在自由体制下，流于形式和概念上的民主制度下是政客们肆无忌惮争权夺利、贪污腐化的集体腐败。

第二阶段是政治军人反腐救国的革命和铁腕治国反腐败促发展运动阶段，主要为威权体制下的反腐风暴，跨度是从朴正熙发动政变，一直到维新体制瓦解。主要特征是有革命抱负的政治军人为改变落后的社会面貌，为经济发展肃清障碍的反腐"革新"运动。这一阶段的主要特征是依靠铁腕强权人物的意志推进，服务目标是经济发展。

第三阶段是多元民主体制下进行的制度反腐建设。围绕选举的政治目标，扫清军部影响，建立政治经济新的秩序。这一阶段强调利用法律、制度反腐败，是多元协调平衡的结果。

第四阶段是在保守主义重新席卷而来，发展主义重新抬头，围绕经济

---

① 房宁等：《自由 威权 多元——东亚政治发展研究报告》，社会科学文献出版社2011年版，绪论。

发展，护航经济，进入建设"经济民主"背景下的反腐败新阶段。病灶犹在，任重而道远。

反腐败作为执政者一项重要的治理整顿措施，在不同的历史时期有不同的任务和内容，有不同的形式和表现，也相应有不同的效果。尽管各届政府都以彻底消除腐败为口号，然而现实与事实决定了毕其功于一役是不可能的。反腐败是一项长期而艰巨的任务，单凭领导人的激情和决心是不行的，需要因势利导，妥善解决社会的主要矛盾和主要任务，需要各方面的齐心协力，共同推进。

第一章 绪论

一 关于腐败的定义及其产生的根源的一般性研究

腐败威胁社会稳定与安全，破坏民主体制和价值观、道德观和正义，并危害着可持续发展和法治，腐败"是一种影响所有社会和经济的跨国现象"。[①]

（一）腐败的一般性定义

迄今为止，关于腐败的定义非常分散，由于从不同角度出发，所以五花八门，很难形成一个公认的一致的定义。但是应该说，腐败首先是一个有着特定含义的政治学术语，有其特定的指向：即对公共权力的滥用。

广义上的腐败包含了对公共权力的滥用、对社会不良现象的表述和制度腐朽等多方面的含义。[②] 狭义上则主要是指在政治统治层面，比如为赢得选举采取不正当手段，选举腐败；为了个人私利出卖公众利益，行政腐败等。比如为了低价获取或占有资源采取贿赂手段以及公职人员接受贿赂，都属于腐败行为。

《现代汉语词典》将"腐败"定义为制度、组织、机构、措施等的混乱、黑暗。我国《刑法》中并没有明确对腐败下定义，只是在第八章定义了"贪污贿赂罪"以惩戒腐败行为。《刑法》第 382 条规定：国家工作人员利用职务上的便利，侵吞、窃取、骗取或者以其他手段非法占有公共财物的，是贪污罪；第 385 条规定：国家工作人员，利用职务上的便利，

[①] 参见《联合国反腐败公约》序言。
[②] 参见楚文凯《腐败概念的泛化和界定》，载《中国监察》；转自新华网 2006 年 1 月 16 日。

索取他人财物的，或者非法收受他人财物，为他人谋取利益的，是受贿罪；国家工作人员在经济往来中，违反国家规定，收受各种名义的回扣、手续费归个人所有的，以受贿论处。

从政治学对腐败定义的角度来看，腐败定义大体包括三类，它们分别是从以公共权力为中心、以公共利益为中心、以市场为中心这个三个角度来定义的。

一般的也是最常见的、简单的定义是：为谋取个人私利而滥用公共职权。[①] 国际货币基金组织的定义与之十分类似：腐败是滥用公共权力以谋取私人的利益。国际透明组织在1995年从行政管理的角度对腐败所下定义是：公共部门中官员的行为，不论是从事政治事务的官员，还是行政管理的公务员，他们通过错误地使用公众委托给他们的权力，使他们自己或亲近于他们的人不正当地和非法地富裕起来。

西方对腐败问题的研究由来已久。早期关于腐败的思想与概念主要是与民主理论密切联系的，即民主与腐败方式做出政策选择是背道而驰的。著名的思想家，如修昔底德、柏拉图、亚里士多德、马基亚维利、卢梭等鼓吹通过广泛的政治参与、限制财富的积累、扩大教育等手段，来弥补法律方面的不足。所以19世纪美国出版的《百科全书》中关于"政治腐败"的定义，就吸取了亚里士多德的思想，即把暴君看作是君主制的"腐败的"变体。

相对于过去对制度的批判，现代西方对腐败的批评主要集中于道德层面，认为政府之所以腐败，是因为那些邪恶的和不道德的人获得了有权力的地位和公众的信任。

《牛津高级英汉词典》定义腐败是为了私利（包括为了个人、关系密切的家庭、集团组织的金钱、地位等利益）违反公共规则，偏离了公共角色的正式责任的行为。它从道德角度指出，这种行为是"不道德的、不诚实的"；美国政治学家约瑟夫·奈（Joseph Nye）进一步解释为："腐败是为私人、家庭成员或私人集团获取金钱、地位的收益，或违反那些旨在防止滥用私人影响以谋取私利的规则，而背离公共角色的规范职责的行为。腐败包括贿赂（以物质腐蚀某一负有责任的人以影响他的判断）、裙带关系（基于私人关系而不是按照品德而给予庇护）和侵吞公共财产

---

① World Bank, *Helping Countries Curb Corruption*, September 1997.

（用于个人目的非法盗用或侵占公共资源）"。①

腐败本质上都是对公共权力的滥用。但是，由于历史、文化、制度不同，各个国家或地区的腐败表现有不同的特点。

由于对腐败的定义不同，相应地分类也不同。例如，有的学者指出：腐败包括政治腐败与商业腐败。政治腐败又包含着政府官僚的行政腐败。② 行政腐败又包括了个体腐败与系统腐败。另一种说法则是腐败包括政治性腐败和政府性腐败两种类型，政治性的腐败，如执政党的腐败、政治领导人的腐败、选举中的黑金政治等；政府性腐败，如利用行政权力的贪污受贿、权力寻租等。

而关于政治腐败③，杰拉尔德·E. 凯敦总结了十项主要特点：

1. 腐败在所有政治制度中，在所有层次的政府中和在所有稀缺的公共商品和服务中，都能被发现。

2. 在不同的地区、主权国家、政治文化、经济和行政安排中，腐败在根源、影响和重要性方面有所不同。

3. 行使公共权力的社会背景（包括国家和跨国的影响）促进或者阻碍腐败。

4. 腐败具有多种原因，呈现出不同的模式和外观，不能被精确地衡量，因为腐败常常具有不确定性和共谋的性质。

5. 腐败是根深蒂固的、恶性的、毒害性的和不可能根除的，因为对腐败的控制往往是形式上的、表面的、暂时的、甚至是无效的。

6. 腐败企图作用于真正的权力、关键的决定点和处置权威。它为上达决策者和对决策的影响支付报酬。

7. 不稳定的政体、不确定的经济、错误分配的财产、非代议制政府、企业家的野心、公共资源的私有化、派别活动、个人人格至上和从属都促进腐败。

8. 腐败有利于富有者而不是非富有者，有利于非法企业、地下经济和有组织的犯罪。

---

① Joseph S. Nye, Jr., *Corruption and Political Development: A Cost-Benefit Analysis*, American Political Science Review, Vol. 61, No. 2 (June 1967), pp. 417–427, 419.

② Myoung-soo Kim, *On Some Aspects of Corruption in Korea*, 공공정책연구 제15권 제1호, 1997.

③ 杰拉尔德对腐败更侧重强调"官僚腐败"（bureaucratic corruption）而不是指"行政腐败"（administrative corruption）。

9. 只要腐败者能够强制参与，公众对腐败的态度不确定，腐败以没有优势的大众为代价来为少数特权者谋利，或以不参与者为代价来为所有参与者谋利，腐败就会相当持久。

10. 通过政治意志、民主精神、分散的抵消力量、法律的和合理的行政规则，包括个人的诚实和正派，以及有效地执行公共道德，腐败能够被限制在可接受的范围内，虽然完全消灭腐败仍然超出人类的能力。①

还有学者提出"大腐败"和"小腐败"。如阿诺德·J. 海德海墨认为，政治行为是否腐败是依照公众和政治精英或公共官员的判断来决定的。腐败分为"黑色"和"白色"：黑色腐败是多数精英和公众舆论所谴责的、并希望看到这些腐败在原则的基础上受到惩罚的行为，它们属于"大腐败"，例如公共官员参与海洛因交易；白色腐败则是一些小腐败，多数人并不认为这些小的腐败行为严重到需要进行严惩，比如一名市议员为拉拢自己的选民免除其停车罚款一类；介于黑白之间的是"灰色地带"，在这一地带存在着许多难以界定的行为，公共官员们想要做出惩罚措施，但公众可能会表现出态度上的模棱两可；反之亦然。海德海墨认为，大多数腐败属于灰色范畴，而灰色腐败最可能对根据民主原则建立起来的政治制度产生破坏性。另一位学者西奥多·洛伊（Theodore Lowi）则认为，大腐败是那些使宪法解体或迷失方向的腐败，小腐败是反映个人道德堕落的腐败。

（二）现代西方学者对腐败的研究

西方学者关于腐败问题的研究大致包括几个层面：一是对国家政治腐败行为的历史性研究；二是对腐败影响的社会学研究，包括腐败情况调查等；三是对腐败进行政治学研究。

在现代西方政治学理论中，民主是一个不可不提的话题。许多学者在腐败和民主的因果关系上大做文章，鼓吹政治制度的不民主是发展中国家腐败的根源，将矛头直指集权体制。"权力倾向于腐败，绝对的权力倾向于绝对的腐败。"英国阿克顿勋爵的名言，是他们最好的招牌。美国著名政治学家亨廷顿则是将腐败问题进行政治解读的重要代表人物。

---

① Gerald E. Caiden, *Corruption and Governance*; Gerald E. Caoden, O. P. Dwivedi, and Joseph Jabbra, eds. *Where Corruption Live* (Bloomfield, Connecticut: Kumarian Press. Inc. 2001), p. 19.

亨廷顿除了将腐败与现代政治制度相挂钩外，还结合了他对现代化进程的观察。亨廷顿在其著作《变化社会中的政治秩序》中认为，现代化的过程促进了腐败，现代社会的腐败本质是整个国家和社会的现代化所带来的经济、政治与社会制度的脱节。建立现代政治制度是反腐败的前提。他认为，腐败是现代化的产物，是政治意识扩大和政治参与扩大的产物；腐败与社会和经济的迅速现代化有关，也是缺乏有效的政治制度化的一种表征。同时，他指出在现代化最急剧发展的时期腐败也最为普遍。现代化造成了价值观念的变化，创造了新的财富和权力，而占统治地位的传统社会规则并没有限定这些新的财富和权力与政治之间的关系，社会中占统治地位的集团尚未接受关于这些财富和权力的现代规则。只有开放的多元的现代社会中，社会成员和集团才有机会发出自己的声音，才能在公开的环境中产生社会的共识，界定权力的边界并对之形成有效约束，才可能真正遏制住腐败。简言之，腐败是发展过程中的一种无法避免的副产品，是由于缺乏有效的政治制度化而造成的，只有在社会建立起现代政治制度之后，腐败才有可能被控制住。

亨廷顿关于现代化的过程导致腐败的论述影响深远。也有学者对此提出质疑，认为他是看对了病症而开错了药方。发展中国家在向现代化迈进的过程中，都不同程度地要经历一个深刻的社会体制转型时期，由社会体制转型引起的政治体制、经济体制、价值观念等一系列剧烈变化，常常伴随着矛盾冲突、社会动荡，许多国家甚至普遍性地出现了腐败蔓延、加剧的现象，这些确实是发展中国家现代化过程中出现的事实，但是这些事实更多的是一种表象，而不是引起腐败的根本原因。现代化不是腐败的原罪，发展中国家实现现代化以前腐败问题也是存在的，而且有些还是非常严重的。现代化过程像是一个被打开的潘多拉魔盒，许多问题伴随现代化的过程而产生。对于现代化制度的不适应必然带来一些腐败现象。所以，现代化只是现代腐败产生的一个条件而已。

在一定心理优势的基础上，许多西方学者认为，贫困与腐败是正相关的。它假设，贫穷落后的国家中，国家的法律（一般是从西方舶来的）与当地普遍接受和认同的习俗、传统等社会规范之间存在大量相背离的空间。他们认为，传统的价值观是适宜腐败滋生的温床，即体制与文化传统之间的冲突。于是，就可能出现一个情况：在一个国家中，政府的态度、目的和方法与社会的态度、目的和方法之间存在差异。

美国学者约翰和布鲁斯·威格在《民主、发展与腐败》一书中指出：腐败即是犯罪。腐败既是不公正的报酬，也是对少数利益者不公正的保护。多数对于政治腐败的研究都是基于利己主义的。而这种研究在一定程度上成为对个体的道德判断。经济解释是一种成本效益分析方式，勾画了腐败行为的动机，是一种静态的分析。但是不能描述腐败、发展与民主化的关系。他们根据发展的不同阶段的情况，论证了当前一个流行的说法，即发展带来民主；市场变得自由，政治机构也会变得民主。[①]

（三）对于腐败产生根源的一般性研究

1. 腐败问题的社会根源

腐败作为一种社会现象，必然有其产生的社会根源。只有深入挖掘其产生的深刻根源，才能真正有效地遏制其发展，而不是临时抱佛脚的消极应对，或雷声大雨点小，做做表面文章。

从根本上说，腐败产生于人类的趋利性。人们对于利益的追求是无止境的。而利用公共权力谋私利，则是腐败的范畴。

人是社会关系的总和，是自然属性和社会属性的统一。恩格斯指出，"人们首先必须吃、喝、住、穿，然后才能从事政治、科学、艺术、宗教等等"[②]。自然属性决定了人不可能摆脱生理和生存上的各种需要，即古人所说的：食色，性也（《孟子·告子上》）。人类的需要和欲望是促使人类不断改造自然和改造社会的动力，同时也是各种贪婪获取的源头。掌握公共权力的人本身也是有着自身利益的个体，以物质作为基础的各种欲望的满足，是腐败产生的一个最基本最原始的原因。

公共权力是使人类社会得以有序运行的必要保证，掌握了公共权力就意味着可对某些公共的资源和他人的行为进行控制和支配，并且可以按照自己所属社会集团或自己的意志去进行这种控制和支配。因此，权力"可以用来取得声望、尊敬、安全、尊重、友情、财富和许多别的价值"。[③] 从这个意义上说，权力也具有了类似金钱的"一般等价物"的属性。在这种情况下，"一切有权力的人都容易滥用权力，这是万古不变的

---

① John C. H. Oh, Bruce Wiegand, Democracy, Development, and Corruption: the Case of Korea, Korea Observer, Vol. XXVII, No. 4, Winter 1996.
② 《马克思恩格斯选集》第3卷，人民出版社1995年版，第776页。
③ ［美］罗伯特·A. 达尔：《现代政治分析》，上海译文出版社1987年版，第151页。

一条经验,有权力的人们使用权力一直到遇到有界限的地方才休止"。①权力的滥用,权力和金钱的交换、权力的资本化是以贪污受贿为突出表现形式的腐败的现实根源。

2. 腐败问题的文化根基

要根本解决腐败问题,就要从制度开始,这已是世界各国的共识,而腐败的滋生和蔓延,除了体制层面的原因,还因为它获得了一种文化上的支持,立足于文化深层的腐败是其屡禁不止、屡打不绝、"前腐后继"的深层原因。文化作为社会遗传基因具有继承性,是一种巨大的社会政治力量,某种意义上构成了大部分人的思想意识或行为习惯。因此,从一定社会的文化与道德风俗中探寻,有利于从深层挖掘腐败产生的根源。

腐败本身也是一种文化现象,认识、制约、消除腐败也要立足于一定的社会文化。每一个社会都有与其相适应的文化,每一种文化的起源、演进和发展也都有其自己的轨迹和脉络。目前反腐败斗争中所涉及的一些深层次问题的解决,实施的一些治本举措,大都与文化相关联。保守、颓废、庸俗的文化,拜金主义、享乐主义和极端个人主义的文化是腐败产生的母体。腐败会作为一种社会风气和生活方式,渗透到一些人的日常行为模式之中。腐败现象,往往会导致公众法律意识淡漠和社会道德水准下降。"腐败文化"的蔓延有严重的后果:"上有所好,下必甚焉",形成示范效应,使腐败行为上行下效,催生集体性腐败利益联盟,使公共权力异化成了谋取集团利益的工具;腐败的文化还培养人们纵容腐败的行为,使人们对腐败问题认识模糊,从社会心理和文化上把腐败看作是一种正常的甚至令人羡慕的行为,从而使腐败行为被理解和纵容,当人们遇到腐败时,会选择漠然置之,甚至一味逢迎。这种纵容态度客观上为腐败活动大行其道提供了土壤。

(四) 关于制约腐败的一般性研究

制约腐败,就要使拥有公共权力的人多数是清廉的人;使拥有权力的人成为不腐败的人;使腐败分子受到应有的惩罚。教育上使人不愿腐败;制度上使人不敢腐败;监督上使人不能腐败。

关于制约腐败,斯蒂芬·莫尔特别强调预防的作用,他指出"预防

---

① [法]孟德斯鸠:《论法的精神》(上册),商务印书馆1961年版,第164页。

胜于治疗"。① 预防腐败就必须了解其产生的本源，并有针对性地采取相应的措施。由于腐败的产生条件包含了权利、动机和发生的机会，因此，预防腐败就必须做许多工作。首先，消除公职人员以权谋私的动机。这除了在选拔公职人员时，要聘用最有能力、最正直的公务员，要关注智力、能力，关注优秀人员的品质外，还要使在职公职人员树立高度荣誉感，使他们认识到，为国家、为公众服务是一种崇高光彩的事业，公正清廉就能赢得声誉和社会尊重。这种高度的自豪感、荣誉感，能使他们自尊、自重、自律，不生谋私邪念。此外，预防腐败还可以通过制定道德伦理法规，加强反行贿受贿行动，促进业务行为的廉洁公正。

　　一个社会防止腐败要靠多管齐下，最重要的是民主、法治与文化和历史传统相结合下的综合防治。现在世界上普遍采取综合治理的办法对公职人员进行必要的监督。

　　首先是通过道德约束预防腐败行为的产生。因为腐败行为本身是一种文化问题，通过在社会上形成自觉反贪污腐败的氛围，使人们在学习生活中受到廉政的教育和熏陶，在社会生活中将廉政行为付诸实践。许多国家通过广泛的民众动员以及各种社会舆论工具，特别是通过大众传播媒介对政府官员进行监督，检举揭发官员的腐败行为。为了保证民众实施有效监督，许多国家实施了"阳光法案"，把政府和政党行为公开化透明化。阳光法案除了公开官员的财产收入和生活情况，尤其是官员及其亲属的财产收入情况外，还广泛包括议政活动的公开，行政管理的公开，政治竞选基金管理使用的报告和公开，还包括国家有关政策法律的公开，重大合同签订情况公开，土地买卖审批公开等。国家通过创造良好的社会文化环境，使腐败行为成为受社会唾弃的行为，使政府官员对腐败行为产生道德上的愧疚感。

　　关键的方法是通过制度建设制约腐败。制约腐败离不开法律的威慑力量。一些法治国家法律约束的内容是相当广泛的，对公职人员的索贿、受礼、兼职、酬劳、债券、股票、捐款、言论、保密等各个方面均有强制性的规定。例如，意大利针对国家公务员行为颁布的《道德法典》，对国家公务员的几乎所有行为都作了限制性规定。许多国家与地区的法律对可惩罚的贪污贿赂的界定都比较广泛和严格，例如在芬兰，国家公职人员如果

---

① ［英］斯蒂芬·莫尔：《权力与腐败》，新华出版社2000年版，第23页。

接受企业界的邀请吃吃喝喝、游山玩水都被视为是受贿行为，可以说，公职人员从别人那里得到任何好处都属于受贿行为，哪怕是微不足道的好处。法律对贪污腐败行为的处罚普遍比较严厉，对贪污腐败之徒，不管其资格多老，地位多高，一旦发现并取得足够的证据，就要使其锒铛入狱，身败名裂，甚至倾家荡产。香港和新加坡等地的公务员工资高，退休后各种福利待遇好，公职人员一旦涉嫌贪污受贿，就会受到严厉处罚、被开除公职后很难在社会上再找到满意的工作，退休后的一切待遇也将化为乌有。而且，"高薪"和"重罚"都应随着年资的增长而增长，一个国家公务员，工作的时间越久，年资越深，职位越高，为自己渎职和"以权谋私"所付出的代价也会越大，迫使官员必须正视以权谋私将导致的严重后果。韩国更是严厉规定：凡是发现有贪污行为的政府官员都必须将其全部财产交还国家。严厉的规定使公职人员在受到诱惑时都要三思而行，不敢铤而走险。

此外还要通过权力制约权力。许多国家和地区都成立了权力很大、通常直属国家元首或政府首脑的反贪机构，尽可能排除其他政府部门和地方官员对反贪工作的干扰，如香港的廉政公署就是香港特别行政区政府的执法机构。另外则特别加强社会的监督职能，包括对国家元首和政府首脑以及执法部门的监督。例如1992年，巴西议会决定对当时涉嫌贪污的在职总统科洛尔进行政治审判，迫使科洛尔辞职。几个月后，委内瑞拉参议院则因总统佩雷斯被指控有贪污行为而停止了他的职务。

（五）加强廉政文化建设，遏制腐败蔓延

道之以德，齐之以礼，有耻且格。以文化人、以道育人，通过内化的动力，培育起廉洁自律的道德规范，才能从源头解决问题。在反腐败斗争中，要注重文化规范，营造廉洁清明的文化氛围。

反腐败对于任何一个国家来说，都是一场长期的战争。在这场不见硝烟的战争中，仅仅依靠实施某项政策是无法根除腐败的。当前反腐败遇到的问题不仅有来自制度、机制方面的阻碍，更有来自人们日常行为方式、心理态度、思维方式和观念模式等与文化相关的方面的制约。在一个社会中，有各种规则在运作，包括法律的、道德的、宗教的和文化的，它们之中都存在一定的制约与相互平衡，其中既有和谐的一面，又有相互矛盾的一面。法律规则可能与道德、宗教和文化规则发生冲突。因此，一个根据

公共责任定义是腐败的行为,可能根据其他规则衡量,被当地的人看作普遍现象,如拉关系和做交易。因此,从文化层面来看,社会普遍存在着被当地所接受的、被社会普遍认同的非正式的社会规范。这种非正式的社会规范,是制度建设难以涵盖的。

预防腐败,首先要抓"制度反腐",制度带有根本性、全局性、稳定性和长期性,同时也要抓"文化反腐",文化的作用和影响可能更为广泛、更为持久。建设廉政文化,即在制度建设的基础上,在意识形态上形成一种文化氛围,促进全社会形成以廉为荣、以贪为耻的良好风尚,从而从根本上抑制腐败。

廉政文化融思想观念、行为规范、社会风尚为一体,具有十分丰富的内涵。[①] 廉政文化是以廉政为思想内涵、以文化为表现形式的一种文化,是廉政建设与文化建设相结合的产物,它包含了人们关于廉政的知识、信仰、规范和与之相适应的生活方式及社会评价,是廉洁从政行为在文化和观念上的反映。具体而言,廉政文化是建立在先进的廉政制度的基础上,以先进的廉政理论为统领,以先进的廉政思想为核心,以先进的廉政文学艺术为载体,具有深厚的历史渊源、广博的文化知识和丰富的社会实践。廉政文化建设既包含廉洁理念的树立,也包括廉洁从政行为的规范,其基本的功能是通过丰富的廉政文化建设的实践,在全社会形成尊重廉政崇尚廉政的价值判断和社会风尚,推动干部廉洁从政,在全社会范围内树立正确的世界观、人生观、价值观和地位观、权力观、利益观。

廉政文化作为一种综合的文化类型,内容上主要表现为两个层面:一是道德层面,包括人们对廉政的认知、廉政的思想素质和价值取向等;二是制度层面,包括廉洁从政的规章制度、行为习惯、生活方式等。要将公务员职业道德规范与全民道德规范有机统一起来,要将对公共权力的监督与制约有机统一起来。

加强廉政文化建设,是反腐败斗争的基础性工作。反腐倡廉是一项系统工程,涵盖经济、政治、文化等各个方面,需要标本兼治、综合治理、多管齐下。要把惩治与预防、自律与他律、制度与文化有机地融合。反腐败离不开法制,有法可依,执法必严,违法必究,对于预防和惩治腐败至

---

① 参见刘峰岩《大力加强廉政文化建设》(代序),《廉政文化建设大全》,中国方正出版社2006年版。

关重要。但是，单纯依靠法制不能标本兼治。法律是规范和约束人的行为的，而要做到有法必依，则必须得到人的真正认可和道德行为上的自觉行动。因此，反腐倡廉也要坚持两手抓：一手抓"制度反腐"，制度带有根本性、全局性、稳定性和长期性；一手抓"文化反腐"，文化的作用和影响更为广泛、更为持久。

虽然各国的努力措施不可能杜绝腐败，但至少可以起到遏制腐败的蔓延，防止社会风气的败坏的作用。

当前学术界在腐败问题上还存在许多模糊的认识，有的本末倒置，鼓吹照搬西方的民主体制，认为只有西方的多党竞争、权力制衡才是反腐败的唯一法宝；还有的采取头痛医头、脚痛医脚的方法，宣扬制度万能、法制万能论。实践证明，这些错误倾向均不可取。

二 儒家传统与韩国的国民性格

俗话说，一方水土养一方人。文化塑造着一个国家国民的性格。一般而言，人们的活动要受一定的制度、体制、成文法、规则的约束和限定，也会受到道德规范、价值取向、审美情趣、思维方式、风俗习惯等因素影响。社会成员的文化水平、教育程度、道德观念、意识形态、情感倾向等多种因素构成一定的文化环境。文化具有一定的稳定性和传承性的特点。

韩国民族在长期的生产生活实践中，形成了稳定独特的文化传统和精神气质，比如倡导集团主义，奉行勤劳勇敢、坚韧自强的价值主张等。加之由于半岛的特殊地理位置造成的排他性，重视正统，重视缘分（比如相同的血缘、地缘等），以及应对外来入侵造成的偏激、固执等极端性格。韩国人熟悉的谚语"鲸之争。虾脊裂"，意思是夹在强势的双方之间受尽苦难。处于半岛之上的韩国长期遭受侵略与压抑，造成韩国人内心深处"恨"的文化，韩国文化中充满了"哭泣"和"眼泪"。[①] 对恨文化的理解，也有韩国学者指出，"恨是不能实现的愿望和难以达成的梦想"，"是在黑暗中看到的星光"[②]，所以韩国人无论生活得多么艰辛，也会抱着

---

① [韩]李御宁：《韩国人的心——这就是韩国》，张乃丽译，山东人民出版社2007年版，第5页。

② 同上书，第230、234页。

一种正义、和平的爱心面对未来。

而对韩国社会中比较普遍存在的行为规范和伦理价值影响最深的则是儒家文化，是自朝鲜王朝（1392—1910）时代就由统治阶级所推崇的思想道德和伦理规范。儒家文化对韩国产生了深远而深刻影响，甚至有韩国学者认为韩国是世界上最忠实于儒家文化，也是最为儒教化的国家。[①] 儒家文化中的家长制传统、血缘主义都深刻影响着韩国人的思想性格和行为方式，直至今日，儒家文化在韩国社会中仍然具有极大的影响力。通过对韩国的观察，有学者指出，儒家伦理观点有维持和继承美风良俗的重要作用，认为儒教最大的作用和任务，是追求个人在内在性上完成人格的同时通过社会教化来确立秩序和礼俗。当全社会错误地接受西方的文物制度，沾染了奢侈、享乐、放纵的风气时，立足于儒教精神的保守的老年层对此进行了批判，并且在他们影响下，家庭教育对预防社会道德堕落的作用也不可低估，特别是占韩国人口的绝大多数的农村社会，承担着保存儒教传统文化中祭祀和礼节的作用。[②]

同时，韩国人也结合自己的实际，形成了一些有自身特色的文化特质。比如，韩国儒学强调"哲学性、理论性、思辨性、抽象性和正统性"，"理被认为是无例外地支配整个宇宙的，心则在使理内化为个人道德严格要求这一标准的过程中充当终极主宰的角色。理的刻板性质与心的主宰作用使得韩国的理的政治更加抽象，更加争论不休"，"妥协与和解、合作与共识完全是陌生的概念"。[③] 因此，韩国人更加不能容忍异端，在争夺正统性的过程中更有宗派性的特点。这些在韩国近现代民主运动中表现尤其明显。

此外，也有研究表明，儒家的传统文化中也有一些不适应现代社会的消极因素，而且这些消极因素在一定的社会政治经济环境影响下，成为腐败产生的温床。

腐败的滋生既是一种政治现象，也是一种特殊的文化现象，而这种文化往往就来自社会生活的深处。

---

① 持此观点的学者代表人物有韩国国立首尔大学宋丙洛、郑在浩教授，德成女子大学李元馥教授等。
② ［韩］柳承国：《韩国儒学与现代精神》，姜日天、朴光海等译，东方出版社2008年版，第97—98页。
③ 郭定平：《韩国政治转型研究》，中国社会科学出版社2000年版，第54、55页。

表现一：等级观念重，官本位的政治文化影响很大。朝鲜具有长期实行中央集权的历史，历史上重儒教，重视学而优则仕，当官是出人头地的表现。在封建社会的等级制度里面，官员是受人尊敬和服从的对象，高高在上，拥有至上的地位和权力，当官是光宗耀祖的事。无论是家长式的政府管理体制，还是家长制的企业经营模式，都渗透出传统封建专制文化的遗留。传统的官尊民卑也导致人们对官场行为，甚至于对官员的腐败行为敢怒不敢言，而揭发者却常常会背负"背叛"、"反叛"的罪恶感。

以韩国民众对金勇澈的态度为例，这位1995年因起诉并扳倒前总统全斗焕，而在韩国成为家喻户晓的英雄检察官，1997年放弃公职加入三星。三星没有接受其学习跨国企业的经营的要求，坚持让他担任法务长，负责与韩国检调疏通的任务，并让三星了解韩国检调工作的内容与调查作业方式。目睹了检察官和法官在三星金钱贿赂下的种种丑态，金勇澈内心受到谴责，2004年8月，他辞去职务，转为开业当律师。2007年，他出面揭发三星官商勾结的黑幕，由此透露出三星"现金铁锤打通关"的事实。三星长年用庞大的不法秘密资金行贿官员、买通执法者，将政治、官僚、司法、媒体牢牢掌控，有恃无恐，逃税、贿赂、背信为所欲为；对敌人与竞争对手则是监视、跟踪、窃听，恣意妄为，并笼络主要媒体，对于三星的恶行恶状保持缄默。由此造成韩国社会弥漫着"不是正义必胜，而是胜者才是正义"的风气。金勇澈将三星的违法行径分为三大领域：一是对政、官、法界的违法游说活动；二是秘密资金的设立及逃税；三是经营权的违法继承。三星将政治、官僚、司法、媒体牢牢掌控，将韩国变成三星共和国。在金勇澈等人的努力下，韩国政府成立特检组对三星正式展开调查。然而三星违法乱纪的行为虽然被判定有罪，但是李明博却宣布对董事长李健熙予以特赦。而就在三星高层被免除诉讼的同时，事件的揭发者却受到了指控。后来金勇澈还遭受了一系列不公正待遇，包括三星的监视、跟踪、窃听，普通民众和亲友对他的"背叛行为"施行唾弃和责骂。在金勇澈的书中也多处记载了他的艰难的处境和许多处处受歧视甚至被人当面唾骂的不幸遭遇。

表现二：重人情，讲人脉，轻法治。韩国是一个传统的人情社会，重人情现象突出。在韩国，韩国人十分重视各种社会关系，每个人都会加入一定的社会交往圈，如同乡会、同学会、"花树会"（宗亲会），一个人可以根据不同情况加入不同的圈子。这些规模不一的团体，通过各种形式的聚会活动凝聚起来，在这里韩国人不仅共叙同姓、同乡和同学之间的旧谊，也会交流来自各方面的各种信息，同时建立一张社会关系网络。而这张包括血缘、地缘和学缘关系的所谓"三缘"关系网在韩国人的社会生活中是十分重要的，在这张大网中，每个人根据个人能力，调动自己的资源，积极为其他成员服务。能为这个组织或圈子里的人办事，体现了这个人的能力，也就决定了他的社会影响力。同时，每个人也可以在各个圈子中找到发展机会。韩国人爱惜情面，争强好胜，因此，在韩国通过各种私下的关系办事，请托，是司空见惯的事情。人情社会中，礼物收受通常不被考虑作贿赂，托关系办事情不会被认为违法乱纪，是人情往来的一部分。

看到传统文化影响仍然大量存在的同时我们也应看到，美国在朝鲜战争后对于韩国的影响也逐步增大。韩国的现代政治主要是受到美国的影响建立起来的。美国的文化，美国式的政治制度与政治思想，在韩国人的价值观念上引发了巨大的冲击，韩国的知识界，特别是青年学生普遍接受了以美国为代表的西方文化和现代西方民主政治观念。保守的中老年与激进的年轻人之间、传统与现代之间的文化冲突是当今韩国文化的一个显著特征。

关于韩国传统文化与现代民主思想的关系随着韩国现代化进程的推进一度成为学术研究的热点。尽管有研究表明儒学思想中"民本"、"民治"等思想与现代民主理念有一致的成分，但是其以"忠"、"孝"为核心的价值体系与传统的集权官僚政治密不可分，在现代民主建设过程中，起关键性因素的还是社会大环境和政治制度选择的结果。

第二章　建国初期自由体制下的"腐败共和国"

"人们是在客观历史条件提供的可能性空间中选择和创造制度的。从这个意义上讲，民主是由历史定义的。一个国家选择什么样的民主道路，从根本上讲，取决于这个国家的历史、国情和国际环境。"[①] 贫穷、封闭、落后，被称为"隐士之国"的韩国长期为世界所遗忘，没落的李氏王朝在明治维新后国力蒸蒸日上的日本的蹂躏下苟延残喘。百年的民族苦难麻木了多数普通民众的神经。"二战"后，在苏军和美军的帮助下半岛得到了解放。然而纵观战后韩国面临的国内国际环境，可谓万马齐喑，经济凋敝、社会混乱，且处于东西方"冷战"的前沿，特殊的环境极大地影响着韩国人民对社会发展的制度选择。

建国之初的韩国国内外形势极其复杂恶劣。在有名无实的民主政治框架下，缺乏对权力的制衡与约束，营私舞弊、争权夺利、贪污受贿、敲诈勒索、权钱交易……如同被打开的潘多拉盒子，各种腐败行为和腐败现象倾泻而出，光怪陆离。

一　移植的现代政治制度

"二战"后，韩国从日本的长期殖民统治下解脱出来。由于战争与"分断"，以及处于"冷战"最前沿的特殊地缘政治的影响，韩国的起步遇到了比其他国家更大的困难。在十分艰苦的条件下，韩国人民开始了对社会制度的选择和发展道路的探索。与东亚地区一些国家一样，韩国的选择与探索也是从仿效西方制度开始的。

[①] 房宁：《民主政治十论》，中国社会科学出版社2007年版，绪论。

近代以来，美国对韩国发展的影响无疑是最为深远和深刻的。从韩国建国起，美国无论对于韩国的政治体系、经济制度，还是社会结构诸多方面的建构都起到了举足轻重的作用。韩国建立于"冷战"时代开始的时候，建国以及初期的制度选择与国家建设都是在韩美同盟框架下进行的，服从于美国的国家与全球发展战略。再加上朝鲜战争，美国更是全面地介入了韩国的政治、经济、社会、文化、军事等各个领域。

然而，从美国移植而来的现代政治制度，在韩国立即显出水土不服的迹象。尽管有美国巨额的资金援助，20世纪50年代的韩国政治中却充斥着混乱与腐败，以至于后来以武力夺权的军政精英理直气壮地将西方舶来的民主宪政斥为导致国家政治黑暗的"原罪"。

（一）来自西方的民主启蒙思想

由于地理位置、历史因素的影响，儒家文化在韩国文化中烙有深刻的印记，成为朝鲜封建王朝维护社会秩序、加强统治的精神支柱。在韩国学者的推动下，近代以来，韩国文化经历了两次大的改造，被称为实学运动和开化派运动。实学思想兴起于17世纪后期，它在批判儒学思想，反对儒学不重视商业经济活动的坐而论道等方面，很大程度上改造了韩国的儒家文化，使其变得更为积极活跃。此时正是朝鲜资本主义商业工业萌芽阶段，实学提出"生民"、"为民"的思想，要求发展经济，发展科学技术，强调主体意识和学问的实用化，致力于解决国计民生的实际问题，努力摆脱传统教育中空洞无用的道义之争。实学派的学者接纳了从中国传来的阳明学、考证学、西学等多样文化，对由传统向近代的过渡路径进行了初步思考。

与同期的许多未经资本主义工业化洗礼的国家一样，18世纪下半叶，韩国天然的经济资本主义化进程被外来的殖民入侵所打断。1867年，日本逼迫李朝政府签订了屈辱的《江华条约》。此后韩国逐步沦为西方列强的殖民地。西方列强的入侵极大地冲击了韩国国内的保守思想，民族危机打开了韩国知识分子的眼界。特别是近邻日本通过实行变法取得了巨大进步，更加深刻地刺激了韩国知识分子。在这种氛围下，试图以民族独立精神改革封建政体的"开化"思想逐渐兴盛起来。开化派在韩国知识界宣传西方的自由主义思想，并逐渐在全社会形成学习发达国家、关心讨论社会与政治问题的风气。受到了欧洲哲学、社会学、政治学等思潮的影响，许多开化派的进步学者都积极拥护启蒙和维新，喊出了"东道西器"和"自强洋务"的口号。

开化派运动的高潮是发动了两次政变。第一次是1884年12月4日的甲申政变。开化党成员企图在韩国推行日本明治维新式的改革，他们借助日本驻韩军人的力量发动政变，占领王宫，宣布建立起新政府。然而政变很快就失败了。另一次努力是1894年的甲午更张，继续了原来开化党的改革运动，宣布仿效日本的君主立宪制度，在韩国推行全面的政治制度改革。

然而新的制度并没能生根，1910年以日本逼迫韩国签订日韩合并条约为标志，半岛沦为日本的殖民地。韩国的知识精英们开始了国家救亡的艰辛努力。

韩国首任总统李承晚是韩国寻求民族独立运动时期涌现出的重要代表人物，他的人生轨迹在一定程度上折射出韩国拯救民族危机，寻求发展道路的艰难历程。李承晚早年就读于教会学校。韩国早期为数不多的旅居国外，接受了西方思想文化的启蒙人物徐载弼就在李承晚就读的培材教会学校任教。徐载弼思想激进，曾在韩国创立了最早的宣传西方文明的社团"独立会社"，宣扬西方议会民主，甚至现场演习议会政治。徐载弼与李承晚既是师生，又是战友。李承晚早年深受徐载弼影响。独立会社遭到取缔后，李承晚因从事政治活动被捕入狱。在狱中，李承晚写了一本名为《独立精神》的小册子，谈他对新的世界、新的生活方式以及民主思想的理解。这本小册子后来被誉为韩国的"政治圣经"，启发和激励了无数受到日本奴化思想教育的韩国人的国家观念和爱国热情。在那本小册子里，李承晚谈到了民主问题，应当说在一定程度上代表了那个时期韩国国民意识中的民主认知。他指出："一个国家类似一个大会，那里有许多人来讨论各种事情，在一个国家里许多人民联合起来去求生存。国家的官员是那些负责执行这个会议决定的事务者，人民是大会的会员，没有人民的协助，官员就没有力量的来源，罪恶就会乘机而入"，其中包含了人民主权、以平等协商取代一言堂、由民意代表组织政权等现代政治思想的内容。鉴于李承晚在韩国民众中的声望，1919年，成立于上海的大韩民国临时政府推举他为临时总统。其后他在美国奔走呼告，希望通过国际援助赢得对韩国独立的承认。李承晚所积极推行的祖国开化和反帝国主义反殖民主义的斗争，使其成为韩国近代独立运动的重要代表人物。

（二）半岛光复后的残破家园

1945年8月15日，日本裕仁天皇宣读了投降诏书，长期遭受日本殖民统治的朝鲜半岛从枷锁下挣脱出来。然而，由于历史以及当时国际环境等因素，韩国未来的道路依然十分艰难曲折。1945年9月7日，霍奇中将率领美国第八集团军24军在仁川登陆，迅速占领汉城，开始了对南部朝鲜的军事占领。与在战败国日本采取的间接式的统治政策不同，美军在韩国采取了直接统治的形式。占领军成立了军政厅，宣布了实行法制、政府权力分立、选举制等八项原则，在此基础上建立了美式民主制度的统治框架。

此时，李承晚也积极在美国进行独立建国的游说。鉴于苏联在半岛的影响力不断扩张，华盛顿政府选择了以李承晚为代理人在半岛南部建立起右翼势力①的统治，以此作为美国在冷战前沿的"民主橱窗"。1948年8月15日，在美国军政当局的操纵下，大韩民国宣告成立。

新的国家满目疮痍，人民生活极度贫困，韩国是当时世界上经济最落后的地方之一。韩国自然资源非常匮乏，传统的农业生产方式十分落后，可耕地很少，仅占国土面积的11%。那时的韩国基本上是一个落后的农业国，当时工业产值仅占国民经济的12.7%。接踵而来的三年朝鲜战争又使得这个百废待兴的国家雪上加霜，原本脆弱的社会经济基础被连根拔起。据统计，1953年韩国人均国民生产总值不足60美元，失业率高达80%，直到1958年国民经济还未恢复到1940年的水平。当时有西方媒体将韩国称为"世界上最没有发展前途的国家"。

（三）美国在半岛的民主移植

1945年独立后，摆脱日本殖民统治的韩国人民并没有获得真正的自由，朝鲜半岛的建国进程一直受到美苏两国竞争博弈的影响而处于风雨飘摇中。在特殊的国际背景下，国家制度、政权形式的选择不是韩国人能够自己说了算的。对于朝鲜半岛的南部，美国政府有着绝对的操纵力量。为了"冷战"的需要，美国政府策划和扶持半岛南部建立起一个亲美反共

---

① "二战"结束后，在国际大环境的影响下，韩国政治精英分裂为亲苏亲共产主义的左翼和亲美亲自由主义的右翼两大主要派别。

的政权，韩国成了美国阻断共产主义向全球蔓延的重要基地。由此，在美苏对半岛分区占领的形势下，在"左"右两翼政治精英决裂的基础上，朝鲜半岛被人为分割为互相敌对的南北两部分。

美国从1945年登陆伊始，就开始了对亲美势力的召集。由于美军坚信曾经效忠日本的亲日分子也会同样忠诚于美国，美军政权甚至重新起用了那些解放后因害怕被惩处而躲藏起来的"韩奸"警察，一些曾经在日据时期任职的亲日官员也予以留任或提升。为了接触方便，美国司令部号召韩国的政治精英们组建政党。出乎意料的是，不出一个月，就有超过50多个政党到美占领军司令部注册登记，一年后，南部就冒出了300多个形形色色的政治团体。小宗派主义盛行的弊端在政党建立初期就暴露无遗。这也为后来混乱的政治斗争埋下了伏笔。

1948年5月10日，在美国主持下，半岛南部地区单独进行了选举，选举产生了第一届国会——制宪国会。7月17日，国会制定并通过了《大韩民国宪法》、《政府组织法》、《国家公务员法》等，确定了韩国现代政治制度的基本架构。

在美国政治思想、政治制度的影响下，韩国几乎全部照搬了美国的政治体制。《大韩民国宪法》是在美国政治学家的帮助下起草的，充分效仿了美国的制衡体系和"三权分立"原则，比如：规定立法权属于国会，行政权属于总统，司法权属于最高法院；政权组织形式上，实行单院国会制、总统由国会间接选举，以及将总统制与内阁制折中而形成的总统中心制。韩国历史上第一次以法律形式确立了民主共和制度，翻开了韩国现代宪政史的第一页。

在美国授意和主导下，1948年5月10日，驻韩国美军司令部宣布进行制宪国会议员的选举，规定凡是年满21岁的公民都可以参与投票。7月28日，韩国国会用间接选举的方式选举李承晚为大韩民国首任总统。8月15日韩国宣布成立了政府，建立起"主权属于人民，保障个人自由和财产权"的民主共和体制。韩民族在封建王朝延续数千年后，开始了基于自由、民选、多党制的议会民主政体的艰难探索。

大韩民国的宪政体制并非来自韩国民众的意愿，而是在美国军事占领下强制输入移植的。基于美国民主理念建立起的制度与当时韩国社会的实际需要相去甚远。韩国人民并没有享受到民主政治带来的实惠，却要在以后承受由新旧体制的矛盾带来的一系列尖锐冲突和问题。在随后的长达

40年的时间里，韩国的民主制度从没有健康地运作过：宪法被修改9次之多，共和国更替了6次，其间还加入了30多年的军政时期。这40多年里，政党体制、选举形式、总统权力与任期等被任意更改。学习民主的过程成了韩国"疲倦而又饱受苦难的政治民主化的演习"。[①]

二 贪权恋财的腐败王国

新政权虽然确立起了民主制度的形式，但民主政治远非颁布一部宪法那么简单，而需要社会、经济、文化等许多前提条件，这些恰恰是韩国当时最为薄弱的环节。因此，从美国移植而来的民主制度很快在韩国畸形变种，民主政治并没有在韩国如期实现，相反50年代的韩国政治充斥了专制、腐败与混乱。在国内外复杂的形势下，第一共和国成了高层政治家们权力角逐的战场，朝野内斗不断，腐败蔓延，社会矛盾激化。

（一）血腥权争，黑暗政治的舞台

第一共和国建立之初，在社会政治生活的各个方面残留了很多李氏王朝封建统治和日本殖民统治的痕迹。加上国内国际错综复杂的形势，新政权面临着重重困难，举步维艰。

国际上，韩国是被推上前线的反共"排头兵"。在冷战铁幕下，朝鲜半岛被人为割裂为两部分，成为美苏争霸的棋子，南北方意识形态尖锐对立，应对来自北方的国力竞争以及军事压力，成为时刻悬在韩国人头顶上的达摩克利斯之剑。地处"冷战"交锋的前沿阵地，韩国一直处于东西两大阵营的夹缝之中。李承晚政权成立后，美国虽然撤销了军政府，把权力移交给大韩民国政府，却又以一系列双边协定的形式，把韩国的军事、政治、经济等重要部门置于它的控制之下。当时驻韩国美军顾问团是美国在海外最大的顾问团之一。朝鲜战争爆发后美国出兵援韩，以及随之加强的军事、经济援助，使韩国对美国形成了明显的依附关系。积极反共的韩国全面加入了美国主导下的西方阵营体系，成为美国在亚洲鞍前马后的走卒。然而傲慢的美国却常常无视韩国政权的存在，忽视韩国政府的意愿，甚至连板门店停战协定的签订，作为战争主要当事国的韩国都被排挤

[①] [韩]金泳三：《开创21世纪的新韩国》，东方出版社1993年版，第64页。

在外。

在国内，政治斗争更是激烈。早在建国前，半岛南部地区就派系林立，政党派阀主义严重，从极左到极右，保守与革新观念的理念之争甚烈。尽管李承晚建立起保守的右翼政权，但主张民族独立自主的左翼在韩国民众中，尤其是知识精英中非常有感召力，左派和激进团体强烈要求改变政治体制，他们的要求恰与北方相呼应，加深了右派的敌视和恐惧，给李承晚很大的压力。权力内部，亲日的军警旧统治势力与亲美的新统治力量争夺治权，大大小小的政党不断分化组合，围绕不同的方案争吵不休，很难达成一致协议。

面对这样一个烂摊子，各种政治力量为扩大自身影响力相互攻击，血腥争斗与这个新政权如影相随。据有关统计，1945年到1947年的两年间，就有5位重量级的政治人物遭到暗杀身亡，其中包括了最热门的总统人选、在韩国人民心目中享有崇高威望的"国父"金九。此外，包括李承晚在内的多位政要也曾遭遇过暗算。

当时韩国混乱的朝野政党政治斗争纷繁复杂，变化没有定数，很难说清谁是敌谁是友，各党各派认识到只有壮大自己打击对手才是生存之道。曾与李承晚携手主张同一政治路线的韩国民主党，在组建内阁阶段与李承晚的自由党闹翻，另与大韩国民党合并，更名为民主国民党，标榜内阁责任制，成为国会内反对李承晚的第一大在野党。此外，国会中还有一个主张改革体制的少壮派。李承晚的执政党内部亦有保守与革新两派对立。围绕实行总统中心制还是内阁责任制的问题，国会成为激烈政治斗争的大舞台，各种利益群体争权夺势聒噪不止。在野党借助反对各种议案与执政党讨价还价，执政党则通过推行各种新的行政议案维护和实现自身利益。

李承晚本人拥有李氏王朝的血统，虽然长期学习、生活在美国，他基本上仍然表现出传统的帝王特征，迷恋权力和权术，擅长玩弄各种政治手腕。面对国会的权力争夺，李承晚借口"半岛分裂的现实"和"国家安保需要"，逐步强化了总统的行政权，逐步架空国会。权力被架空的国会不断反击，大量行政提案迟迟不能通过，最终就在国会上演"全武行"。可以说韩国国会司空见惯的议员打斗就是这时开辟的"传统"。

在这种恶性权争下，李承晚政权内呈现出这样一幅混乱的画面：在整个官僚机构中，上级和下级都是以私人关系、私人忠诚为联系纽带，要么沆瀣一气，要么互相躲避。政权内部裙带关系盛行，任人唯亲，偏爱偏祖，再加上宗派斗争，密谋勾结，几乎在每个职级官员的任命和提拔时都是一场喧闹的政治丑剧。

李承晚还积极推行反共政策，大肆制造白色恐怖。对于造成分断政府局面的1948年"5·10"选举，许多民众表示不满，民族独立、民族统一的民心所向，使得多地对于美军政权和李承晚政权持抵抗态度。其中1948年的济州岛"4·3"事件规模最大，民众牺牲也最多。这场抗争持续了一年多，据2003年10月韩国济州岛"4·3"事件真相调查的报告显示，当时约30万人的居民牺牲人数约为2.5万至3万。另一件抗争为1948年10月19日的丽水顺天事件，驻扎于南部港口丽水的兵力拒绝被派到济州岛而发起叛乱。李承晚政府镇压这一事件后，制定了国家保安法，大肆肃清军队中的左派力量。1949年又发生了所谓的国会特务事件，一些要求处理亲日派、仿效北方进行土地改革、要求美军撤军的少壮派议员被拘禁。到了10月，左派政党与社会团体被宣布为非法组织，监狱中到处都是被关押的"赤色分子"。

（二）日财美援造就腐败的温床

腐败首先源自对于不当财富的追逐，贪腐的官员往往不缺乏中饱私囊的机会。贫穷的韩国收到两份"大礼"：日本留下的"敌财"和美国运来的大量经济援助。对日留"敌财"的处置权，和对战后大量美国经济援助的分配权，成为此时官员们手中丰厚的"采邑"。

日本战败撤出半岛后，所有日据时期日本人的资产都被宣布为"敌产"，由美国军政权予以全部接收。李承晚政府成立后，美国军政府将这些财产作为"归属资产"转交给新政权。美国希望这些日本人留下的财产能够为韩国建立起自由独立的经济基础，并进而巩固李承晚的政权。这些"归属资产"总额约占当时韩国总资产的70%—80%。这些归属资产，除一部分收归国有外，其余大部分资产在民间处理。政府优先分配给亲信雇员和对"国家有功者"家庭，其他部分进行拍卖。然而拍卖过程实际上是官员们利用政治权力侵吞财产、攫取私人财富的过程。不贿赂政府官员、同政治领导人没有私人关系，想买到工厂是不可能的。[①] 这些工厂不但估价低于市场价值，而且购买时只需支付估价总额的10%，其余90%

---

① 尹保云：《韩国为什么能够成功》，文津出版社1993年版，第44页。

在之后的15年内分期支付。考虑到1945年到1950年韩国的通货膨胀率高达600%，这种"收购"可谓一本万利。公开招标不过是公开的欺骗。据韩国的有关估算，在韩国对日本人留下的企业实行私有化的过程中，国家资产大量流失，出售价格只有评估价的一半。而且，在美国军政厅的授意下，为防止财产的"共产化"，原来已经到工人手中的敌产也被强制收回，多数工业、矿业等企业最终被转交给有经营经验和能力的地主和工商业资本家手中。

为了保证韩国这个对抗共产主义的桥头堡能够稳定和发展，美国给予了大量的经济援助。从1945年到1949年，为了稳定韩国的局势，美国提供了大约5亿美元的援助物资；1949年后，美国对韩国援助从物资救济逐步向扶持经济复苏、建设基础产业转变。然而这些援助物资和巨额资金也成了权力极大又极其腐败的李承晚政权官员们获利的宝库。这些贪腐的官员不仅把控着美援的分配，还掌握银行信贷以及进出口许可证发放等权力，这些权力成为他们肆无忌惮地为自己攫取财富的"尚方宝剑"。

巨大的利益面前，原本设立为体现政治权力的制衡功能的在野党也加入到分赃的行列。这样就形成了政权内上下左右齐贪污的景象。从中央到地方各级政府，腐败蔓延侵蚀到了治安、司法、银行、税收、海关等各个部门。上级无耻地勒索下级，大大小小的官员贪婪地敲诈勒索，政府里迅速产生了一大批被讥为"光复贵族"的暴发户。美国人对此评价说，李承晚的官员们"成为肆无忌惮的剥削者。没有理想也没有道德顾虑的约束，他们的行为是享乐主义的，他们的纲领是高消费取向的"。后来人们看到的几乎所有有关李承晚执政时期的书籍和文章都会涉及李承晚政权的腐败问题，李承晚政权几乎变成了腐败与低效的同义词。

这场腐败的盛大演出还培养了日后韩国一个重要角色——财阀。

对于企业而言，不同政治领导人建立私人关系，不贿赂政府官员，想得到更好的发展机会是不可能的。因此许多精于政治投机的大型企业纷纷打起贿赂官员的主意，他们通过与政府官员拉拢关系，获得大量进口原料、优惠项目、官价外汇而迅速暴富。可以说，韩国主要的财阀绝大多数都是靠此时与政府勾结而发迹的。这些企业家还得到了政府特批的国内外长期低息贷款，分得了美国提供的援助物资，这些物资往往稍作加工就能制成生活必需品，在当时物资匮乏的情况下常常被一抢而光。企业家们积极地为执政党提供政治资金，并向重要的政党和政府人物行贿。获得政府庇佑的企业很容易完成资本积累，而且在工业一片空白的情况下，资本很容易同时进入多个产业。LG 的创始人就在其回忆录里写道："生产化妆品时，我们发现购买装化妆品的容器并不容易，所以我们就开始生产塑料容器。"① 驻韩美军也是企业的掘金地。例如现代财阀的创始人郑周永就在他的回忆录中写到，他的公司通过会讲英语的弟弟与美军建立了良好关系，通过承担美军的建设项目获得了第一桶金。② 一批具有优秀经营才能和企业扩张意志的企业家很快走上了产业多元化和集团化发展的道路，甚至成为商业银行的大股东。

"假商人和政府的联合力量形成了这种韩国式腐败的温床，这些人通过贿赂集中在既得财产的周围。"③

（三）对外依赖，经济无为的政权

尽管有美国的经济援助，但韩国初建时期的经济并没有摆脱困境，社会经济秩序十分混乱，此时留给民众最深刻的印象是食不果腹的贫穷记忆。

由于当时韩国的资源、资金完全依赖于美国援助，政府也要受到美国意向的左右，政权内部又存在着复杂的党派政治斗争，李承晚政府鲜见经济重建的努力，甚至没有一份较为完整的国家发展规划。1949 年底韩国工人的实际工资只有日据时期 1936 年的一半；农业大幅减产，农民负担沉重。在美国的援助下，在随后长达 8 年的时间里，韩国 GNP 实际增长率只有 3.9%。因人口逐年增长，人均 GNP 增长率只有 1%。农村的情况更糟，1958 年，缺衣少食的农户占到韩国农村的一半以上。④ 2009 年，我们在韩国调研期间，访问过一位企业家，他在 20 世纪 60 年代就读于汉城一所贵族学校，里面就读的多数是来自韩国上流社会的子弟。他回忆到：他上小学时班上有许多同学都吃不饱饭，一天只有早晚两顿饭，中午只能饿着。这种情况到 60 年代中期朴正熙当政后才逐步好转。整个 50 年代，

---

① [韩] 具滋暻：《道路，只有一条》，杏林出版社 1992 年版，第 2 页。
② [韩] 郑周永：《我的人生我的理想：虽然有磨难但没有失败》，第三企划发行，1991 年 10 月。
③ [韩] 朴正熙：《我们国家的道路》，陈琦伟译，华夏出版社 1988 年版，第 139 页。
④ 赵利济主编：《韩国现代化奇迹的过程》，张慧智译，吉林大学出版社 2006 年版，第 204 页。

韩国人均国民收入一直徘徊在数十美元的水平之上，与此产生鲜明对比的是，同期的北方朝鲜人均国民生产总值已经接近250美元。

经历了朝鲜战争创伤的韩国，国民经济又到了全面崩溃的边缘。为了帮助韩国进行战后重建，美国启动了五年援助计划，企图帮助韩国建立起"自立经济"。1953年到1957年，韩国战后几乎全部的固定投资都来自美援。在美国的援助下，韩国建立起了50多个化肥厂、造纸厂、纺织厂。据统计，1953—1960年，美国的援助达到17.45亿美元，联合国朝鲜重建局的援助资金也达到1.2亿美元。① 除了投资所需的资金来自外援之外，工业原材料主要也来自国外。最为典型的是直接关系民生的面粉、棉纺织和制糖产业的"三白产业"，原料几乎完全靠进口。经济发展不是仅靠外部的资金、原料援助就能实现的。此时韩国大多数企业经营不善，奄奄一息，处于时时倒闭的状态，而国家整个经济形势更是一片萧条，人民生活仍然十分困顿。连年的美国面粉输入造成韩国农产品受到冲击，农业生产低迷，大批生活困难的农民涌进城市，城市又不能为他们提供充分的就业机会，大批人蜗居到杂乱无章的木板村里。

对外的严重依赖造成韩国高度依赖型经济体制，产业结构畸形，形成了偏重于消费品生产的轻工业体系。这种以食品和原材料为主的产业结构，无法为国家奠定坚实的工业基础，同时，国家的对外贸易和经济管理权旁落，不得不听命于外国，严重制约了韩国民族经济的发展。依靠美国资本发展起来的企业，主要经营权都在美国的控制之下。例如美国投资的大韩煤炭公司，使韩国主要的煤矿经营权置于美国垄断资本手中。对国外资本、原料、技术的依赖，抑制了韩国自立型经济的形成。对美国的过分依赖使得韩国脆弱的经济受到外国经济形势的影响而摇摆不定，充满变数。20世纪50年代后期开始，经济自立成了国家最大的问题，实现经济自立和消除贫困成了大众最为强烈的愿望。②

（四）腐败大统领黯然下台

李承晚政权在经济上毫无起色，政治斗争却搞得热火朝天。在毫不现

---

① 韩国银行：《韩国经济年鉴》，1970年，第322—327页。
② ［韩］徐仲锡：《韩国现代史60年》，朱玫、孙海龙译，民主化运动纪念事业会2007年版，第76、113页。

实的"国家统一"的幌子下，李承晚政权后期主要精力用于巩固自己的统治和谋求连任甚至终身就任总统上。

为了赢得连任，李承晚大动干戈，甚至把所有公职单位都变为投票拉票的政治工具，强制公职人员支持执政党；他不惜动用军队、警察，用逮捕、恐吓手段制造紧张局势与恐怖气氛，恫吓选民；还指使"白骨团"、"毒蜂队"等臭名昭著的右翼组织包围国会，制造声势。这期间的选举舞弊手法可谓五花八门，甚至采用事前投票、代理投票、撤换选票箱等低下伎俩，各种手段无所不用其极。1952年，李承晚的4年总统任期将满，为获得连任，李承晚提出修改宪法，将总统选举的方式由国会选举改为全体选民直接选举，由于遭到了民主党把持的国会的激烈反对，结果李承晚政府在釜山一带实行了非常戒严令，并把国会议员乘坐的班车拉进了宪兵队，紧接着10名国会议员以与共产党有联系的嫌疑而被捕，逼迫数十名议员"避难"，同时授意民意突击队不断围攻国会。在其强大压力下，1952年7月12日第一次宪法修正案获得了通过。为了追求连任，1954年李承晚授意自由党提出修宪要求，规定韩国首任总统可以连任，制造出了"四舍五入改宪"的政治丑闻。①

由选举引发的全国性事件不断上演着。1956年5月5日选举前夕，民主党候选人申翼熙突然死于一列开往全罗北道的列车上，从而引发了一场全国性的骚乱，700多人被捕。5月10日，李承晚第二次赢得总统选举的胜利，但其得票率显著下降，而在野党的威信却有明显上升。由于进步党领袖曹奉岩曾在《东亚日报》等媒体公开指责李承晚腐败无能、操纵选举等，1958年1月12日，大批警察突然搜查了进步党的总部，并以进步党违反国家安全法，以及与共产主义分子有牵连等嫌疑为名，将曹奉岩等7人拘捕。1959年7月，曹奉岩被以"间谍罪"进行了处决。这就是所谓"进步党事件"。韩国社会普遍认为进步党事件是李承晚清除政敌

---

① 1954年5月20日，韩国举行国会选举，李承晚领导的自由党获胜，占国会压倒多数席位，即国会203席中的114席。9月李承晚授意自由党议员和无党派议员提出改宪议案，其核心内容是"第一代总统不适用重任限制规定"，即废除宪法中总统最多只能任两届的规定，允许第一任总统可以无限次连任。该议案遭到在野党强烈反对。根据11月的国会投票结果，135票赞成。按照宪法规定宪法修正案须经2/3以上议员赞成才能通过，即赞成票至少为136票，国会当即宣布宪法修正案被否决。但是自由党以135票虽然少于203票的2/3（135.33票），但是因为135.33经四舍五入可得135，所以宣称135票即可认为获得通过。这样，修正案重新宣布获得通过。1956年李承晚连任第3届韩国总统。

的冤案。

除了对反对派政治领袖贸然采用从肉体上消灭的卑劣做法，李承晚对于其保守阵营内部与之竞争的政党也采取粗暴手段加以压制。在和主要竞争对手民主党的竞选中，李承晚公然动用警察暴力干预选举，威胁民主党议员候选人迫其退选。1960年第四届总统选举时，民主党总统候选人赵炳玉在选前突然病逝，鉴于李承晚前期种种作为，赵候选人的病故又引起广泛猜测和质疑。

年迈的李承晚当选第四届总统后，1960年，为了让党内二号人物李起鹏担任副总统，执政的自由党再一次策划了选举舞弊，史称"3·15选举"舞弊案。在李起鹏以70%的得票率超过民主党候选人张勉，当选为副总统后，民主党奋起反击，宣称选举结果无效，号召人们推翻视民众为木偶、无视民众存在的政府。随后马山市学生率先发动游行示威，数千名市民也加入其中。示威群众遭到警察残酷镇压。4月11日，在马山海滩上发现了一具被警察摧残致死的高中学生的遗体，视生命如草芥肆意践踏的政府引起了马山群众更大的示威怒潮。

韩国学者怒斥李承晚赤裸裸的"无目标、无道德制约的寡头政治"①与蜕变为官权、金权加暴力的自由党沆瀣一气，是一种"伪装成民主主义的白色专制主义"。②混乱无序的经济、腐败盛行的官场、苦难深重的韩国民众将积蓄在心中的怒火宣泄而出。对执政者长达12年大权独握而无所成就失望透顶的人们纷纷走上街头，声势浩大的示威风潮蔓延到了全国。4月19日，汉城（现首尔③）的各大学十几万学生举行大规模抗议示威。到了中午，愤怒的人群开始冲击政府机关，汉城警察无力制止，李承晚遂下令军队镇压，整个汉城一片混乱。被称为"血色星期二"的

---

① ［韩］李汉彬：《社会变动与行政》，博英社1983年版，第149页。
② 首尔大学文理学院学生抗议宣言。
③ 韩国的首都首尔（서울），曾长期被称为汉城（한성）。韩国政府从1992年起就一直在进行"서울"的中文名称的制订工作。据韩国方面解释，汉城是唯一的中文对其首都的称呼，称呼上存在不少混乱，比如韩国有不少机构和建筑物分别使用"首尔"或"汉城"，最典型的就是市内同时有"汉城大学"及"首尔大学"两所大学。依据Seoul是与英文标记相似的发音，国际上更为通用。2005年1月19日，时任汉城市市长的李明博在新闻发布会上宣布，将首都的正式中文名称改为"首尔"，不再称"汉城"，并要求韩国政府公文、出版物、网站、机场和车站、公路路标的中文版本都使用"首尔"来代替"汉城"。鉴于韩国在此问题上长期存在混乱，本书主要依据更名时间对其进行处理。

"4·19"抗争后，4月25日，高举着"报答学生们的血"条幅的大学教授又站了出来，示威游行进一步瓦解了李承晚政权。4月27日，眼看大势已去，又遭美国施压的李承晚被迫宣布下野，流亡国外。千疮百孔的第一共和国终于轰然倒下。

作为开国总统，李承晚在韩国人民心目中享有崇高的声誉，他在寻求民族独立中进行的艰苦卓绝的斗争，使其在韩国现代史上无愧于历史伟人的赞誉。然而，他对第一共和国纷乱的权争和混乱的社会经济局面负有不可推卸的责任。朴正熙在致李承晚的悼词中认为他是"历史悲剧的主角"。

对于推翻李承晚统治起到重要作用的"4·19"革命成为韩国现代史上浓墨重彩的光荣篇章，被盛赞为"是建国之后矗立在韩国现代史的巍峨高山，是值得骄傲的胜利历史"[①]。"4月革命"是一次以青年学生为主力军的向旧的、陈腐势力做斗争的运动，是韩国人民对于腐败的一次宣战，它也给韩国带来一场精神的洗礼。

➢李承晚时期（1948—1960）（第1—3届）政府反腐败的措施、特点分析

李承晚时期政府的首要任务是确立起国家的制度框架。韩国依据西方模式建立起民主制度的框架，拥有了宪法、三权分立、政党政治、公民投票选举、地方自治等基本的现代政治制度因素。然而，这种形式上的民主制度更多地被批评为外壳式民主、有名无实的民主，或直接被定义为独裁统治。

虽然也根据宪法同时设立了总统所属最高审计机构"审计院"和最高监察机构"监察委员会"等机构，但政府的权力制衡、监督监察都没有实际运作，各机构形同虚设，除了军警横行，社会治理更是乏善可陈。

对于没有制约的权力来讲，权力即是财富。腐败最严重的地方就是缺乏道德约束又拥有极大权力的政权自身，他们是此时形式民主制度最大的受益群体，国家权力是他们为个人和小宗派谋利益的无限财源，民主制度的框架对他们没有约束力，而只是被用来实现自己权争的工具。即便是在半岛战火纷飞的1951年，在前线作战的士兵缺乏必要的武器装备和粮食

---

① 韩联社2011年4月19文章，原题：《李明博："4·19革命是令人自豪的历史"》。

供给，民众饿死者不计其数，而政府官员却视而不见，照样敛财贪污，甚至趁火打劫，大肆侵吞国防费用、粮食等。

李承晚时期的政客们的丑恶行径在权力与财富面前暴露无遗，包括美国人也看在眼里，这些当权者缺乏最起码的社会责任感，唯利是图，唯权是尊，有恃无恐。整个社会上行下效，腐败泛滥、经济凋敝，万马齐暗，这一时期，许多失望透顶的韩国人甚至怀念起日据时期的社会秩序和过去的"好日子"来。

三 虚弱的民主实验无力抵制腐败的洪水猛兽

腐败的李承晚政权垮台后，以张勉为首的民主党渔翁得利坐享其成。但无论是组成过渡政府的社会名流，还是善于勾画民主蓝图和工业化美景的新派人物，都无力收拾混乱局面。大谈民主的张勉政权最后留在韩国政治史上的是一个"民主失败"的标签，对于治理腐败或束手无策，或有心无力。

（一）绘制一幅理想民主的蓝图

"4·19"运动高举着的是民主的大旗。在当时人们看来，李承晚的腐败在于缺乏民主的制约，要解决韩国的问题需要实行真正的民主。这一社会的期许历史地落在了以张勉为首的"幸运的"民主党人肩头。

成立于1955年的民主党同被推翻的前执政党自由党一样，也是保守的右翼势力，多数成员都是旧式权贵精英群体，有的是朝鲜王朝"两班"贵族后裔，有的是日据时期的地主资本家。民主党在成立之时就分"新"、"旧"两大派系，张勉就是新派领袖。张勉有过在美国留学的经历，20年代回国后在教育界和宗教界活动，曾任商业学校校长，与日本人有过合作。民主党与李承晚有过斗争的经历，但也是在权力分配上的争夺。

"4月革命"把民主党推上革命的前线，作为李承晚自由党政权的对立面，承载了韩国人民对民主的热望，有些类似我国辛亥革命时从桌子底下拖出黎元洪当领袖的阴差阳错。

被赋予民主使命当然要做出点民主的样子来。民主党人摆出对民主制度建设的满腔热情，在改革议会内阁制的修宪活动以及组建责任制政府上费了不少精力。1960年6月15日,在"4·19"运动后不到两个月的时间里,民主党推动韩国国会通过了宪法修正案,将总统中心制改为责任内阁制,重新划定了总统和国务总理的行政权限。接着,又通过了《国家保安法》、《国会议员选举法》、《政府组织法》、《新闻、政党登记法》等,将民主党人心目中的民主政治以法律制度的形式固定下来。

1960年7月张勉政权正式建立,它为第二共和国制定了一套"民主化"+"工业化"的发展蓝图。

针对李承晚时期的腐败,张勉政权从实行民主政治入手,加强了议会权力,弱化了总统职权,改变了李承晚时期总统权力过大问题。根据新宪法规定,实行二元制的国家行政结构,总统作为国家象征性的元首,没有一般行政权力,只是拥有宪法法院法官的任命权和对戒严令的否决权等权力,对于内阁有一定的制约作用,行政权掌握在内阁手中;国务总理由总统提名,经国会同意产生;内阁掌握国家行政权,负责一切政治指导与决断,并对国会负责。在内阁与国会之间也建立了平衡机制:内阁有权解散国会,国会则拥有对政府的不信任权。此外,政府开放媒体,扩大公民自由,取消了第一共和国时期对言论、结社、出版、集会等公民基本权利的限制。

大幅度的政治体制改革,改变了李承晚后期总统权力集中的问题,充分反映出张勉时期韩国政治对西方民主的向往。

民主党政府吸取了李承晚时期忽视发展国民经济的教训,将经济发展作为基本国策,提出了"经济发展第一"的口号,并制订了较为详细的经济发展计划,特别是提出了经济开发规划和国土开发计划两大建设蓝图。在发展国民经济方面,发展至上的"经济第一主义"①是张勉政权打出的另一标签。为了着眼于国家长期经济开发,张勉还提出了综合性的长期开发计划。

(二)失控的民主

张勉政权制定的"民主化"+"工业化"的发展蓝图,应当说在理论上是无可挑剔的。但是,民主党开出的第二共和国这艘"民主航船",

---

① [韩]徐仲锡:《韩国现代史60年》,朱玫、孙海龙译,民主化运动纪念事业会2007年版,第76页。

没能顺风顺水，韩国人期盼的民主，多数仅仅停留在纸面上。

民主党倡导民主政治，使韩国政坛重新热闹起来。特别是在《国家保安法》修改后，大批新的政党和社会团体相继出现，形成了社会大众党、韩国社会党、统一社会党等左翼小党群。左翼党群并不统一，在试图结成左翼联盟失败和选举中失利后，便从议会斗争转向议会外的街头抗争，并广有社会影响。

与此同时，执政的民主党内部围绕权力分配也发生了激烈的派系斗争。民主党内围绕着选举资源的分配问题形成新、旧两派斗争激化。张勉上台后，他所许诺的"不顾任何一派，组建新、旧两派和无党派权力均衡的内阁"，在实际的官职分配中没有兑现，几乎全部被新派所占据。在修改宪法后被架空的总统尹潽善对张勉的不满与日俱增，在民主党内形成以尹潽善、柳珍山为代表的守旧派和张勉、郭尚勋代表的革新派之间的尖锐斗争。新旧两派势力分庭抗礼，权力争夺步步升级。张勉政权正式上台刚满一月，民主党旧派就发表了与新派诀别的声明，新旧两派分别在国会中成立交涉团体，民主党的组织分裂公开化了。随后，守旧派创建新民党作为院内党团，正式成为反对党，使派系斗争进一步升级。民主党的分裂主要不是因为意识形态和政策分歧，而仅仅是出于权力之争。迫于压力，张勉只好大批更换内阁。重新组阁不仅不能消解平息矛盾，反而又引起新的矛盾。失势的一方借助对新出台的法案进行吹毛求疵的攻击来实施派系的报复。

权力斗争全面困扰着张勉政权。民主党执政时期国会常常因不够法定人数而被迫休会，即使召开会议也常常是打打闹闹。为了争取在议会中的有利位置，行贿和官职"分赃"成了家常便饭。民主党宣扬的职业公务员制度、政治中立原则统统无从实施。许多的法案也常常因为派系间斗争而流产。然而面对现实问题时，因职责不清，各部门又互相推诿扯皮，只顾保全自己。以至于在后来面对政变的兵士，掌握行政大权的总理竟然一逃了之，手足无措的总统搬出宪法翻来覆去思忖，不知道自己究竟是否拥有军队的统帅权。

自由之风使在李承晚后期受到一定压制的社会运动复苏，民众的政治热情空前高涨，充分释放。

言论自由的限制取消后，好几百家报纸和杂志雨后春笋般地涌现出来。据统计，民主党执政前的1959年韩国有各种报刊615种，而到了民主党执政近一年的时候，即1961年5月，韩国的报刊剧增到1573种，记者达到16万人。舆论媒体纷纷以攻击政府为能事，以批评和揭发为己任，将社会情绪引向反政府方向。更有甚者，这一时期，大部分的媒体都可以出售记者证，许多假记者浑水摸鱼，依靠敲诈混饭吃。

结社集会自由的限制取消后，社会运动勃兴。街头示威游行成了人们希望实现各种愿望的仪式，从解决饥饿问题到实现南北统一，几乎所有愿望被一并提出。游行示威遍及全国，朴正熙对这一时期的情形曾描述为："从清晨开始，整个白天连续进行，到晚上变成火炬游行。"① 在李承晚政权垮台后的一年中，由大学生组织发起的游行示威有51次，中学生组织的示威游行更多达117次，还有35次是由商业团体组织发起。张勉时期的游行示威成了一个很长时间内一直被韩国人提及的笑话。②当年有幅漫画，上面画着一群人向另一群示威者示威，以表示对各种示威活动的不满。③

政治上相对宽松的局面，使一直成为禁忌的南北关系也出现松动，左翼学生投身于南北统一运动，将统一问题作为反政府运动的焦点。大学生发动挺进板门店运动，高呼"20万南北学生聚会"，要与北部大学生实现大会师。这一行动将"4·19"运动后左翼运动推向高潮，在另一方面加剧了政治上的紧张局势。

（三）失败的民主与病态的社会

张勉政权上台执政后，韩国社会的羸弱与混乱有增无减。韩国的政治甚至比李承晚时期更加混乱，有的韩国学者喟叹民主的嫩芽过早夭折，而也有学者认为第二共和国徒有虚名，还不如第一共和国。

张勉政府内的派系与国会里的新旧两派的斗争削弱了民主党政权的力量，激烈的党争削弱了政权的稳定。短短9个月内，张勉不得不三次组阁。各党派在国会中为内阁席位讨价还价，国会成了"职位分配机关"或"职位撤换机关"，而重要的社会政策在国会却无人关注。比如张勉曾想通过实行财产登记制度遏制腐败势头，而该法案在被国会通过后不久又

---

① ［韩］朴正熙：《我们国家的道路》，陈琦伟译，华夏出版社1988年版，第145页。
② 另有统计数据显示，从1960年的"4·19"事件到1961年5月，共发生1836起示威游行，共有96万多人参加。
③ ［美］玄雄：《朴正熙》，潘屹译，红旗出版社1993年版，第28—29页。

被否决掉了。张勉政权对待李承晚政府遗留的大量政治问题、社会问题更是无力解决，一筹莫展，无为的政权引发社会的不满情绪。

朴正熙曾严厉地批评张勉时期的国会是"流氓议会"。他说："新近成立的两院立法机构只是在我们这贫穷的国家里增加了吃政治饭的工作。既无知又无情的议员们专横得不可想象，立法机构以'流氓议会'而闻名"，"放肆地从政权的额外价值中享受好处"，仿佛一个"大家能捞就捞'的狂欢聚会"。①

"缘木求鱼"的经济复兴计划

张勉虽然提出了雄心勃勃的发展计划，但并不能付诸实施，这一时期韩国经济状况进一步恶化，无法摆脱对外尤其是对美国的严重依赖。此时国家财政预算的一半要靠美国提供，而重建资金的95.2%要依赖于美国。可以说张勉的经济建设计划实际上完全寄托在美国身上。1960年10月，张勉政府向美国国务卿赫特递交了《关于韩国经济改革的备忘录》，希望得到美国的援助资金以启动新的经济发展计划，这一行动却遭到美国政府嘲笑，有美国官员嘲笑它是一张政府"采购单"，对此美国无意出钱相助。

曾经信誓旦旦要振兴经济，然而张勉政权所有经济努力所交的成绩单却非常惨淡：1960年韩国经济增长率仅为2.1%，低于2.7%的人口增长率；人均国民收入为76美元，国民生产总值中制造业的比重是14%，农林渔业等第一产业有37%。同期菲律宾的人均国民收入为170美元，在国力上追赶上近邻菲律宾，成为当时的"韩国梦"。张勉振兴经济促进就业的重头戏"土地发展计划"成了他经济政策失败的最典型的例子：原本政府企图借助这一建设计划，吸收有为的青年学生，然而整个计划最终只雇佣了2000名大学毕业生就虎头蛇尾地草草了事，这对于百万失业大军的社会解决就业问题根本起不到什么作用，而且因为工作条件恶劣和待遇差等问题，多数土地开发项目无果而终。

1961年1月，张勉政府屈服于美国压力，调整汇率，使韩元大幅贬值60%，引发严重通货膨胀。2月，张勉政府宣布取消国家法定大米储备量，韩国粮食价格应声上涨5%，全国需要救济的缺粮户数高达21万。此时，全国40%的劳动人口处于失业状态，电力枯竭、国际债台高筑。

---

① ［韩］朴正熙：《我们国家的道路》，陈琦伟译，华夏出版社1988年版，第144、145页。

庞大的饥民队伍让政府备感压力,社会危机四伏。

1961年5月13日,《朝鲜日报》头版以标题"民主党内阁——经济5年计划的轮廓/或者依赖日本财产赔偿或者依赖美、英、德等国贷款/首先实现煤炭年产量2000万吨的目标",报道了张勉政府计划从1962年开始实行经济开发5年计划的消息。而第二天的《朝鲜日报》社论就以"民主党政府的5年经济计划论是缘木求鱼"为标题,对计划进行了冷嘲热讽的批判。

高举民主大旗上台的张勉政权,如今留在韩国历史上的却全是民主失败的记录。社会动荡,官场更是混乱,营私舞弊到了难以想象的地步,1960年末连国会的财政预算案竟然也是靠贿赂手段通过的。面对日益不稳定的政局和混乱的社会,温情脉脉的面纱终于被揭了下来。张勉重操李承晚的老办法,放下民主的幌子,收起新闻自由,重建镇压之权。在美军顾问团的帮助下,张勉政府建立了一支代号"鸽子"的机动部队,24小时待命随时出动实施街头镇压。张勉政府出台了"反共特别法案"、"示威规则法案"等政策法案,收缩和限制国民自由权利。一系列自我否定的措施也昭示了张勉政权迅速重蹈李承晚的覆辙。

1961年4月,汉城的大学生们为促进统一加大了学生运动声势,南北学生会谈、统一运动又风生云起,让极右势力惶恐不安,同时也为一场军事政变提供了口实。山雨欲来风满楼,风雨飘摇的韩国,一场酝酿已久的大风暴马上就要来临了。

> **张勉时期(1960—1961)(第4届)政府反腐败的措施、特点分析**

1960年7月建立起来的张勉政权是作为李承晚政权的对立物而出现的。针对独裁的、总统制的普遍腐败的李承晚政权,笃信民主的民主党人志在通过完善民主设计来重组政府,整顿吏治。

张勉在就职演说中关注到李承晚政权政府、军队的腐败问题。[1] 为了打击政治腐败,张勉政权加强了议会的权力,极大地削弱了总统的力量,将总统制变为责任内阁制。对于解决第一共和国留下的烂摊子,张勉政权提出将处理"3·15"不正选举元凶、不正蓄财、选举资金黑幕等"六大事件"作为政权之初的要务加以解决。张勉政权公布实施《不正选举关

---

[1] [韩]李廷植:《韩国现代政治史》第3卷,成文阁1986年版,第249—251页。

联者处罚法案》、《反民主行为者公民权制限法案》、《不正蓄财特别处理法案》等一系列法案。然而，在实际执行中，一切处罚都大大地打了折扣。以政府对民愤极大的"不正蓄财"的处置为例，开始时政府宣布对牵涉其中的企业进行相当于其非法收入所得的1—4倍的罚款，在遭到企业界的反对后，尤其是怕继续深究会牵扯出更多政府官员时，张勉政权选择了对其清算处理拖延搁置，最后不了了之。其他貌似雄心勃勃的法案也同样在这种拖延搁置下成了永远的传说。

被寄予厚望的第二共和国远不是一个稳定而成熟的民主政体，张勉政权出台的各项政策多未得到真正地贯彻执行。为了强化官僚体系，张勉于1960年12月修订了国家公务员法。1961年4月15日还公布了公务员任用令和考试令，以期选拔有能力的公务人员。然而由于各部门的不合作，并未得到顺利展开。张勉时期制定了一系列的反腐败法案，但是法规较为分散，可执行性差，并未付诸实施。张勉曾想效仿欧美实行财产登记制度来遏制政府内部普遍存在的腐败行为，但是该法案①被议会轻而易举地否决掉了。

虚弱的政权是无力承担反腐败的重担的，张勉政权所开出的民主的药方，并没有对蔓延在整个体制中的腐败起到医治作用。再完备的法律条文，如果没有强有力的执行，那就只是一纸空文。曾经泛滥于李承晚政权时期的营私舞弊、裙带关系、官商勾结现象仍普遍存在，没有得到改善的迹象。软弱无能、社会的混乱和无政府状态，成了张勉政权的标签。此时，国会常常因为不到法定出席人数而被迫休会。然而即使达到法定人数，国会里面也只是一番大吵大闹的情形。那些没有社会责任感的政府官员，使各种政策都流于形式。人们无奈地发现，仅仅追求形式上的民主，

---

① 1960年张勉时期制定的《公务员财产登记法案》的主要内容为：1. 宗旨是让公务员登记财产，把握实际情况，以求公务员的清廉洁白，同时保护公务员不受到无理的非难和诬陷；2. 登记对象为：行政部门所属2级以上公务员和相当3、4级公务员的官署之长，教育公务员中校长、副校长、院长、教育监及各级学校之长，军界中营级以上的将校和尉官级等部队之长，地方公务员中的汉城特别市长、道知事，告别市及道议会议员，市议会议员和市长等，以及一些未能在法案中列举的其他人员；3. 登记内容：上述公务员本人、配偶及同一户籍内的直系亲属的财产，登记项目包括有关房地产的一切权力和50万韩币以上的动产及债券、债务等，登记的结果保密。该法案试图通过让滥用职权、不正当蓄财的可能性最大的高级公务员在就任和退任时登记财产，每年申报增减情况，以便正确地掌握了他们的情况，达到防止不正当蓄财，避免无根据的非难和诬陷，保护公务员的声誉和威信等目的。

是不可能解决人民群众迫切的生计问题的。获得了"民主"的人们的实际生活却是:"缺乏食物的农民增加了,失业的毕业学生、出租车司机、老兵和其他一切不满的人群的游行队伍阻塞交通,物价飞涨,一句话,普通人民的生计逐渐被扼杀了。"①

1961年2月,媒体披露了民主党高官插手东京一家公司与韩国钨公司间的4000吨委托购销合同,收受了300万美元的贿赂。然而在对这一事件的调查过程中,韩国钨公司软硬兼施,贿赂国会调查组成员,据传贿赂额高达45亿韩元,震惊了全国。打着民主旗号却运用权力来为个人谋取好处的民主党也摆脱不了腐败的阴影。腐败的官员和巨商们勾结在一起,巧取豪夺,骄奢淫逸,与之形成鲜明对比的是,衣衫褴褛的穷人们挣扎在死亡线上,在青黄不接的时节,成群结队的农民上山剥松树皮、挖草根充饥。

---

① 王加丰:《朴正熙"开发独裁"体制研究》,学苑出版社1999年版,第144页。

第三章　军政威权体制下的反腐救国运动

第一、第二共和国政治腐败和治理失效改变了韩国的政治进程。一场叫作"革命"的军事政变，表现的是对民族振兴的渴望和对腐败政治、无能政府的彻底失望，是对疾风劲草铁腕力量扫清一切丑恶一切腐败的深切渴望。

"民主这棵芬芳的树木在韩国这片不好客的土地上没有开花。"[①]从李承晚政权后期到张勉时期，美国政府一直在密切关注韩国事态发展，重新估量美国的对韩政策。这一时期美国的许多智库提供了一系列报告，如"韩国的前景"、"韩国的目前形势"、"法利报告"等，判断韩国的现行体制及其政权的失败只剩时间问题了，敦促美国政府改变关于韩国内政的路线。1961年1月，肯尼迪政府上台后，采纳了美国参议院外交委员会早在1959年提出的"坤仑报告"，考虑在韩国的民主政治遭到失败后，更换"新的铁腕人物"作为其代理人。一切都在预示着韩国需要一次新变革，需要改变前进的方向，以扭转国家的命运。

时势造就了铁腕人物朴正熙，由他开启了韩国经济的现代化的进程。从1961年通过政变上台至1979年被刺杀，朴正熙在韩国近代史上写下了浓墨重彩的一笔。服务于经济建设，采取强有力的雷霆风暴式的运动，迅速扫除一切阻碍工业化进程的因素，是这一时期政治包括反腐败行动最显著的特点。

一　痛恨腐败的"政治军人"崛起

韩国光复后政局长期处于不稳定状态，国家一天天走向混乱，不仅经

[①] [韩]朴正熙：《我们国家的道路》，陈琦伟译，华夏出版社1988年版，第55页。

济混乱、政治混乱，整个社会和人民精神都萎靡不振。韩国社会没有统一的目标和方向，完全是一派毫无生气的萧条景象。韩国各种政党、政治团体缺乏组织性和行动能力，拿不出一份提神鼓气、切实可行的发展规划来。然而在动荡不宁的韩国，只有一小部分人是例外，只有他们还能在这个一盘散沙的社会里，保持严格的组织体系，具有步调一致的行动能力。他们就是韩国的少壮军人。

南北方军事对峙造成的紧张气氛，使军人在韩国政治生活中处于举足轻重的地位。韩国军队人员构成复杂，有相当一部分军官在日据时期接受过日本军事教育。战后，韩国军队规模庞大到60万—70万人，经过战争洗礼和美国武器装备武装，军队成长为战后韩国一支重要的社会力量。在当时情况下，韩国军队装备先进，科技水平高，大批军官受到过了良好训练，许多人有到国外接受过教育和训练的经历。到了20世纪60年代初期，军队已经成为韩国社会上教育、管理、组织水平最高、最具活力的社会集团。[①]

（一）反腐败的生力军——"下犯上"的青年军官

在韩国军队里中下级的青年军官是军中精英与骨干。他们受教育水平高，社会正义感强，特别不满于当年盛行于韩国社会的派阀争斗和贪污腐败。当时韩国军队情况也十分复杂，宗派盛行，上层军官极其腐败。在李承晚时期，军队的高级将领控制着占国家预算40%以上美国军事援助资金和物资，他们与执政党沆瀣一气，中饱私囊，大发横财。有人曾这样描述这场分肥"盛况"：几乎所有的人都卷入贪污腐败行列中，普通人靠人力搬运窃取国家财产，军官用吉普车，而将军们则用卡车搬运。而与之形成鲜明对照的是中下层军官特别是下级军官生活困难，有的甚至无法维持家庭的基本生计。

在这种情况下，等级森严的韩国军队发生了一次罕见的"以下犯上"事件。一名下级军官枪杀了贪污军用物资的上司，此事继而引发了一群血气方刚的青年军官发动"整军运动"的请愿行动，他们要求清理军队腐败，并追溯惩处卷入1960年的"3·15"选举舞弊行为的军队高官。军方立即采取镇压行动，当场拘留了四人。青年军官们不服，进一步发动了

[①] 赵虎吉：《揭开韩国神秘的面纱》，民族出版社2003年版，第90页。

"下犯上"的自清运动,要求追究韩国联合参谋总长的责任。结果他们又以"不敬长官"罪名遭到逮捕审判。10位义愤填膺的青年军官们在请愿失败的当晚,在汉城一家旅馆聚会,他们决心发动一场改变韩国命运的军事政变。这次密谋的年轻军官中就有决心挺身而出拯救国家的朴正熙。

(二) 重建,还是毁灭? 用枪杆子来说话

此时的朴正熙是一位满腔热情的爱国主义者和理想主义者,他保持着生活简朴、刻苦干练的作风,同许多正直的韩国年轻人特别是年轻军官一样,痛恨韩国的落后、愚昧与腐败,只是他更加有少说多做、付诸行动的坚强意志,决心团结军队中志同道合者一起拯救这个积贫积弱的国家。

李承晚、张勉时期糟糕的政治经济状况给朴正熙带来了下最后决心迈出军事行动的口实和机会。其实早在1960年3月,朴正熙时任釜山军需基地司令时,他就悄悄组织了一个10人班子,并设计制订国家经济发展计划,筹划寻机发动军事政变。拥有与朴正熙一样热情的陆军士官第8期特别班的军官,成了拥护朴正熙推翻无能政府的军事革命方案的坚定支持力量。而此时,面对军队的腐败以及中下层军官与高级军官间的冲突,张勉政权依然是手足无措。对于他上台前关于裁减军队和肃清军队中不称职和腐败官员的许诺,因遇到高级军官以及美方的阻挠也早抛至脑后,他关心的只是如何控制住中下层军官的造反,防止军队发生变故。甚至由于政变行动泄密,张勉提前得知他所担心的事情就要发生时,他仍然优柔寡断,直到政变确定发生了,他唯一的反应竟是溜之大吉,狼狈不堪地逃向美国使馆请求庇护,后来干脆就躲在一所教堂中瑟瑟发抖,惶惶不可终日,其软弱表现可谓登峰造极。

"一直隐忍自重的军部"终于在黎明开始了行动。1961年5月16日清晨,以电台广播为主要信息来源的韩国老百姓,听到的是这样的消息:

> 亲爱的各位爱国同胞们! 我们的军队今天早上终于一齐开展行动,完全掌握了国家的行政、立法、司法三权,继而组建了军事革命委员会。军队之所以崛起,是因为他们断定再也不能把国家和民族命运托付给腐败无能的现政府和老政治家,并解除祖国的危机。
>
> 军事革命委员会将: 1. 将反共作为国家首要政策,重新整顿和强化迄今为止停留在形式与口号上的反共体制; 2. 遵守联合国宪章,

切实执行国际条约,进一步巩固以美国为首的自由友邦之纽带; 3. 扫除国家的腐败与社会邪恶,纠正颓废的国民道德与民族精神,弘扬新风气;4. 迅速解决挣扎在绝望和饥饿线上的国民的苦难,把全国的力量倾注于重建国家自主经济;5. 竭尽全力培植足以与共产主义对抗的实力,以实现民族夙愿,即国土统一;6. 为实现以上任务,准备随时把政权移让予崭新而善良的政治家,军队回归本位,履行本职任务。

希望各位爱国同胞完全相信军事革命委员会,照常上班和生活。从这一刻开始,我们不会辜负祖国对我们的希望,创造崭新而有力的历史。

祖国要求我们团结、忍耐、有勇气及不断前进。

大韩民国万岁!崛起军队万岁!

军事革命委员会议长、陆军中将张都暎

显然,六条的《革命公约》中,除了能让政变不被美军迅速镇压而发表立场外,治理腐败和重建国家是这些军人向全国做出的真正承诺。

一时间,伴随着雄心勃勃的军官们接手国家各机关部门,扫除恶疾、清新风气、拯救饥饿线上的人等成为最流行的话语,宣告了一个大时代的来临。韩国人民的命运也从此开始了一场深刻的转变。

朴正熙后来多次阐述军事革命的必要性。他指出:若将国家比喻为患者,我算是对他动了两次手术。因为示威的手术不太成功,就再次对他进行了政变手术。比如在1961年11月访美时他强调了军人们建设国家的欲望、对国家的责任感,指出,"为了挽救国家生命,使国家健康成长,必须切除病变的器官。从这一点来看,我们处在跟外科医生相同的处境"。[①]

二 "韩国重建"中的庶政刷新运动

对于韩国现代史而言,1961年的"5·16"革命是一场军事夺权的政变,然而这场政变不仅仅是政权的更迭,更带来了国家深刻的社会转变和

---

① [韩]赵甲济:《总统——朴正熙传》,第3卷,李圣权译,江苏文艺出版社2013年版,第69页。

政治转型。雷厉风行的军人的品格给社会带来生机和活力，政局稍稍稳定下来，他们就开始着手将政治理想立即付诸实际行动。首要的任务很明确：快速稳定社会，开启工业化进程，进而迅速改变整个国家和社会的落后面貌。

（一）从发动一场深刻的精神革命开始

思想之于行动犹如闪电之于雷霆。韩国需要一场深刻的精神革命。

朴正熙虽然文化并不高，但他从安逸的小学老师投笔从戎，已经能够显示出他内心世界里有很强的政治意识。出身穷苦的他更加清楚地知道，要改变一个国家的命运，先要从改变人民的精神入手；要让军事政变作为民众能够认可的"革命"，使人们愿意跟着他重建国家，也需要改变人们的思想意识。他将政治理念汇集到一本《我们国家的道路》的小册子中，作为引领民族复兴运动的思想动员手册。

"以'最大自由，最小计划'为原则完成经济计划，创造'汉江边的奇迹'。我们认为，只有在民主自由和创造性能够充分发挥的环境下，才能够保证经济的发展。"

从韩国光复到朴正熙发动军事政变已经过去了十多年时间，其间多种政治力量粉墨登场，每一政党、每一位领袖都有自己的主张，每一种主张都十分华丽动人，但显然都不适合韩国的需要。那么，韩国究竟需要什么呢？这在生于贫寒农家的朴正熙看来十分简单：挖掉韩国的穷根。贫穷是韩国最基本的国情。朴正熙上台后，韩国曾进行过一次民意调查。调查表明，民众最迫切的要求依次是：迅速发展经济、国家安全、民主政治。发展经济，解决温饱问题是人民心中的头等大事！

靠军事政变上台的朴正熙，紧紧抓住韩国人民对贫困的恐惧和对政府腐败的厌恶，当他提出以"经济发展第一"为施政纲领的时候，以往李承晚的"美国式民主"、张勉的"西欧议会制"都显得那样的苍白。1961年6月9日，朴正熙通过了再建国民运动的法律，倡导国民艰苦朴素，发扬勤勉精神，昂扬国民道义，鼓励生产与建设的热情，国家主导下的全民运动全面开展。

面对"文盲的贫民百姓的活命要求的压力"[①]，朴正熙的回答是要培

---

① ［韩］朴正熙：《我们国家的道路》，陈琦伟译，华夏出版社1988年版，第156页。

育国民的经济自立意识、"经济爱国主义"和企业精神。朴正熙认为经济建设是自主独立的重要条件，因此当前政府最迫切的任务是加强经济能力，谋取经济发展，"我们这个时代是不发达国家出现革命骚动的时代，是不发达国家为了发展经济而开始参与竞争的时代"。"经济问题是我们所有问题中最重要的问题"，"是自由民主制度的基础"。国家应当采取措施来解决人民的困难；政治应当最终为人民的经济利益服务。为了发展经济，必须使国民"经受现代民主精神净化之火的洗礼"，"形成现代化的精神状态"。

与一般一味迎合选民、空洞地赞扬民族性的政治家不同的是，朴正熙对国民精神持批判态度，他警告站在民族兴亡关口却精神颓废的国民，国家的困顿既是政府腐败和无能所致，也有国民缺乏自强努力和自觉性的因素。他指出，为了抹去不光彩的历史，建设起一个道德国家、福利社会，就要高举改造人性和振兴产业两面大旗，为实现这两大目标，就要进行一场"过富裕日子"的运动。朴正熙认为，好日子不是别人帮来的，而是要靠自己劳动争取来的。他确立了运动的原则，即重点支持那些有强烈自助心和上进心的人，而拒绝帮助那些懒惰的、没有自强精神的人。这也是朴正熙发动的新村运动的基本原则。

当朴正熙将他的施政纲领用"过上好日子"这样朴素的口号向全国发布时，困顿疲惫的韩国人民点燃了希望。正是这种反映韩国百姓内心里最朴素的想法的社会动员令，在一盘散沙的国家里凝聚起了攥沙成团的力量。在新的发展理念指导下，整个国家的精神面貌为之一新，"韩国普遍认为在当前以经济为本的国际竞争环境下，任何国家一旦落后，立即陷入'人为刀俎，我为鱼肉'的深渊，唯有迎头赶上甚至超越领先，方能生存发展"[①]，为了摆脱贫困的宿命，不再受饥饿之苦，韩国人拿出令人敬佩的工作热情和拼搏精神，开始了改变自己命运的奋斗历程。

当政权稳定后，朴正熙又向公众阐述了他的完整的社会发展目标——实现道德的复兴、经济的发展与政治的稳定。他指出，要达到这些目标的最佳途径是建立起一个有决心的、组织严密的国家，号召人民自愿为未来的成功长期奋斗，而不追求急功近利。

朴正熙将国民革命的任务定义为建设"现代化的韩国"。为此，他制

---

① 李在方：《韩国崛起》9、10，财团法人亚太文化学术交流基金会2008年版，第221页。

定并实施了三项任务：

一是形成现代化的精神状态。

朴正熙推行精神革命，释放社会活力，彻底改变韩国人的精神面貌。他号召全体国民牢固树立"经济自主"和"经济发展第一"的思想，牢固树立依靠自己自觉努力解决自己问题的自主精神，通过团结一致，"尽最大努力，流最多的汗，就能实现汉江奇迹"。①

二是建立自立的经济，摆脱贫困。

朴正熙一改李承晚时期对于国家统一政策上的"先统一后建设"的方针政策，而将南北大业放在经济竞争的战场上。同时，他以坚韧不拔的精神推行自己的政策，与张勉时期有头无尾或流于形式形成鲜明对照。

按照当时韩国社会发展的实际情况和民众高涨的发展热情，朴正熙制定了国家再建计划、祖国现代化计划、经济开发新战略等发展战略。为了使国家尽快步入发展的轨道，朴正熙提出了对经济实行全面改革的"三大战役"，即：把主要依靠美国援助过日子的消费型经济改造成通过发展加工工业，实现国民经济现代化的开发型经济；把以国内需求为主要生产目的的封闭式经营机制改造成以"贸易立国"为中心目标的主导性经济机制；把过去"自由放任"的纯市场经济体制改造成计划经济和市场经济相结合，以政府力量为主体的主导型经济体制。朴正熙的改革设想宣布后，在全国引起了强烈反响，获得了社会各界的拥护，尤其是得到了民族工业界的响应，认为此战略构想是韩国经济发展的"希望之光"。

三是建设韩国的民主。主要内容包括：

1. 过去16年失败的民主

朴正熙在向韩国民众解释李承晚的"美国式民主"和张勉的"西欧议会制"在韩国失败的原因时指出，西方国家的民主制度之所以在韩国移植不成功，是因为"西欧民主制赖以存在的最重要的基础是全面工业化"，而韩国的历史背景、文化传统和经济条件等方面与西欧是完全不同的，因此，韩国"缺乏吸收外国民主思想所需要的内在条件"。所以，即使借来了西欧代议制政治的"外套"，它也并不适合韩国，橡皮图章式的民主只能给韩国造成分裂与骚乱，盲目照搬，"就像一个100磅重的人借了一件250磅大汉穿的西服，竭力使自己穿得文雅老道。而韩国就是以

---

① ［韩］朴正熙：《国家、革命与我》，光明出版社1963年版，第265页。

1948年时的条件，套上了美国高度发达的民主制度，还指望它能深深扎根。这种想法就如同一个婴儿没有经过妊娠期，就发育成熟地生出来了"。①

朴正熙反思过去16年的韩国政治，认为官僚政客与财阀们的政治联盟，是韩国党同伐异、争权夺利、政治腐败的根源，是把韩国引入歧途，发生"历史上前所未有的最大民族危机"的罪魁。

2. 建设经济民主

朴正熙提出要在韩国建立和实行民主政治首先要释放社会活力，彻底改变韩国人的精神面貌。"在我们的国家里，贫困、饥饿和低收入是建立现代自由民主的最严重的障碍。"② 韩国的内在条件还没有成熟到承受民主政治的程度。"民主这颗没有光泽的宝石，对于那些正遭受着饥饿和绝望痛苦的人们来说是毫无意义的。"当前韩国的主要任务是保持政局的稳定，动员和集中一切力量来发展经济。"经济上的生活保障是燃眉之急的大事"，也是韩国当前最大的民主。他号召全体国民牢固树立"经济自主"和"经济发展第一"的思想，鼓励全民团结一致"尽最大努力，流最多的汗，就能实现汉江奇迹"。③ 为此，要倡导韩国人自主、自立、自强意识。

3. 建设行政民主

"政治在革命的过渡阶段，保持一个强有力的统治机器是绝对必要的"，韩国要实行的民主，"不是放纵的自由，而是以自律的自由导入指导性的民主"，即用"行政民主主义"培养新型的领导力量，进行"人间革命"。要通过管理的手段，施行"管理民主"，自下而上地消除腐败，加强人民的自治能力。他认为，政府必须坚决而持续地进行行政改革，彻底消除官僚主义政治和中央集权主义，通过地方自治的实现来使行政机构民主化。同时，努力建立现代化的人事管理制度，努力消除假公济私、任人唯亲和裙带关系等恶习。

1961年8月15日，在庆祝韩国光复16周年的祝词中，朴正熙指出，过去韩国照搬西欧民主主义制度，只是模仿了其形态，"可能因为跟我们的

---

① [美] 玄雄：《朴正熙》，潘屹译，红旗出版社1993年版，第46页。
② [韩] 朴正熙：《我们国家的道路》，陈琦伟译，华夏出版社1988年版，第17页。
③ [韩] 朴正熙：《国家、革命与我》，光明出版社1963年版，第265页。

风土和本性不符，产生了许多副作用"，"由于拙劣的议会政治和腐败的政治家们为了派别斗争、权益和争乌纱帽，人民没有一天安宁日子，社会正义被无止境地扰乱，到处弥漫着薄情的风气。国家经营这样颓废地延续一天，国家就会退步10年"，因此，革命军人采取了自我手术式的应急措施，发动了政变。"我们正迈向两大目标。第一是道义建设，第二是经济建设。因为道义是民主重建的基石，经济建设是自主独立的要求。现在站在民族兴亡十字路口上的我们，不能成为利己的旁观主义者或机会主义者。"①

朴正熙把民主主义的基础放在市民的伦理道德建设上，把独立自主的条件置于自立的经济基础上，他所关注的是具体的实践，关注的是实现的条件和基础，而不仅仅停留在民主的口号上。2009年，距离"5·16"政变近50年之后，我们访问韩国一位资深的企业家时，他谈及了这场革命对于今日韩国的重要意义。他在谈到朴正熙和韩国经济起飞时，十分感慨地说道：那时的"韩国迫切需要正确的政治观、哲学观和能够推动整个国家经济发展的正确方法，和能够推动国家经济整体规划的领导人。如果没有这样的领导人，韩国只能一直落后。所以当时韩国迫切需要'超人政治'，如果有正确的政治观，有总体规划的领导人来领导国家政治的话，那时的韩国发展才有希望"。

（二）反腐败实际是建立新的政治秩序

不破不立，发动军事政变仅仅是"革命"的开始。政变3天之后，"革命军事委员会"改组为"国家再建最高会议"，改造旧的政治体系开始了。它迈出的第一步就是整肃腐败。

首先是治乱，军政府迅速用大规模的逮捕、解散政党和各社会团体，查封新闻出版机构控制社会秩序。仅5月20日一天，逮捕了2014人，包括各政党成员606人，社会团体成员256人，教师546人，学生70人。第二天又逮捕了2000多人。22日起开始"扫荡流氓阿飞"，一天之内4000多人被送进集中营。政党和各社会团体立即解散，实施言论规制，关闭和查封报纸杂志等出版机构。约830种报纸杂志被取缔。

军政府实行严打政策清除各类腐败。严打的范围很广，不仅包括官商

---

① ［韩］赵甲济：《总统——朴正熙传》第3卷，李圣权译，江苏文艺出版社2013年版，第31页。

勾结、受贿，还包括生活奢侈、任人唯亲等，甚至连喝咖啡、跳舞、听日本音乐、请家庭教师、打高尔夫球，也被视作"腐败"予以打击和取缔。官商勾结、受贿索贿、裙带关系、任人唯亲是重点打击对象，军政府揭露出民主党统治时期"任人唯亲事件"2300多起。对于旧政权公务员和企业家"非法敛财"的调查，军政府发表了处理非法敛财者总纲要，主要以公务员、企业家和把财产转移到海外的人为处理对象。包括前国务总理白斗镇、财务长官金永善、驻日大使柳泰夏等政府高官，以及多名军队高官被起诉。

打击旧政权腐败的同时进行官僚体系的大换班，重组政府。军政府首批打击的官员中，包括原政府高级官员、道的长官、将军、大企业主等。政变后几周内，新政权逮捕和开除了1.7万名"腐化"的官员和2000名"腐败"的军官，以各种原因解雇了3.5万名旧的行政人员。6月23日发布针对公务员的"任用令"、"考试令"和"铨衡令"，以考试优先和政绩考察为原则整顿国家公务人员。对高级公务员进行培训，对全国5649个政府机构开展人员重新考核重新定编。

旧政权的腐败官员被撤换掉，军政府中大量起用新人，大批军人进入到国家机构中，各级政府部门的领导基本都由现役军人接替。中央职能部门内务、外交、财经、交通、文教等83%以上是军人，而且多数是三四十岁上下年富力强的军人，与张勉内阁相比年轻20岁左右。在42个大的国有企业中，33个由退伍军人负责。

这些用实现目标和效率、责任感和推进力武装的年轻军人替代了60年代的政治官僚，他们入主政府给韩国的政坛带来全新的变化。与以往的官员不同，这些军官们具有务实精神，强调管理、纪律，侧重任务目标，重视知识和技术，讲求实效，时间观念强，习惯用科学的理性的可计量的标准来衡量和处理事务，是一批体现着现代组织精神的先进力量。而以往官员却是务虚多于务实，空谈"爱国"、"统一"、"政治立场"一类政治主题，空泛的口号下专营私利，工作拖沓，缺乏时间观念，不讲效率，习惯用理想化、意识形态、感情的、不可计量的标准来对待工作。因此，朴正熙集团给韩国带来一个理性、科学的管理方式，重科学、重理性的社会风气得到扩张。

为了加强对政治、社会全领域的监控，军政府成立了中央情报部，负责监控反国家、反民族的腐败行为和一切"反革命"行为。

通过这一系列半军事化的"反腐败"措施，在很短的时期内，军政府就把国家权力牢固地掌握到手中。

由于政府严厉的打击和处罚同行政体制的改革相结合,韩国的腐败现象受到了遏制。20世纪60年代的官场风气与50年代的风气大为不同,为经济发展创造了一个比较好的环境。

"反腐败"初战告捷,但没有就此止步。在随后的政治生活中反腐败运动一直在进行。1961年夏,在一项3700万美元的"国家重建"工程项目中出现了贪污行为,尤其是新成立的中央情报局也涉及其中,秘密提取活动经费。案发后,卷进去的军政府官员全部被捕,以受贿罪论处。

军政府采取严厉的监察制度。中央设监察院,地方有监察室,责任包干,除了公开监察还有暗中监察。1962年5月,对新政府的中高级官员进行的第一次监察中,就一次性处分了350人。这些人受处分的原因不仅包括贪污受贿,还包括生活奢侈,比如喝咖啡、跳舞、听日本音乐、请家庭教师、打高尔夫球。1964年朴正熙发布公务员财产自愿申报指南,尝试通过财产申报抑制腐败行为。

军政府轰轰烈烈的反腐败行动实际上起到了重新确立社会统治秩序的作用。应该说,"反腐败"在朴正熙政权中既是必然的,更是必要的。首先,在韩国这个极度要求"正统"的国家,"反腐败"是朴正熙政权取得人民群众支持、获得执政合法性的重要基础之一。同时,韩国的国情与现状也要求这个致力于国家民族振兴的政权痛下决心来惩治腐败。朴正熙从韩国发展的痛苦历程中深刻体会到,在一个不发达的国家里,发展经济、富强国家是最根本的。而腐败则是抑制经济增长、导致政策失误、降低行政效率以及蚕食政府信用的重大阻碍。而且更为严重的是,官员的腐败以及随之产生的国家行政腐败,会导致国家政治体制破产,从而将一切重建国家的努力付诸东流。

(三) 韩国的"复活":政府主导下的经济"压缩式增长"

"政变就是给韩国进行一场手术。"当时许多在美国的韩国留学生感慨道,过去在美国电视上看到的关于韩国的画面都是羸弱的孤儿伸手求助的凄惨景象,听到军人要推行改革的消息,大家对于国家面貌改变充满了期望和信心。年轻干练的军人给这个国家带来了生机和活力。"思想动员"打好了宣传舆论战,求变革求富裕的信心被逐渐树立起来;军政府的反腐败措施也起到了净化社会环境的作用,政治风气焕然一新。最重要的工作就要开始了。朴正熙认为，只要经济发展了，国家富裕了，他面临的所有的问题都可以迎刃而解。快速实现经济发展是他面临的最为迫切的任务，对此，他踌躇满志。

1961年7月，朴正熙仿照日本企划厅的模式设立了经济企划院，开启了他的经济重建计划。

1962年12月，朴正熙政权制定的新宪法以78.8%的赞成票在全民公决中获得通过，为朴正熙政权经济重建提供了强大保障。其中认真总结和借鉴了李承晚、张勉政权经济政策的教训，注重了经济发展的计划性和战略性。朴正熙认识到，在资源和资金有限的情况下发展经济，不能完全交给市场，必须采取政府主导型经济模式。

在经济发展的计划性方面，朴正熙执政伊始就着手制订了详细的经济发展计划，并从执政的第一个财政年度起就付诸实施。

第一个经济开发五年计划，把促进出口和振兴科技放在首位，积极为工业化做准备。重点突出发展电力、煤炭与其他能源，扩大关键工业的能力和社会企业资本的适当供应，利用闲散资金，改善国际收支平衡。第二个五年计划，以实现产业结构现代化为目标，努力推进自立经济的建立。第三个五年计划继续坚持高速增长的开发战略，并把提升产业结构、改善国际收支、开发四大江河流域和大幅度扩充道路建设作为基本方向。

在经济发展的战略性方面，朴正熙改变了过去以服务本国需求为重心的内向型经济模式，大力发展外向型经济。外向型经济的经济发展策略正好搭上了60年代世界资本主义经济恢复和高速发展以及产业资本向外转移的"顺风船"。

作为实行经济战略性发展的基础性环节，韩国政府大力开展基础建设，投资重点产业，鼓励督促其超常规发展。

朴正熙非常重视国外的经验，他多次出国考察学习，对自己并不熟悉的经济领域迅速补课充电，努力了解世界经济发展情况，为韩国经济规划积极行动。他在听取专家学者的建议后，先后提出了"先工后农"、"先增长后分配"、"出口第一主义"等一系列工业化发展战略，并特别强调了增加积累，扩大出口。曾经对资本家巨额财富深恶痛绝的朴正熙放弃前嫌，主动与企业家们走近。在这一时期，韩国政府与企业界建立起了密切联系，政府居中指挥协调，督促选定的重点领域企业快速发展。这一时期，韩国确定了造船、电子、机械、钢铁、汽车、石化、原子能等一系列重点发展的工业领域，由政府支持建设发展。当年政府在工程选址、资金、设备等方面全力给予支持。政府直接干预重要企业合并重组，确定企业的经营目标，甚至直接参与重点企业的内部管理。

政府促进经济发展的战略性突出表现在投资方面。韩国经济落后，发展工业的资本原始积累是早期最突出的问题，也是以往政府在发展经济方面遇到的最棘手的问题。朴正熙上台后，实行改革，政府通过各种金融机构控制资金流向，利用低息贷款等各种方式激励企业服从政府指导，不断扩大生产规模和扩大出口总量。在朴正熙主导下，韩国政府将银行收归国有，依据政府的指令决定贷款的流向。政府在20世纪六七十年代给予出口生产企业和资本密集企业的实际贷款利息率分别为：-5.3%（1962—1966），5.7%（1967—1971），-6.2%（1972—1976），3.5%（1977—1979）。甚至在1962—1971年，将占GDP的3%的资金作为利息津贴补贴给了效益好的大企业；1972—1979年，资金比例进一步上升到10%。除了银行贷款方面的优惠外，还实行减免税收等方面的优惠措施。60年代中期为了推动出口，实行"五免三减"的税收鼓励政策，即规定免除出口企业5年所得税、法人税，再实行3年税收减半。1966年，出口企业所减免的国内税收和关税高达103.54亿韩元，1968年为303.88亿韩元，1970年进一步上升为624.40亿韩元。[①] 政府通过"官制金融"，为企业生产指明了方向，有效地保证了企业发展与政府计划的一致性。

为了打造韩国的经济基础，政府在扶持重点行业、重点企业上不遗余力。作为政府确定的重点发展行业的重化工业，由于风险大，许多企业家的积极性不高，政府便进一步实行刺激政策，并动用各方力量，强力推进发展。1975年，除了给予重化工业企业更大的贷款和税收方面优惠外，政府将企业的风险承担下来，从原料供给到产品销售，政府都出面帮助企业解决困难。1974—1979年，一般贷款的年利率最低为15.5%，最高达24%，而重化工业项目贷款年利率最高也仅3.1%。1977—1979年的全部工业投资中，重化工业占到75%以上。经过不断努力，到1980年时，重化工业所占的比重已达韩国整个制造业的54%。而这时韩国人均国内生产总值已经跃升到1745美元。

从60年代初到70年代末，在短短20年里，韩国经济发生了跨越式

[①] 参见尹保云《集权官僚制的现代化道路——韩国发展经验探索》，《战略与管理》1994年第2期。

的发展，在短时间内迅速实现了国家的工业化。韩国社会面貌焕然一新，经济展现出前所未有的活力，韩国跻身于"新兴工业国"之列。

在朴正熙当政的18年里，韩国经济"像炸爆米花一样实现了高倍率的压缩成长"。据世界银行统计，从60年代中期到80年代后期，韩国成为世界上190多个国家中经济增长最快的国家之一。朴正熙当政期间，自1963年到1971年，经济增长率平均每年保持在8.7%，人均国民收入由1961年的82美元，增加到1971年的289美元，十年间翻了近两番；自1971年到1979年，又从289美元增长至1644美元。其中，1972年到1976年国民生产总值平均年增长率为8.5%，1977年高达10.3%，1978年高达11.6%。农业占比由1961年的39.1%下降到1979年的19%，工业由19.9%增加至38.3%。贫穷人口由1960年的48.3%下降至1980年的9.8%，朴正熙成为韩国历史上最成功的"经济总统"[1]，为今天韩国经济发展打下坚实的基础。

尤其值得一提的是朴正熙推行的第一个和第二个五年计划，分别是1962—1966年和1967—1971年，被称为当代韩国发展史上最成功的经济发展计划。十年间韩国取得了巨大的开发成就，其中，第一个五年计划期间，人均国民生产总值比1961年增长了30%，经济结构有了明显的改善；经济总体保持着高增长的同时，出口更是以惊人的速度增加。第二个五年计划期间，国民生产总值年平均增长率达到9.7%，出口额增加了近5倍；到这个五年计划完成时，韩国已取得了巨大的开发成就，新的经济秩序基本确立，经济进入了良性发展的轨道。制造业在第一个经济发展计划时达到年均4.8%的增长速度，第二个五年计划期间达到了21.5%。[2]

依靠政府主导，韩国仅用了30年就走完西方发达国家100多年才完成的工业化历程，从一个贫穷落后的农业国迅速发展成为欣欣向荣的新兴工业国。

（四）建设远离腐败的"韩国式民主"

"经济发展第一"是朴正熙振兴国家的纲领，他所创立的发展模式被

---

[1] [韩] 金正濂：《回忆经济总统朴正熙》，译言网·朝鲜月刊，2012年12月11日。
[2] 参见曹中屏、张琏瑰等编著《当代韩国史》，南开大学出版社2005年版，第250—251页。

韩国学术界定义为"开发独裁体制"。在着力推进经济建设的同时，朴正熙也阐述了对韩国政治发展道路的见解。甚至提出了所谓"韩国式民主"的设想。

朴正熙发起了提高社会道德和文化修养的运动，培养了韩国人民在参与改变国家命运中所表现出的前所未有的自主感。他倡导的新村运动和经济发展计划，使韩国人民凭借自己的力量重新振作起来。他在韩国著名的新村运动中，特意将政府资助与农民参与结合起来，旨在调动农民的自主精神和积极性。朴正熙将这场运动看作是个人政治和韩国式民主观念的综合反映。经过新村运动，"民主已前所未有地在韩国农村开始生根——这在世界大多数地区也仍是史无前例的"。①

民主问题在现代政治中是不能回避的，1963年朴正熙在其《国家、革命与我》一书中提出，"只要坚持信奉民主主义，便无法阻止舆论自由。在讨论自由中寻找革命向心力"，从而将其国家主导型现代化战略的前提标榜为民主和市场经济双重原则。朴正熙在对外来先进思想与本土实际情况进行"有修正的应用"过程中，创立了所谓"韩国式民主主义"，并在其中奉行实用自主的政治哲学，一方面，限制国民基本权利中的政治自由；另一方面则保障私人拥有财产的自由。有韩国学者评价朴正熙所打造的"韩国特色民主主义"是朴正熙"将当时年轻韩国的民主主义推入一个新的历史阶段的尝试"。② 同时，朴正熙还提出了所谓行政民主的概念。他认为，韩国政治建设的当务之急不是效仿西方的政治制度，而是建立起一种行政民主。他提出：韩国要实行的民主，"不是放纵的自由，而是以自律的自由导入指导性的民主"，即用"行政民主主义"培养新型的领导力量，进行"人间革命"。通过管理的手段，施行"管理民主"，自下而上地消除腐败，加强人民的自治能力。他认为，政府必须坚决而持续地开展行政体制改革，消除官僚主义和中央集权主义，通过地方自治逐步实现行政民主化。朴正熙执政时期，国会权力被大幅收缩，沦为举手机器，行政部门独握国家权力，因此，朴正熙政权被称为行政政治。

为了推行廉洁自律的执政风气，朴正熙身先士卒，生活俭朴，严格要

---

① ［美］玄雄：《朴正熙》，潘屹译，红旗出版社1993年版，第147页。
② ［韩］赵甲济：《总统——朴正熙传》第1卷，李圣权译，江苏文艺出版社2013年版，译者序，第4页。

求自己，甚至于从自己日常的用水用电等方面都苛刻要求，为了省油，他夏天从不开空调，不必要的一切铺张浪费更是坚决杜绝，在他影响下，旧官僚机构中声色犬马的腐败风气被清扫一空，整个社会充满了艰苦创业的新气息。

朴正熙在执政的前期，锐意改革，强力推进经济发展，得到了韩国人民比较广泛的接受和支持。这表现在他执政前期选举的数据对比上。1963年10月朴正熙政变上台后第一次总统选举中，朴正熙得票469万张，主要竞争对手尹潽善得票454万张，朴正熙仅以15万张选票的微弱优势胜出。到了1967年，由于4年的高达7%以上的高经济增长率，较之战后前期的萎靡不振，社会风气、人们的精神面貌都大为进步。此年度朴正熙以得票1100多万张对尹潽善400万张的绝对优势蝉联了总统宝座，赢得了51.44%的支持选票。尽管有分析称朴正熙的主要支持者是当时政策的主要受益者，特别是工商界和农民是朴正熙政权的中坚支持者，但高选票仍从一个侧面反映出了一定的人心所向。

尽管朴正熙在韩国历史上是一位颇具争议的人物，但由于朴正熙的国家发展战略在韩国取得史无前例的巨大成功，后来许多学者论及朴正熙的功过时，还是更多地肯定了他领导下的韩国60年代经济奇迹的丰功伟绩。而针对社会上"清算韩奸"的舆论，许多学者指出，对朴正熙以及近现代史的评价，应该着力于吸取历史教训，更多的要面向未来和发展。[①]

三 新的利益集团与社会结构

工业化、现代化使韩国社会发生了翻天覆地的变化，经济高速发展，财富迅速增长，同时也带来新的社会流动，导致社会结构、社会关系相应发生了深刻变化。经过20年的工业化进程，三大社会群体在这场新的社会流动中稳定了身份，这三大社会群体分化了三大利益板块。韩国社会逐步形成这三大利益集团交互作用的态势。

（一）军政集团

军政精英集团是朴正熙时代主导韩国社会的最主要的社会群体。军政

[①] 韩国国际政治学会等编：《帮助青少年正确看待我国历史》，诚信女子大学出版部2006年版。

精英们掌握国家行政大权和经济命脉,通过手中掌握的国家行政权力以及国民经济的特许经营、资源分配等重要权力,控制着整个国家。

附:"5·16"政变后,国家重建最高会议组建的部分内阁名单:

内阁首脑兼国防部长官——陆军中将(参谋总长)张都暎,39岁;

外务部长官——预备役陆军中将金弘壹,57岁;

内务长官——陆军少将(国防研究院)韩信,40岁;

财务长官——陆军少将(陆军本部军需参谋部长)白善镇,40岁;

法务长官——陆军准将(国防部法制委员长)高元增,41岁;

文教部长官——海军上校(海军陆战队作战教育局长)文熙奭,40岁;

建设部长官——陆军上校(2军工兵部长)朴基锡,34岁;

农林部长官——陆军少将(陆军本部教育处长)张坰淳,40岁;

商工部长官——陆军少将(国防研究院)丁来赫,38岁;

保社部长官——空军准将(空军医务监)张德升,44岁;

交通部长官——海军上校(海军大学校长)金光玉,36岁;

邮政部长官——陆军准将(1军通信部长)裴德镇,38岁;

国务院事务处长——陆军准将(陆军本部常规参谋秘书室长)金炳三,40岁;

公报部长——陆军少将(陆军本部人事参谋部次长)沈兴善,36岁。

从发动军事政变起,韩国军政集团的形成经历了一个特殊的过程。朴正熙上台之初,以反腐败为名,对旧政府机关中腐败人员、闲职人员进行了清理,实现了官僚体系大换血,4万多名公务员因腐败或"不称职"被扫地出门。后来,朴正熙又通过"庶政刷新"等一系列运动,继续清除政府机构中有"不正当行为"及"无能、工作态度懒散者",同时也用政治手段将政治上的反对派逐出政坛,取而代之的是训练有素、年轻有为的军人和有过军队背景的专家。1962年韩国政府发布"政治净化法",禁止4374名反对派政治家从事政治活动。在此之前还解散了15个政党和238

个政治团体。排除异己力量后，韩国政府根据1961年的"新政府组织法"，新设立行政管理局，专门负责行政改革事宜。在各级政府机构中大批安插年轻务实、重视知识技术、讲究效率的军人，实现军队精英与技术专家组成的军政技术官僚集团掌控国家实权。朴正熙作为最高决策者，担任国家"总经理"的角色。

1. 行政改革

为了保障国家经济发展不受政治斗争的影响，朴正熙设立了韩国经济活动的神经中枢机构——经济企划院。经济企划院负责策划、制定和推行中短期经济发展政策，协调各经济部门的矛盾，纠正市场的盲目性，引导经济发展的方向。服务于经济企划院的工作，政府还设置了由总理直接负责的中央经济委员会，审议经济企划院制定的计划和政策；同时，为了保证计划的实施，政府在信贷、利率、税收等方面采取了一系列相应的政策措施，引导企业沿着政府指示的目标去调整自己的活动，其中包括运用行政手段，直接干预企业的经济生活，特别是对一些具有战略性意义的重工业项目，政府直接进行投资和经营。鉴于经济企划院在政府机构中炙手可热的地位，韩国学者将之称为"国家机构的另一次政变"。

为了加强对政府各部门的监督，政府还组织了由知识界组成的教授评价团，对政府各部门工作做出分析和评价。此外，政府还设置了一批研究机构，进行官、商、学三方协商对话。1966年，利用美国提供的800万美元贷款创办的"韩国科技学院"，成为当时亚洲最大的智囊机构之一，汇集了5万名知识精英。这些举措目的在于扩大和加强军政精英集团与知识界的联系，从知识界吸纳人才。

一切为了出口、一切为了经济的朴正熙要求更加高度的权力集中，以减少权力的相互制衡给他的决策实施带来的种种阻碍。在他的强力意志下，第三共和国的国家权力结构，从各方面大大强化了政府特别是总统的权力：总统直接任命总理，无须经过国会审核；国务总理不再与总统分掌行政权，而仅仅是总统的助手；国务会议也不再是议决机关而只是审议机关，即只有审议权没有决定权，决定权只归总统。同时，将第二共和国时期的两院制改为一院制，取消了副总统制；总统还牢牢控制司法权，虽然当总统的行为违背宪法时，大法院有权起诉总统，但大法院院长及组成人员由总统任命。因此，在实际政治过程中，大法院根本无法制约总统的行为。此外，朴正熙还建立起一套强化总统权力的保障机制，各种咨询机构、中央情报部、总统秘书室和经济企划院等都是其重要组成部分。

朴正熙认为政党纷争权力制衡带来的内耗无疑极大地降低了行政效率，他控制下的民主共和党通过激烈的斗争，在国会中长期实现"一党独大"局面。1963年选举的第六届国会共有175个席位，民主共和党占110席，其他两个政党共55席；第七届国会时，民主共和党已经占到129席，其他政党总共才46席，成为无足轻重的点缀。

2. 从"民政移让"到维新体制

朴正熙在"5·16"政变之初，提出过"民政移让"，表示适当时候将还政于民，军人退出政府。同时宣布进行宪法修改，并公布了民主移让的日程。1963年元旦，军事政府宣布恢复政变以来取消的政治活动。

1963年，脱下军装的朴正熙以共和党总裁的身份正式接受总统候选人提名。在随后的总统选举中，朴正熙以46.6%的得票率当选第五届韩国总统；不久后的国会议员选举，共和党也大获全胜。1963年12月27日，赋予总统极大权力的新宪法生效，朴正熙宣誓就职，第三共和国正式成立。

第三共和国时期，目标明确、精明强干的军政精英组成高效的政府，为韩国成功地进行现代化建设创造了政治、行政条件。然而到了70年代初，国际形势发生了重大变化，随着冷战的逐步解冻，美国逐渐减少对韩国的全面援助，撤出大部分驻韩美军。此时，北方朝鲜的军事实力优越于韩国，经济实力也强于韩国。朴正熙深深感受到了"安保"的巨大压力。而此时，第三共和国经济刚刚起步，仍面临着艰苦的局面：既有左翼反政府力量的地下活动，又有街道上游行的学生和知识分子；工人反对资本家的斗争也此起彼伏，更有在野党对政权虎视眈眈的觊觎。在1971年7月举行的第8届总统选举中，尽管朴正熙带领全国进行的经济建设正蓬勃有序地进行着，成就有目共睹，尽管他利用执政之便动员了所有组织和金融资源，但他仍差一点就败给年轻的反对派候选人金大中，这给朴正熙带来强烈的震动。

为了实现自己宏伟的理想抱负，摆脱对美国的过分依赖，使国家实现自立经济、自主国防，为了最大限度地减少政治竞争，强化政府的社会控制能力及社会动员能力，为了给现代化纵深发展提供稳定的政治环境，朴正熙酝酿着又一场政治风暴。

1971年12月，朴正熙宣布实行紧急状态，同时颁布了"国家安保特别措施法"。1972年10月,朴正熙突然宣布实施"非常措施"令,全国实行戒严,解散国会,暂停一切政党和政治家以及全体国民的政治活动,命令大学放假,对一切新闻媒体实行严格的事前检查,政权以"非常国务会议"进行直接统治。朴正熙通过自我政变,公布"维新宪法",推行起维新体制。

根据维新宪法,国会之外再设一个"统一主体国民议会",其实际权力高于国会,由总统担任议长,总统的选举由此选出。维新宪法没有对总统任期届数的规定,现任总统的长期执政成为可能。新宪法从制度上限制了国民的基本权利和政治参与。规定基于国家安全保障的需要,国民只能通过自己的代表或选举行使主权,极大地缩小了参与权的范围与途径。对新闻媒体也采用了审查制和批准制。同时宪法还规定在紧急措施令下,民间案件可以由军事法庭做出判决。

维新体制极大地强化了总统地位和权力:总统的紧急措施权不受司法机关和立法机关的制约,在总统紧急措施令下,总统有权代行立法、司法、行政大权;1/3的国会议员由总统提名,地区议员选举亦充分保证执政党在国会中的绝对优势,在野党有名无实,国会沦为总统的橡皮图章。由此,维新政府向一切质疑和反对的声音摆出最强硬的架势。维新体制的确立标志着军政体制的最终成型,高度集中的政治体制使威权统治走向极致。

(二) 财阀集团

财阀集团是韩国社会中的重要力量。在韩国有"小国家大企业"之说,即少数财阀集团具有全面控制国家经济的能力,这也是韩国社会结构中很有特色的一个现象。据韩国成均馆大学东亚学术研究院的数据显示,在韩国,10大家族企业控制了全国1/4的公司资产。以家族为代表的韩国大财阀、大股东至今仍牢牢掌控着韩国的经济命脉。

尽管第一批财阀成长于李承晚政府时期,在对日本"归属财产"和美国援助资金的处置中,早期的财阀们通过勾结权贵,贿赂政府捞到了第一桶金,但在朴正熙时期,财阀们才迎来了发展的"黄金时代"。

出身贫困家庭的朴正熙对于富人有天生的排斥感,但是务实的思维又促使他认识到只有企业增长,国家经济才能增长,因此他用特惠支持等方式大力扶持企业家为工业化效力。政变之初,许多大企业家遭到军政府搜查，凡涉及"从金融机关获得融资1亿元以上政治资金者，垄断外汇买进或买进外汇的分配，牟利超过2亿元者，并把超过2万美元的财产转移到海外者等"，都列为搜查对象。像当时的大韩产业薛卿东、大韩洋会李庭林、远东燃料李龙范、华信产业朴兴植、三湖纺织郑载护等大公司老板都受到监禁，直到他们承诺企业按照国家希望的方向发展，投入到富强国家建设后才被释放。朴正熙不允许大企业操纵政治、利用巨额财富挑战权力，他通过国家力量彻底掌控企业命脉，左右着企业发展的方向。

韩国财阀是在政府主导的快速工业化过程中，受到国家产业政策、金融政策、税收政策及外贸政策照顾，甚至是在政府直接支持下发展起来的，是一种现代垄断资本集团。与日本财阀不同，韩国财阀通常是生产性大公司，融资能力较差，政府掌握的资金与贷款就成为韩国财阀的生命线。所以，获得政府庇佑是韩国财阀崛起的重要因素。

工业化时期的韩国被称为资本家的"天堂"。作为韩国工业经济的火车头，财阀是生产力进步的主要承担者，通过参与政府主导的工业化项目，垄断了各个领域的生产。被称为国家六大"孝子产业"的造船、钢铁、石化、汽车等均在这个时期成长起来。财阀在政府的扶持下，充分占有出口产业培育政策等优惠条件，在金融、税收、信贷等方面享受到优厚的待遇，其生产规模在政府的激励下得到迅速扩张。它们通过积极参与重化工业，获得进出口垄断权，再加上从事土地投机和其他商业投资，积累起雄厚的资本。财阀的扩张得到政府的激励，迅速垄断了几乎所有工业领域，区区四五家财阀就占据了全国经济总量的半壁江山。

此时，企业家被誉为"民族英雄"，韩国涌现出一批叱咤风云的产业界英雄人物：被韩国同行誉为"创业之神"的三星之父李秉喆，造就韩国造船"神话"的现代集团创始人郑周永，浦项制铁创始人"钢铁王"朴泰俊，等等。这些工业巨子除了个人非凡的生产经营头脑和艰苦创业精神外，更获益于政府大力推进工业化这个"造神工程"。以韩国浦项钢铁公司为例，在1970年以前，韩国没有一家成规模的钢铁厂，然而短短30年，浦项钢铁公司就成了世界最大的炼铁厂，这项韩国最大的工程，启动资金是用了日本的赔偿金，因此，朴泰俊向手下所有建设者立下悲壮的誓言，建设工厂的钱是用祖先的鲜血换来的，如果不能成功，就跳海自尽。以制铁报国为信念的建设者们夜以继日地工作，到1973年6月9日，滚烫的铁水就喷涌而出了。浦项钢铁公司成为韩国经济的礼炮，成为韩国经济奇迹的信号弹。

政府通过其掌握着大量的外国经济援助、低息贷款、出口补贴等优惠政策的分配，使企业集团乖乖顺应政府意志。为了确保私人垄断资本的运行与国家发展的目标相一致，政府还会大量介入财阀经营活动中。同时，为了培植企业发展，朴正熙政府采取了压制性的劳工政策，由政府出面介入劳资纠纷，甚至出钱收买工会，打压工人的反抗。

这一时期，韩国的财阀呈现出几个鲜明的特征：

其一，韩国财阀受益于韩国国家规模，具有快速发展成长的先天优势。规模是影响社会发展、政治体系功能的重要因素。由于韩国规模小，加之早期市场经济发育不完善，使得弱者愈弱、强者更强的马太效应十分突出。小型工商业发展受到资金市场等限制，势单力薄，无力与实力雄厚的大企业竞争，这就为少数在资源、资金方面占据优势，控制了生产要素的大企业集团走向产业垄断提供了丰厚的土壤。最早占据先机的财阀们获得了政府特许经营等诸多支持，控制了韩国整个国家的工业领域，把持和独占了几乎全部领域内商品的生产和销售，成为"攻城略地"的财阀"军团"。

其二，财阀以政府为强大"靠山"。在韩国，作为财阀靠山的"国家机器"异常强大，拥有强大的社会控制力，军政集团的出口导向的产业政策鼓励支持企业做大做强，现代化路线给财阀们戴上了民族产业英雄的桂冠，财阀们成为代表韩国走向世界的先锋部队。在政府的大力扶植庇护下，韩国的财阀们成为"口含金匙"风光无限的一代。

在国家的保护政策下，韩国的企业很少受到世界市场同类商品的挤压。1966年韩国即加入了世界贸易总协定（GATT），世界贸易总协定为韩国产业结构调整注入巨大活力，极大地刺激了出口。同时，对于政府扶持的行业，则保留高关税和各种非关税保护政策。在70年代初重工业刚起步阶段，重化工产品的竞争力远不及美国、日本等发达国家，政府即对进口的重化工产品课以高税，使国内机械、钢铁的进口限制大大增加，从而加强了对国内市场的保护。韩国的关税收入长期占到全国税收总额的10%—15%，充分反映出韩国政府的国内产业保护政策。

其三，财阀得益于民族主义。由于长期的封闭与落后状态，使韩国人具有强烈的民族自我保护意识，这种自我保护意识主要表现为强烈的国货观念和"身土不二"的消费观，这种民族精神为韩国财阀为代表的民族工业驶入迅速发展的高速路保驾护航。譬如在韩国，上至总统，下至平民百姓，大家出行都乘坐国产车，崇洋媚外被国民斥为"病态"、"奴才心理"。这种强烈的民族主义文化为韩国财阀的成长提供了源源不竭的社会保护，甚至也在无形中塑造着财阀集团民族柱石的社会形象。

（三）劳工集团

韩国的劳工集团主要包括新兴城市产业工人和与之结成战略同盟的知识分子。80年代以来，在韩国与劳工集团在思想观念和政治立场上相近的还有城市中产阶级。

韩国工业化时代，出口加工业迅速促进了首都以及直到南部的沿海地区的新兴工业城镇的兴起，这里集中了几乎韩国所有的制造业工厂，引起了大规模的人口流动。快速工业化导致传统农业经济变革，产生了大量农村富余劳动力，农村人口大量迁入城镇，数以百万计的农民和他们的子女变成城市新工人。据统计，自1961年韩国工业化启动以来，韩国农村人口迅速从占全国人口比例的65%下降到90年代初的14%。占韩国总人口近1/3的人集中于首都汉城，首都人口中又有近2/3是工业化以来从外地迁入的。

与中国农民工一脚在城市一脚在农村情况大为不同的是，韩国的迁出者一般是永久性移居。这些集中于产业带周围的全日工作制的新兴产业工人，余生注定只能在工厂中从事赚取工资的工作。

由于长期封建思想的影响，从事体力劳动的下层民众在韩国社会中长期受到歧视。资本家在发展至上的政策庇佑下，更是通过恶劣的劳动条件、超长的工作时间、极其低廉的待遇等方式残酷地剥削工人。在汉江奇迹的背后，是以一代工人的生命、健康与尊严的牺牲为代价的，那也是一部由工人血汗凝结成的血泪史。

在汉江奇迹发生的年代，大批进入城市的新工人只能居住在被称为"鸡笼子"、"蜜蜂窝"、"木板村"的贫民窟里。"70年代，对于在劳动密集型经济部门就业的很多工人来说，连每天工作12个小时也是迫切要求得到的。在这一时期，大多数工人默默地忍受着长时间工作的痛苦"[1]，由于劳动力尤其是半熟练工人供应的充足，资本家对工人的权益极为冷

---

[1] ［韩］具海根：《韩国工人——阶级形成的政治与文化》，梁光严、张静译，社会科学文献出版社2004年版，第3页。

漠，以裁员为要挟，增大劳动强度，为完成订单任务逼迫工人通宵达旦地工作。即便如此，工资常常还是不够维生。据韩国劳总计算，70—80年代中期，制造业的平均工资只能满足维持生存所需要的50%—60%，工人们愤恨地将工资比作是老鼠尾巴。更有甚者，一些制造服装、假发的贸易公司仅给其雇用的农村来的女工发"杯水"工薪——这些女工的月薪仅相当于汉城咖啡店里一杯咖啡的价钱，而且时刻面临着解雇的威胁。而韩国工人在反共意识形态压倒一切的社会里，难以建立工会组织，更缺乏政党对于劳工的支持。

政府坚定地站在财阀集团一边，除了向工人喊话让工人忍耐之外，还诬蔑工人是受人煽动和蛊惑的，而对工人的反抗则进行坚决的压制与镇压。60年代末，严重的收支平衡问题以及很多外国投资公司的失败，导致了第一次重大危机。裁员、欠薪及关厂使劳动纠纷变得频繁。朴正熙政府采取了压制性的劳工政策，于1969年颁布一项特别法，禁止外资公司工人罢工，同时限制其他经济部门的劳动纠纷。

对于同情工人的学生，政府也是采取强硬态度。1971年10月初，面对学生们反对学校军营化的示威和公开腐败特权层的要求，朴正熙派军队开进校园，10月15日又一次发布卫戍令，将军队开进街道。23所大学的177名学生被强行带走，开除了学籍。1971年12月以朝鲜正准备入侵韩国为由，宣布国家实行紧急状态，颁布"国家安保特别措施法"，停止了宪法规定的集体讨价还价和集体行动的权利。1972年10月，"维新"宪法实行了更加严厉的管制措施。

尽管处于不利的地位，但韩国劳工集团的反抗和斗争并没有停止。70年代中期开始，韩国新工人中间出现了民主工会，其中有"元丰毛纺劳组"、"东一纺织仁川劳组"、"YH贸易劳组"、"清溪被服劳组"等以女工占多数的轻工业部门的工会组织。1975年清溪被服劳组死守劳动教室的斗争、1976年仁川劳组死守民主劳组的斗争，在社会上都引起了不小的波动。而YH女工围攻新民党本部的事件，在最终推翻军政集团政权的斗争中发挥了重要作用。

1970年11月13日下午，年仅22岁的汉城和平市场的裁剪工全泰壹，为抗议恶劣劳动生活条件自焚身亡。全泰壹16岁辍学后一直在和平市场辛苦劳作，他留下一本日记，记录了当时韩国工人艰苦的劳作和窘迫的生活。全泰壹一直为改善工人的生活和劳动条件而大声疾呼，直至自焚抗议身亡。他在烈火中发出了震撼人心的呐喊——"我们不是机器!"全泰壹自焚事件震动了韩国,极大地冲击了韩国知识界和大学生,促使他们开始把关注的目光投向工人阶级,开始关心劳工问题、经济平等问题。从此不断高涨的工人运动也使广大知识分子看到了蕴藏其中的巨大力量,知识精英从最初的同情转向与劳工集团的联合。

韩国劳工集团中有一个十分特殊的群体,那就是敏感激进的青年大学生。

古代韩国仿效中国,社会被严格划分为士、农、工、商不同的等级,进入统治阶级的士阶层必须通过国家主持的科举考试。因此,韩国人高度重视教育,认为教育是出人头地、提高身份和带来财富的不二法门。工业化的发展需要大量工业生力军,各种大学迅速兴起,大学生数量剧增。相比军人而言,大学生被民众看作是知识分子、文化人而受到尊重。学生们反对买办资本,重视民族资本,同情深受苦难的劳苦大众,具备了一定的民族自觉性。70年代中期开始,具有强烈的社会责任感和精英意识的大学生们,开始关注工人运动。全泰壹作为工人运动的化身,其反抗行为受到劳动者们的尊敬,也得到了首尔大学等多所学校学生的声援。这可以说是韩国工学联合的一个开端。

工学联合是韩国工人运动、学生运动乃至民主运动中十分特殊而感人的一幕。许多热血青年走向基层,参加劳动夜校,深入工人群众,立志将自己的一生贡献给工人运动。他们当中许多实行"伪装就业",进入工厂车间以工人身份从事工人运动。据统计,仅1980年上半年在首都圈工厂区域"伪装就业"的学生工人运动家就有三四千人,他们领导重组了134个工会。在他们帮助下,工人运动日益活跃。"数千名学生奋不顾身地放弃现有利益,投身劳动现场的献身性举动在世界史上也是前无所有的。"[①]

> ➤朴正熙时期(1961—1979)(第5—9届)政府反腐败的措施、特点分析

朴正熙时期,反腐败是服务于其国家现代化需要的。一方面,通过反腐败稳定军事政变后的政局,整顿社会秩序,压制反对势力的攻击,提高

---

① [韩]徐仲锡:《韩国现代史60年》,朱玫、孙海龙译,民主化运动纪念事业会2007年版,第182页。

政府行政效率，为推行各项新政策扫除障碍；另一方面，通过反腐败集中起社会资源和财富，为展开国家积极的经济发展政策铺平道路。

朴正熙的反腐败措施主要包括了发起"庶政刷新"运动，设立监察院（1963），颁布《不正蓄财处罚法》（1961）等。监察院是韩国第一个事实上的反腐败机构，它的职能主要是针对经济部门进行检察和监督。

为了维护市场秩序，打击腐败行为，1964年6月，朴正熙政府以总理讲话的形式发表了公务员财产登记实施方案，并颁发了"关于公务员财产申报的国务总理指示"。财产申报对象的范围为四级以上的公务员，要求自愿按所定样式进行申报。实施结果，在全国14405名公务员90%进行了申报。由于事前准备不足，所涉及申报人数众多，实行的是自愿执行行政命令的方式，并且申报资料采取不公开方式，缺乏强有力的监督等后期配套措施，该方案仅实施了一次便中止了。然而这次的财产申报登记工作，使政府官员申报财产的观念逐渐普及。

"庶政刷新"运动

"庶政刷新"运动是20世纪70年代中期朴正熙掀起的第二次反腐败风暴。

靠政府强制力来推动经济发展的模式，使官员拥有巨大的权力；而由于反对力量受到打压，外界监督缺失，无法建立全面有效的权力制衡机制，所以，滋生腐败的空间在潜滋暗长，腐败现象重新抬头，特别是在贷款、特惠和补贴方面尤为突出。据统计，从60年代中期开始，公职人员经济违纪案件的数目每年以30%的惊人速度迅速增长。

朴正熙将这场反腐败运动命名为"庶政刷新"运动。朴正熙宣布这一运动要达到三方面效果：一是"消除所有腐败现象"；二是"消除社会浪费和不公正"；三是最终目标——实现"精神革命"，"最终升华为树立健全的国民精神的精神革命运动"。

1975年3月"庶政刷新"运动正式开始。它具体包括了三方面的内容：净化官场、社会净化和精神革命。

"庶政刷新"运动主要针对公务员队伍中的腐败现象，通过改善无效浪费的行政体制，消除机构不正之风，来提高行政服务的效率，恢复国民对政府的信赖，并达到社会净化的作用；通过精神改革运动，提高国民的价值观，树立健全的国民精神，最终实现国家富强和民族振兴。刷新的对象包括公务员、事业、制度、环境。

具体的目标是通过清除有不正当行为、无能、工作态度懒散者，保护诚实和有能力的公务员，不断寻求公务员体制的改善；进行科学的预算编制和加强管理以及净化官员的私生活，消除外部的干涉和请托等。

整个运动的过程分为三个阶段：

第一个阶段为1975年，运动的重点在于消除有关对民业务的腐败与举报、处罚不正公务员。

1975年5月，朴正熙在国务会议上将公务员的不正行为与国家安全摆在了同一高度上。之后相继成立了特别监察班、惩处不正行为特别班、确认点检班、特别起动班、庶民刷新促进委员会等，实施了各部署要求所属公务员提出辞职书，或者写清白证明书等。对有关民法令中的1164项法规进行了审查，其中有968项被修订。修订要求以方便国民为主；权力下放和大幅度废止不必要的规定；清理相互矛盾的法令，缩小财权；加强保护国民利益的规制。同时政府加强了对不正公务员的举报和处罚。

第二个阶段为1976年，运动的重心放在高层公务员身上，形成全社会的反腐败运动。罢免和解雇了8194名公务员，降职处罚11421名，警告29086名，撤职及其他2767名。1976年2月政府公布了"公务员周边净化运动行动指南"，对于出差、民愿处理、报销制度等做了详细的规定。

表1　"庶政刷新"运动开展情况统计（1975.3.22—1976.3.15）　　单位：人

区别	不正行为者	连带责任者	自身人事措施	合计
罢免者	2536	140	1502	4178
解雇者	6736	1156		7892
降职等处罚	4996	3322		8318
警告	1225	336		1561
撤职				
合计	15493	4954	1502	21949

资料来源：大韩民国《行政白皮书》(1976)，第16页。

在全社会净化运动中查出违章移民、财产海外逃避行为者587人，拘留422人；逃税、新村运动违法、麻药、进口物品剥削劳动者、伪造生活用品、不正食品、不正药品的人 704343 人,拘留 3973 人;特别级诈骗 146 人,拘捕 92 人;组织暴力 3267 人,拘留 1774 人;走私 3461 人,拘留 1188 人;中介商 371 人,拘留 241 人;违反夜间通禁 269579 人,拘留 8609 人。

第三阶段始于 1977 年,旨在继续消除残留在公共部门的不正之风;并使净化了的社会规则内化到人们的意识中。1977 年继续肃查和淘汰了一批人,大约 400 名公务员和国营企业职员被免职。

所谓精神革命,则是在"庶政刷新"运动中,不仅是简单地惩处腐败分子了事,而是在公务员范围和全社会范围进行宣传教育,明确运动的意义,明确运动过程中建立起来的新规则,树立起新的观念,从而实现对全体国民的思想教育。教育训练以精神教育为主。1976 年对 320 万公务员实施了精神教育,3 级以上公务员包括其家属共 7588 名受到教育,同时对 32434 名"先进标兵"进行了表扬。1975 年又对 48000 余人、1976 年对 74000 人实施了新村教育。

1976 年,结合"庶政刷新"运动,朴正熙还颁布了《建立健全的社会风气运动纲领》,严惩"懒惰、无条理、颓废、浪费、赌博、放荡行为"等韩国人的恶习。

"庶政刷新"运动改善了行政人员的生活福利条件,行政人员的工资提高了 45%,一定程度上改善了韩国官员薪酬过低的现象。此外,还进行了一些具体制度上的改革。结合清理腐败和不良的工作作风,韩国政府开始修订规章制度中不合理的因素,规章制度中有 1164 项被重新审查,其中 968 项被修订,目的是收缩不必要的审批内容,方便国民。这些改革都是具体的、细微的,却对韩国政治发生了更为深远的影响。

尽管从本质上来说,朴正熙的反腐败运动是在旧的政治框架下进行的,传统的、人治的色彩浓烈,但由于朴正熙以身作则,其严厉、认真和强硬的个性,使整个运动持续了相当长的时间,腐败之风有所遏制,政府机构保持了相当高的效率,从而使中央的经济发展政策得到较好的推行。

针对韩国当时盛行的"人事走后门、偷汽油、逃税、逃避兵役、伪造毕业证"等腐败行为和不良社会风气得到有效遏制,有美国学者指出,朴正熙是农民的儿子,不会贪污腐败,他所带领的军官们如果能一直正直、朴素地为国民做榜样,如果能一直公正、合理地行政,这片悲剧的国土必会变得政治清朗、经济富饶。朴正熙无疑是"韩国最后一个希望"。

第四章　多元文民体制下的反腐败的制度化努力

由军政精英推动下的韩国工业化，深刻地改变了韩国的社会面貌，形成了军政集团、财阀集团和劳工集团等三大社会力量构成的新的社会结构。新的社会结构是韩国政治发展的基础性、背景性的决定因素，三大力量相互关系以及变化决定了韩国政治发展的方向和进程。在三大力量的关系中，劳工集团反抗资本家与军政集团的斗争是一个最基本、最重要的因素，而掌握大量经济资源的财阀集团与掌握政权以及行政资源的军政集团的关系也深刻影响着韩国的社会。

朴正熙领导下的汉江奇迹彻底改变了韩国的面貌。韩国用了20年的时间走完了西方100多年才走完的工业化之路，成功地实现了经济腾飞，成为举世瞩目的亚洲"四小龙"之一。朴正熙在宣布实行维新体制时所制定的国力制度化和效率最大化的富国强兵目标实现了。但是深藏于权力结构内部的自我破坏的种子也在悄悄萌发。虽然来自政治的敌对因素被维新体制所取缔，但是执政党也是唯唯诺诺，完全听命于朴正熙一人；而朴正熙宣扬的统治理念，除了带领国家走向富强外，没有能够形成全体民众共同的意识形态。

因此，工业化以及经济发展的成就并没有巩固军政集团建立起来的政治体制。在工业化的进程中曾经发挥了重要推动作用的军政体制，随着工业化的进一步发展和由此带来的经济社会结构变化而遇到了越来越多的问题与挑战。这表现为：新的政治参与不断增加，最终汇集成声势浩大的带有阶级斗争色彩的民主运动，猛烈冲击了军政体制和军政集团的统治地位。另外，作为民主运动和劳工集团对立面的军政集团与财阀集团的关系也发生了变化，二者之间出现了分歧与矛盾。这种社会上层关系的微妙变化，同样对于韩国社会发展产生了不可忽视的重大影响。在一系列内外因素的影响下，在军政集团、财阀集团与劳工集团三大社会力量关系的变化中，反对军政集团的民主运动逐渐发展为轰轰烈烈的民主革命。在此强大的压力下，政党领袖们通过政治协议实现了国家初步的民主化，最终结束了长达20多年的军政体制，建立起多元化的政治体制。相对于军政精英集团主导的军政体制，民选政党与政治家是这种新体制的主导者，被称为"文民体制"。

清除军部势力影响后，韩国的政治重心发生了变化，逐渐转向建设以选举为核心的现代民主政治。这一时期韩国的反腐败也进入了一个新阶段，呈现出新的特点和变化。首先表现在形式上，逐渐从大规模的严酷的整肃运动迈向大规模制度化建设上。由于制度化建设更稳定、长效，适应新的政治模式特点，反腐败也转向由制度来推动。

多元民主体制下，腐败案件常常是在选举过程中被揭发出来的，特别是表现为领袖人物及其家属、亲信乃至同一阵营的高官等的大大小小的腐败层出不穷，越接近大选前被曝光的腐败案件越多，牵扯进来的官员也越多，这也反映出监督者调查者多带有一定的政治斗争的目的。

在多元体制下，选举是政治的核心。对于选举出来的官员如何监督制约其权力，防止其利用职权发生行政性腐败，是问题解决得比较突出的领域。这一时期工业化任务已经完成，社会需要持续稳定的行政服务系统，需要新的生产生活秩序，对于广大选民而言，官员是否能廉洁清正是最直观的考查重点，也成为该政党取胜的关键。这一时期反腐败大旗被各党派争相高举，当然目的也主要是围绕争取选票。斗争的焦点和重点转向如何公平竞争选举、如何规范政治资金（包括处置财阀）等领域。治理行政性腐败上升为这一时期反腐败工作的重心。

以选举与政治资金为例。韩国政界选举种类繁多，除了总统大选、国会议员选举之外，还有市和道等地方官员选举以及地方议员选举等。韩国选举正在变成一种"资金密集型产业"。进入文民体制以来，韩国政界一直力推所谓"清洁选举"风气。根据法律规定，每个参选者的竞选费用不能超过11.2万美元，国家财政要为参选党派及候选人提供一定选举费用，公营媒体要为他们刊登一定数量的竞选广告。但是绝对的清洁是不现实的。据韩国媒体报道，2000年韩国议会选举中，一名候选人在地方选举中胜出的平均花费达375万美元。其间的巨大差额无疑为腐败产生带来巨大的可能和空间。由于政党与企业之间的利益关系，企业自然就成了竞选者的"金库"。候选人拿到钱后，自然会对出资者投桃报李，关照扶植，财团也愿意出钱买关系，双方形成牢固的利益链。三星、大宇、SK等大型企业财团都曾卷入过非法政治献金丑闻。当然，为逃避监督，多数政治献金活动都会采取地下秘密交易的方式进行。

一 进步阵营力量壮大

在政治传统上，韩国政坛大致可以划分为"保守"与"进步"两大阵营。从李承晚到张勉，再到朴正熙，韩国政坛的主导力量都属于保守阵营，尽管他们之间也存在尖锐矛盾和路线分歧。韩国的保守主义的特点与主张同冷战后推崇爱国主义和国家主义的日本"新保守主义"[①] 非常相似。

1987年终结军政集团统治的民主力量则属于进步阵营。进步阵营的代表人物，如金大中、金泳三[②]、卢武铉等都曾是韩国反对军政集团民主人士，与朴正熙政权以及后来的军人政权做过长期斗争。

"保守"与"进步"两大阵营的特点与区别表现，从意识形态和政治观念看，保守阵营反对激进的社会运动和变革，主张个人自由与自由市场经济，强调增长第一，主要政策倾向是依靠大企业发展实现国家整体经济的增长。进步阵营则比较倾向于社会公平正义，经济上主张分配优先，强调均衡发展，反对大企业的经济垄断。表现在社会关系上，保守阵营与财阀、与企业界联系更为密切，韩国的上层社会的工商界名流、大知识分子、政府高级官僚多属这一阵营；而进步阵营以人民大众代表自居，在韩国社会的中下收入阶层持进步立场的比较多。在对待和处理国际问题和朝鲜半岛局势问题上，保守阵营主张以巩固韩美同盟作为韩国外交的基础，敌视朝鲜，将朝鲜视为韩国安全的威胁。而进步阵营则强调独立自主的外交和国防，对朝鲜态度比较柔和，提倡"阳光政策"，主张与北方实行民族和解政策。

---

　① 相关内容参阅李秀石《日本新保守主义战略研究》，时事出版社2010年版。
　② 1987年，围绕总统大选推选候选人时金泳三和金大中互不相让，结果二人分道扬镳，使得民主势力遭到分裂，金泳三也滑向保守一方。

（一）学生运动与工人运动结合

青年知识分子是韩国民主运动的先锋。朴正熙们永远不能理解，他们的国家中兴政策与行动为什么永远得不到学生们的同情和认可？为什么学生和市民们总要和在野党一唱一和与军人们唱对台戏？

1964年5月，在纪念"5·16"政变3周年的集会中，朴正熙的声明坦率地表露着自己的心声："在改革和重建的道路上交缠着许多像乱麻一样的牵绊，这些牵绊一些是不可抗拒因素造成的，一些是我们自己犯的错误。作为领导者，我跟各位国民一样愤恨，也感到非常惭愧。"而与此同时，在野党主办的"5·16军事革命批判形势报告会"公开质疑政变的救国性质，金大中在讲演中攻击政变是"用刀枪颠覆立宪政府的反民主行为"。5月20日，首都9所大学的学生和3000多市民举行了"民族民主主义的葬礼仪式及军政的声讨大会"，示威群众向发射催泪弹的警察投掷石块，学生们则抬棺而行，用最为激烈的充满战斗性的言辞刺激着朴正熙们的神经。崇尚武力的军政府派军队出面平息事态的行为，又成为舆论围攻的新口实。

这种互相批评对立的局面一直困扰着军政权，镇压与反抗的恶性循环无时不在酝酿与上演。

韩国的学生运动组织严密，在各高校中，几乎都有严密组织的政治社团，在学生运动中起到宣传、组织的作用。由于青年学生们在学校里接受的是西方的"民主"教育，同时受儒家文化的影响，很多知识分子们以追求"大义名分"为己任，当政治现实与他们的理想不一致时，当他们认为民主制度遭到破坏时，年轻的学子们便敢于冒生命危险，去维护作为他们信仰的民主制度。韩国学生运动中的"伪装就业"现象，就是一个十分特别的例证。韩国大学生表现出的执着高尚的牺牲精神、献身精神在世界民主运动历史上都是罕见的。

从70年代后期开始，韩国的工人运动逐步兴起，并从开始时零星分散的工厂、车间斗争，从经济性的抗争，逐渐发展为联合的工人运动，发展为社会性的政治运动。

60年代迅速发展的工业化使韩国产业工人队伍不断壮大。1960年，韩国的农村人口占韩国总人口的58.2%，1970年减少到44.8%，1980年减少到28.4%，1990年减少到15.5%。减少的农村人口绝大部分都成了城市里的产业工人。在六七十年代,韩国轻工业所占比重较大,那时候参加工人运动的主要是纺织、制衣、电子工厂的女性工人。轻工业工厂一般规模较小,罢工往往是自然发生的,缺乏系统的组织。随着朴正熙发展重工业的战略取得成功,80年代韩国的产业重心转移到了重化工业,工厂规模扩大了,还出现了一批工业园区,男性工人成了大多数。这些变化的结果是工人的力量增强了。伴随工人数量激增,长期承受恶劣的工作环境、超长的劳动时间[①]的工人越来越多地组织起来,劳动争议事件此起彼伏。

与此同时,很多受到马克思阶级斗争论、解放神学论等理论影响的大学生们假扮工人到工厂宣扬阶级斗争理论,发动工人组织自己的工会,开展工人运动。在"出口立国"的经济发展战略下,韩国政府和企业家一直要求工人提供廉价劳动力以保证韩国产品在世界市场上的竞争力,工人希望分得更多经济利益的要求得不到满足,对政府和企业家怀有很深的不满。经过马克思主义阶级斗争理论的武装后,带有阶级对抗性质的激烈的工人运动喷涌而出。

与工人运动相伴而生的还有市民运动,主体是韩国城市中的一部分中产阶级。韩国从朴正熙执政后到70年代末他遇刺的近20年里GDP年均增长率接近10%,经济发展造就了大批城市中产阶级和知识分子。作为一个规模较小的单一民族,韩民族的同质性较强,人民之间比较团结。在工业化、城市化进程中出现和扩大的城市中产阶级、知识分子社会身份地位有了变化,生活水平、质量不断提升改善,但他们主要来自中下层,对底层人民依然富于同情心,特别是十分同情工业化、城市化进程中付出巨大痛苦和牺牲的工人阶级。1978年,一部反映被社会长期忽视的贫民生活的小说《矮人打上来的球》,在学生和工人中广为流传,成为红极一时的畅销书。教会在引导工人团结起来维护自己的权益,以及保护受政府迫害的人士中也起到重要作用。

在大学生的串联下,韩国的中产阶级在很大程度上从民主运动的同情者,渐渐发展成为支持者和参与者。况且他们许多人在学生时代就是热情的学生运动的参加者。在80年代的民主运动走向高潮时,中产阶级选择

---

① 据不完全统计,韩国工人平均每周工作时间1970年约为52.3小时,1980年约53.1小时,比同期的新加坡、中国台湾地区多3—4小时。

了支持进步阵营。1985年,全斗焕政府曾经一度对民主革命实施怀柔政策,放开了部分政治活动空间,进行了有多党参加的国会选举。这次选举中,几个进步阵营政党获得了大量议席,城市里的年轻中产阶层就是他们的主要支持者。1987年的"6月抗争",最终导致全斗焕军政府垮台,"6月抗争"中的重要力量——著名的"领带部队"就是由城市中产阶级组成的。

在朴正熙时代最后的阶段,社会上的抗议活动已经出现了由校园向社会发展蔓延的趋势。朴正熙的遇刺,就是朴正熙政府的核心层对于群众运动的对策发生严重分歧而导致的。当时直接负责镇压的情报部门负责人认为,当时的釜山和马山的学生、市民的抗议活动已有联合和扩大之势,如果继续强力镇压可能会招致波及全社会的反抗运动,朴正熙却长期陶醉于"5·16"政变中打击议会政治、压制民众政治要求、单纯追求行政效率极大化的成果,一味想把军官治国体制持续下去。在朴正熙遇刺后,进入80年代,韩国的民主运动出现了明显的联合趋势,学生运动与工人运动、市民运动日益结合,最终形成了足以推翻军政集团政权的全社会性的反抗运动。

韩国民主运动走向联合的重要转折是发生在1980年5月18日的"光州事件"。1979年10月朴正熙遇刺后,由崔圭夏任代总统,他宣布顺应民意要求,实行宪制民主化改革,韩国出现了一个短暂的"汉城之春"。这时进步阵营也活跃起来,金大中、金泳三等人都积极为总统选举做准备。但好景不长,年底全斗焕发动"肃军政变",建立了军政权。进步阵营领军人物金大中发表《促进民主化国民宣言》,抗议政变,要求全斗焕下台。在进步阵营发动下,爆发了全国性的抗议示威活动。1980年5月初,全斗焕政府在首都公布了戒严令,但民众示威浪潮更加扩大。5月15日,约10万名大学生在汉城集会,向军政府示威。5月17日,全斗焕宣布《紧急戒严令》,进一步扩大戒严范围至全国,禁止一切政治活动,关闭大学校园,还拘捕了金大中、金泳三等进步阵营领袖和大批学生。

韩国政治中地方观念、地区矛盾是一个重要因素。金大中是全罗南道人,朴正熙是庆尚北道人,朴正熙军政集团上层大多出身庆尚南、北道,而以金大中为首的一大批进步阵营人士是全罗南、北道人士。因此,韩国的保守与进步阵营的斗争中还夹杂了韩国地区矛盾的重要因素。新军部对待金大中的野蛮态度,引起他家乡光州地区学生、市民强烈不满触发了民众反抗意识。5月16日，光州学生发动大规模抗议示威，声讨时局，烧毁了象征"5·16"政变的模型。戒严司令部从5月17日开始行动，以幕后操纵光州事件为名拘禁金大中及其亲信文益焕等人，金钟泌作为权力型非法聚财者被捕，金泳三则被监禁家中。18日，空降部队开始逮捕那些连夜静坐的学生。军队暴行刺激了学生和市民，他们走上街头与军警作战，并占领了道厅等政府机关，全斗焕军政府出动特种部队强力镇压，造成大规模流血冲突事件。戒严司令部于7月4日对包括金大中等36人以内乱阴谋、违反国家安保法、反共法等嫌疑提交军法会议，后被定罪，其中金大中被判死刑，其他与光州事件有关联的175人有5人被判死刑，7名被判无期徒刑。所幸这些人于1982年被释放。1987年全斗焕军政府倒台后，韩国国会开始调查确切伤亡数字。据2001年12月政府公布的调查结果，这场代号为"华丽的假期"的光州军事镇压共造成195人死亡，包括168名普通百姓，23名军人和4名警察；1782人受伤；另有申报的406名失踪人数，政府认定了70人。①

这一事件成为韩国80年代民主化运动的源泉，在韩国称为"光州抗争"。光州事件是韩国民主运动历史上重要的里程碑、转折点，事件过程中出现了全社会性的反抗行动，示威抗议不再局限于学生，大批市民参加了抗争，特别是在韩国有巨大影响的教会公开站在学生和市民一边，向全国公布事件真相，对于运动起到了重要推动作用。一批在后来的政坛上的活跃分子在这时崭露头角，并将这次运动作为自己的政治资本。比如卢武铉。民主运动光州事件标志着韩国民主运动的成分、规模和斗争方式发生了根本性的变化，民主运动已经超越学生运动，从少数阶层抗议发展扩大到了全社会性的反抗运动，而这正是韩国政治体制转变，实现政治转型的关键因素，从而使这一事件具有了划时代的意义。

（二）民主革命理论形成及其影响

与缺乏强有力的理论支撑的军人统治形成明显对比的是，韩国知识分子在民主理论方面的追求与探讨一直在进行。尽管有军人嘲笑那些在国家重建中冷眼旁观冷嘲热讽的知识分子"光说不练"，就像是"院子里的野

---

① ［韩］徐仲锡：《韩国现代史60年》，朱玫、孙海龙译，民主化运动纪念事业会2007年版，第166页。

草"，认为只有强大的国力才能真正守护得住学生们高喊的"自由"；对于反对的声音，朴正熙曾公开宣称："即使是有理由的示威，但如果妨碍了个人或国家做事，应该先被制止。"而对于知识界来说，不畏强权，勇敢追求自由、民主是知识分子的天然使命。知识界理解的民主主义与军政权所宣扬的服从于国家现代化条件下的"民主主义"相差悬殊，有着天壤之别。

随着民主运动的深入发展，有关韩国政治发展与民主道路的理论探讨也逐渐增多。在光州事件之后，民主进步阵营逐渐形成了比较系统化的理论阐述。韩国进步阵营的民主理论大致可分为两类：一类是"民族解放论"。这一类论述认为，韩国属于美国帝国主义的殖民地，韩国社会面临的主要矛盾是民族矛盾，即与美国殖民主义的矛盾。在这一背景下，韩国的民族资产阶级应该是民主革命的同盟者，韩国需要的是民族解放斗争。另一类民主论述是"民众民主论"。这类论述认为，韩国的主要矛盾是阶级矛盾，最重要的任务是与垄断资本展开阶级斗争。这两派理论体现了知识界对当时韩国社会的主要矛盾的不同认识，影响的群体和影响的范围也有所不同。由于建国以来右翼保守政权的种种丑恶行径，美国长期的傲慢态度，再加上光州事件中美国对全斗焕政府的军事镇压采取了默认态度，进一步激起了韩国民众对美国的反感，这使得在进步阵营内部"民族解放论"占了上风，成为民主运动中的主流思潮。特别是受"民族解放论"影响的大学生们对朝鲜以及社会主义制度怀有更多好感，他们敌视美国日本，追求民族独立，批评政府以"防共"为借口进行的威权统治。在我们采访的当时学生运动的亲历者中，有时任的学生领袖称他们当中有许多热衷于马克思主义的理论研究，许多青年学生积极努力促成南北学生大会师。在另一方面，"民众民主论"在广大工人队伍中比较受欢迎，对韩国工人运动的影响相对大一些。

此外，韩国的进步阵营还汇集了社会各界反对政治压迫和经济剥削的各方面的力量，相应地在思想上也是多元杂陈的。除去上述基本上属于左翼社会主义思想范畴的"民族解放论"和"民众民主论"外，韩国七八十年代的民主运动中还呈现出各式各样的社会思潮，其内容基本上是受到西方自由、民主思想影响并结合了韩国本土情况的一些思潮形式。

有了思想理论上的支撑，行动就更加具有了方向性。当一种社会思潮占据了意识形态主流时，就会对于更多的学生、知识分子和普通民众产生更大的吸引力和凝聚力,就会对更多的行动产生更大的鼓动性。我们访问了当年学生运动的领袖,他们都表示当年尽管军政府势力强大,镇压凶狠,但学生们内心十分坦然和坚定,他们内心充满了强烈的正义感,丝毫不怀疑自己行为和行动的正确性,丝毫不怀疑他们所参加的民主运动终究要取得伟大的胜利;面对军警的驱散抓捕、拷打和监禁,表现出了极大的斗争勇气和大无畏的斗争精神。据他们透露,当年韩国各校园的学生运动骨干排成"入狱梯队",一批人被抓进去,第二批立即补上,再抓再补。他们把监狱当作学校,一边坐牢,一边学习,将受迫害视为争取民主主义斗争的一部分而感到光荣;他们还相互鼓励,刻苦锻炼,等待出去后继续斗争。

生于60年代、80年代读大学、30多岁(到90年代活跃于政坛时)的一代人,就此被定格为一个特殊的称谓——"386世代"。他们这一代大学生和青年知识分子深受80年代的民主论述影响,高举着民主的大旗,昂扬屹立于时代的潮头。"386世代"组成80年代韩国民主运动高涨时期的主力军和先锋队,在结束全斗焕军政体制,建立文民体制后,他们当中的许多优秀人物继续成为韩国政坛上的活跃人物。尤其是17届韩国国会中就有许多"386世代"的年轻议员,成为国会内部进步阵营中锋芒毕露的生力军。

二 不再甘心于俯首帖耳的财阀集团

在韩国,对财阀的认定一般参考企业是否具备以下四个方面的特点:第一,财阀是由多个企业构成,并且经营范围涉及多个产业领域的企业集团;第二,集团内部企业之间存在着复杂的资本与商品流动,形成了紧密的联系网络,单个企业在必要时会为集团整体利益作出牺牲,在这一意义上它们像是一个企业;第三,财阀的所有权和最终支配权属于某个家族;第四,财阀的经济规模庞大,在韩国经济中有一定的影响力。[①] 根据韩国证券交易所的数据,在当今韩国,除浦项制铁之外的所有非金融类大型企业都属于某一财阀。学者们在研究韩国财阀时普遍以经济规模列前30位的财阀为对象,而由于经济规模与影响力有很大差别,所以多数研究集中

---

① [韩] 崔正杓:《失败的财阀政策》,Hainam 出版社 2007 年版。

于在经济、政治、社会文化等诸多领域影响力巨大的前5位财阀。

财阀在韩国的发展历程，大体可分为三个时期：第一个阶段是李承晚到朴正熙政府时期，这是韩国财阀的诞生和成长期，韩国快速实现工业化的历史就是一部财阀迅速成长的历史，工业化是由政府主导的，财阀的成长也是政府扶植的结果；第二个阶段是全斗焕和卢泰愚时期，这时候的财阀已经成为韩国经济的主体，而政府却受到了来自民主革命的更大挑战，军政府仍然掌握着对财阀生杀予夺的大权，但同时却也依赖财阀政治资金的支持。政府对财阀既敲诈又施以恩惠，形成了"政经黏着"的局面。第三个阶段是文民体制至今，随着自由经济体制的建立和逐步完善，财阀从政府的严密束缚中不断解放出来，并借助其庞大的经济实力和隐秘的渠道，将控制力渗透到社会的政治、经济、社会各个方面。

（一）财阀实力的壮大

自朴正熙扶持财阀集团实现其工业化目标以来，财阀与军政集团的关系是比较紧密和一致的。军政集团的支持和扶助战略产业发展中，韩国财阀无论情愿还是不情愿地被绑上国家工业化发展的战车，并在实施这一战略的过程中成长和壮大起来。总的来说，在朴正熙时期，政府全面主宰韩国经济，可以说政府是韩国所有企业的超级CEO，各财阀在他的指挥棒下行进，军政集团与财阀集团基本上是主从关系。然而，随着财阀势力的不断扩大，财阀内部关系也产生了分化，加之失去了朴正熙"心脏"级的个人作用因素之后，财阀集团与军政集团的关系发生了变化，逐渐从主从关系向相互利用和进行利益交换的比较平等的关系形式演化。有一个侧面表现是，从70年代开始，政治家、官员们开始谋求与企业家子女联姻。这一做法一直沿续至今，在韩国社会中形成一个特殊的庞大的婚脉关系网。

财阀的腰杆逐渐硬起来了。一直以来，军政集团从财阀集团获取了大量政治资金，同时为财阀集团提供政治保护和各种便利，特别是严厉压制工人运动，维护财阀的高额利润。但在民主运动冲击和舆论压力下，军政集团对于工人运动、学生运动的镇压策略也不得不发生着转变，对于工人运动的强力压制逐步减少。过去财阀集团一切听命于军政集团，政治参与意向较低，依靠政府出面维持秩序，压制工人运动，然而朴正熙之后的军政府变得越来越腐败，民主化运动的冲击也使政府需要更多的资金来维持其运作，政府能够给予财阀的越来越少，对财阀政治资金的要求却越来越多。在这样的背景下，进入80年代以后，不再甘心俯首帖耳的财阀集团向政府提出的政策要求逐渐增加，特别是要求经济自由化，要求政府减少对于企业的干预和管束，并且开始更多地介入政治。

财阀要求经济自由化的呼声也越来越高。韩国经济经过20多年的快速发展，已经成为一个成熟而复杂的体系，简单的政府干预经济已不再高效，甚至阻碍着经济的活力，给经济松绑给企业自由成为大势所趋。此时政府官员中毕业于经济学专业的比例明显提升①，越来越多的经济官员与学者都主张经济自由主义理念。他们主张减少对企业经营的限制，向私人资本开放金融业。政府逐渐向私人资本开放了第二金融，对银行借贷控制也有所减弱。

在经济全球化的影响下，为了适应美国等对韩国开放市场的要求，从80年代中期到90年代初，韩国加速了融入经济全球化的步伐。1981年韩国的进口自由化率为74.7%，1989年达到了94.7%，关税则从24.9%降到了12.7%。1988年韩国废除了对自由进口商品的"进口动向监督"制度。1989年美国动用"超级301条款"强行要求韩国开放几乎所有产业的市场，到1991年，韩国工业产品的99.9%与农畜产品的88.5%都开放了。80年代韩国金融业也开始向外资开放，减少了对外资投资的限制，实行外汇自由化与利息自由化，减少了对外国银行的业务限制。②

韩国企业全球化的步伐加速，在企业成长为跨国公司后，越发拥有了独立于政府的立场，外国贷款与外国投资使政府金融对财阀的控制能力进一步减弱。在这样的环境下，财阀们都争相利用政府信贷收购企业、投资新产业，在海外扩张。1979年到1987年之间，10大财阀的资产从9兆韩元增加到了54.5兆韩元，增长了6倍。1979年至1985年，30大财阀的年平均销售额增长率为34.5%，大大高于国民生产总值年平均5.4%的增长率，财阀对韩国经济的垄断进一步加深。以1985年为例，30大财阀的

---

① 李宗保在其博士论文《对民主主义体制下资本如何支配国家的研究：以三星集团为中心》第199—200页中对韩国东亚日报出版的《人物情报》和联合新闻2009年出版的《韩国人物词典》进行了分析，发现在朴正熙和全斗焕政府时期，经济相关政府部门的部长与副部长中经济学专业毕业者所占比例为26%和21%。从卢泰愚政府开始，这一比例迅速升高至44%，金泳三、金大中和卢泰愚政府时期这一比例分别为46%、56%和40%。

② [韩] 林荣泰：《大韩民国50年史》，deulnyeok出版社1998年版，第288—290页。

销售额占韩国企业总销售额的53.2%，总资产占韩国企业总资产的49.7%，其生产的附加价值占韩国企业总附加价值的21.9%。①也就是说财阀企业所生产的附加价值虽然低于平均水平，但其规模却在80年代迅速膨胀，30个家族就占据了韩国经济的半壁江山。

而经济自由化与民主化运动存在着逻辑上的某种暗合。在我们调研中一些企业家回忆当年企业界的思想状况时，经常会提到企业家也在高呼要民主要自由。

（二）"政经黏着"，"政客与财阀的盛宴"

全斗焕继承了朴正熙的衣钵，但在军部衰落的背景下，维护政权上升为头号目标，后期更变为赤裸裸的对企业勒索。政府常常找各种借口把企业家们召来或软禁，逼其缴纳政治献金。这种露骨的敲诈勒索一定程度上反映了铁腕统治的没落。

全斗焕和卢泰愚与财阀"黏着"的关系被韩国人称为"政客与财阀的盛宴"。全斗焕和卢泰愚政府大肆从企业界索取"秘密资金"的事后来被揭露，震惊了世界。这些"秘密资金"是总统及其亲信利用总统职务向企业收取的，交换条件是向企业提供优惠贷款、为其经营提供便利或者免除税务调查等，安全企划部长、财务部长、国防部长和国税厅长等重要高官都曾参与其中。②

凭借全斗焕的"绝对权力"，全斗焕的亲友们狐假虎威，捞取不义之财。金融业首当其冲，成为权钱交易的重灾区，发生了诸如"李哲熙、张玲子金融欺诈案"③之类的惊动全国的案件，其腐败行为让韩国人大跌眼镜，惊愕不已。

---

① 韩国银行：《企业经营分析》1985年卷（http://www.bok.or.kr）。
② ［韩］林荣泰：《大韩民国50年史》，deulnyeok出版社1998年版，第198—200页。
③ 张玲子和她的丈夫李哲熙凭借与全斗焕夫人是远亲的特殊关系，到处招摇撞骗，插手期票投机生意。李哲熙、张玲子夫妇谎称掌握了政府的秘密资金，向资金流转不畅的企业提出可以帮其向银行借款，然后再利用与总统夫人舅舅的关系从银行获得贷款。在银行贷给企业现金后，两人向企业索取相当于贷款额2—9倍的票据，通过票据贴现的方法将7111亿韩元（当时约合8亿美元）流通到了私人借贷市场。自全斗焕当政的1981年初至1982年4月间诈骗金额达6406亿韩元。该案致使当时的第二大钢铁公司"一新制钢"和第八大建筑公司"共营土建"破产，政府内阁两次改组，执政党事务总长辞职，两任法务部长官被撤换，包括2名银行长、多名企业干部、总统夫人的舅舅在内的31人被起诉，其中11人获刑。

全斗焕的亲戚们还受聘到很多组织,例如"新世代培养会"、"大韩老人会"、"新农村运动本部"等,通过这些组织收受贿赂。在全斗焕的庇护下,其夫人李顺子也粉墨登场,巧立名目,大肆敛财。后查出李顺子担任两个儿童团体的会长,招入 15 万名会员,接纳 900 余名财东入会,接受捐款 160 余次,金额高达 223 亿元。全斗焕的胞兄全基焕由一个农民一跃而成为航空旅行社的董事长,1983 年,他又依仗全斗焕的权势取得了一个水产市场的经营权,贪污款项近 30 亿元,偷税漏税达 103 亿元。全斗焕的胞弟全敬焕也由一名下级警官摇身一变成了所谓的发展农村经济的"新村运动"的要员;全敬焕低价强买新村新闻社,占有了其大部分股份;7 年间,他共贪污受贿 173 次,总金额达 78 亿元。据报界透露,全斗焕的近亲和远亲在其执政期间贪赃枉法者达 450 人之多。全斗焕下台后,其家族中有 20 多人被送入监狱。

这一时期"政经黏着"关系的主导者仍是政府,财阀对这种关系已心存不满。现代集团的创始人郑周永在 1988 年的国会听证会调查中声称,现代曾经长期向全斗焕和卢泰愚政府提供巨额政治资金,但其本身并不愿交纳这些政治资金,只是政治资金已成为约定俗成的"准租税"而不得不交。① 此外,由于政府对于不缴纳政治资金的企业实施报复行为,也迫使企业不得不低头。其中"国际集团破产事件"就是使财阀们不寒而栗的前车之鉴。"国际集团"在 80 年代初期曾是韩国第七大财阀,其财务状况并不比其他财阀差,但因为财团拒绝向全斗焕弟弟领导的"新农村运动中央本部"提供资金而与政府结怨。政府借故拒绝为"国际集团"的银行贷款提供信用担保,最终导致其旗下企业纷纷破产。

另一方面,在这种"政经黏着"的背景下,政府虽然仍然能够决定个别财阀的命运,但却无法离开整个财阀集团。面对民主阵营的反抗,政府越来越需要政治资金来维持其权力,也使其更加依赖财阀集团。相应地,军政集团与财阀集团的关系也在某种程度上发生着变化。

改变之一,财阀开始正面对抗政府限制财阀的改革举措。全斗焕与卢泰愚政府都出台过限制财阀高负债扩张、过度垄断市场的政策,但收效甚微,对政治资金的需求使其政策执行毫无力度。全斗焕政府曾经希望对财阀的产业结构进行调整,减少不同财阀对同一产业的重复投资,为此曾强

---

① [韩] 郑周永:《有挫折但是没有失败》,第三企划出版社 1991 年版,第 220—223 页。

令现代与大宇的总裁选择某一产业卖给对方。但两位总裁虽然写下了保证，大宇却没有履行，原因是这时候的大宇已经不是纯粹的韩国企业，美国通用汽车公司拥有其9%的股份，否决了大宇撤出汽车产业的决定。全斗焕的财阀产业调整政策因此不了了之。1987年卢泰愚上台，财阀对政府的对抗变得更加直接。卢泰愚政府曾希望遏制财阀投机房地产，颁布了"应对房地产投机特别措施"，结果"全经联"等多个经济团体立刻指责政府侵害了私有财产权，乐天和现代甚至把政府告上法庭，并在诉讼中获胜。卢泰愚政府还提出过要求财阀进行所有权与经营权分离，财阀们对此充耳不闻，还迫使政府更换了掌管经济的副总理。

改变之二，财阀开始明确公开其政治主张，甚至直接进入政治领域。在民主运动压力下，在全斗焕当政时不得不顾及中小企业以及民众的要求，改变了一直以来对财阀一味支持和袒护的态度。全斗焕政府颁布了《限制垄断以及公正交易相关法》（简称《公正交易法》），以缓解财阀垄断国民经济、特定家族控制巨大企业集团的现象。卢泰愚政府一上台就宣布停止向财阀提供特惠金融，并增收土地税。1987年以后，民选的卢泰愚政府也不再动用警察力量镇压工人运动，韩国的工人运动出现了井喷现象。政府能够向财阀提供的优惠和保护日益减少，财阀对政府的不满日益增加。1988年，"全经联"会长在记者招待会上明确表态："我们只支持那些公开筹集政治资金并支持自由市场经济的政党。"这是全经联第一次公开其政治立场。财阀还积极参与到政党之间的权力斗争中，提供巨额政治资金帮助卢泰愚实现了与在野党的三党合并。作为回报，三党合并后政府把经济官僚换成了亲财阀人士，政府重新投入大规模警察力量镇压罢工。[①]除此之外，财阀甚至尝试挑战政权。现代创始人郑周永就组建政党，参与了国会和总统选举。竞选中，郑周永对政府的低效、无能以及经济政策的不一惯性进行了强烈批判，并且获得了不俗的支持率。

（三）如何看待财阀在韩国政治转型中的作用

经过长期的演变和斗争，韩国终于从军政体制逐渐转向文民体制。而在这一转型过程中，韩国财阀集团所起的作用是怎样的呢？

财阀是军政集团的经济后盾，财阀通过向当政者提供经济援助以获取

---

① ［韩］金允泰：《财阀与权力》，新人出版社2000年版，第180—183页。

政治保护和产业优惠政策；同时羽翼丰满的财阀又不能甘心被权力任意指使，不愿意行政过多干预其经济活动。这客观上起到了分散政府权力的效果。民主意味着将更多权力分散到民间，因此民主运动在这一点上也有符合财阀意愿的一面。当然，经济民主化和工人阶级要求平等公正，反对剥削压迫的政治要求，从根本上来讲是不符合财阀利益的，因此财阀对民主进步阵营又常怀戒心。财阀在政府与民众关系的天平上起着十分微妙的作用。韩国财阀集团从未公开支持民主运动，也未公开反对军政集团。但是当民主运动走向成功，军政体制接近尾声的时候，财阀们又很快地学会了利用进步阵营，利用民主运动与政府讨价还价，博取利益。财阀们甚至利用形势，直接参与政治活动。1987年的"6月抗争"之后，看到国会与政党的影响力增加，现代集团的郑周永就成立了"统一国民党"，得到了财阀集团普遍的默认与支持。

由于财阀集团掌握着庞大的经济资源，任何一方都不能小视它的作用与存在。财阀也精于巧妙利用其经济实力所带给它的影响力。文民体制建立后，财阀集团很快地适应了新的政治体制和政治文化，继续在新的制度条件下，继续传统的政经关系，积极主动地向党派候选人提供选举资金，使自己始终处于主动。一临选举，财阀们必须分押保守阵营和进步阵营，都要向其提供政治资金，结果是无论谁赢得选举都会对出资人心存感激。

三 军政体制的没落与行政性腐败大爆发

韩国自朴正熙执政时期推行维新体制起，军政体制达到了一个高峰。朴正熙被刺杀后，深受其宠信的军内精英集团"一心会"成员迅速填充了权力真空，成为维新体制的政治继承人。然而到了20世纪80年代，军政集团、财阀集团和劳工集团的力量此消彼长，在国内外形势的影响下，军政集团面临着越来越大的困难。

面对各种问题，僵化的军政集团没有能够适时地改变和调整策略，以全斗焕为首的强硬派继续采取高压政策，镇压各种民主运动，结果激起了更大反抗，军政集团日益孤立。此时美国态度也发生了改变，加上国际舆论的谴责，军政体制内外压力加大，严重削弱了军政集团的统治基础，也大大动摇了执政者的信念。在强大的压力下，军政集团迫不得已转而实行怀柔政策，试图缓和社会冲突。但一切为时已晚。民主力量已发展壮大到无须作出妥协的程度。韩国历史的洪流在80年代出现了一次重大的历史性的转折，韩国的政治发展在经历了长期的军人治国后，实现了新的政治转型，即从军政体制转向了文民体制。

转型后的韩国政治内容和形式也发生了重要转变，从反对军人统治争取民主权力转向了进步与保守两大社会阵营长期博弈中。自此，韩国的政治历史翻开了新的一页。

（一）行政性腐败集中暴发，社会矛盾冲突加剧

军政体制下行政性腐败问题突出，成为军政权无法克服的魔障。

朴正熙时期轰轰烈烈的反腐风暴，为韩国迅速实现工业化的目标提供了保障。这一时期反腐败治理了行政内部的低效和社会上的腐化现象，军政精英们以民族产业发展为重，不为自己谋取私利，而把经济发展的财富留给工厂作积累资金，也起到了凝聚发展力量的作用。据世界银行统计显示，从60年代中期到80年代后期，韩国一直是世界190多个国家中经济增长最快的国家之一。但同时我们也看到，声势浩大的社会运动对利用权力谋取个人利益的腐败治理并不能起到根治的效果。相反地，军政权的集权管制也给腐败留下了很大的空间。由政府扶持下的大财团的垄断造成不公平竞争，围绕政府优惠而行贿受贿、权钱交易等腐败现象仍普遍存在，所滋生的金钱政治，"寻租"现象，权钱交易现象等"整体机构的制度化了的腐败现象"[①]使政权重新蒙上权钱政治的阴影，单靠朴正熙一人的表率作用，单靠道德自律是远远不能杜绝腐败的。另一方面，朴正熙政权压制民主，钳制媒体自由，政府过多地干预经济生活，行政权力缺乏必要的制约机制，同样不利于反腐败深入持久地进行下去。

军政集团初期是一个有集体共识的组织，集中而言就是反对腐败低效的文官政权，高效率快速地推进韩国工业化的集团军。在这一指导思想下，政权通过不断发动反腐败运动，对旧官员"生活奢侈"、"拥有豪华住宅"等都予以严厉的打击；同时采取了"连带责任制"，问题双方都要被追究责任，所以初期腐败现象比较少，而且容易发现和治理。然而，人不可能有天然的免疫力，在各种制度、法规的不完善，乃至人们观念滞后的状况下，完全靠个人意志和品格去对抗腐败的侵蚀，就是异想天开了，

[①] ［韩］朴正熙：《我们国家的道路》，华夏出版社1988年版，第165页。

即使是经过严格纪律训练出身的军人也不意味着会一成不变地与腐败行为绝缘，只要缺乏有效的权力监督，由职务之便为个人谋利似乎不仅轻而易举，而且近乎自然而然。

"三粉暴利事件"和"四大疑惑事件"就是典型的权力无限制造就的行政腐败案件。

1963年，垄断白糖、面粉和水泥即所谓"三粉"产业的几个财阀企业，利用这些产业直接关系到国民生计的特点随意操纵市场价格，偷漏巨额税款，而军政权却因向这些财阀企业收取了大量政治资金，默许和容忍了财阀企业非法牟取暴利的行径。由于当时正处于因为前一年度的农业歉收引发的严重粮荒之时，对直接影响每一个国民的日常生活的这一严重腐败事件引发了极大民愤。此时有报社社论将问题矛头直指那些"极少数新型贵族"，然而关于案件的调查却由于执政党的阻挠不了了之。

1964年，还发生了中央情报部通过操纵证券市场，非法进口日本汽车，贪污国家基建投资，甚至纵容赌博，非法获得大量政治资金的腐败案件，即所谓"四大疑惑事件"——包括证券风波事件、沃克山庄事件、新国家汽车进口事件和吃角子老虎赌博机事件。中央情报部门居然利用手中的权力公然为其小集团谋取利益，这种有恃无恐的腐败行径不由引起韩国人民的极大愤怒。

朴正熙政权初期采用运动式反腐败，针对的是当时整个社会的腐败，用迅速动员暴风骤雨的方式，短期见效。但是，到了威权体制后期，腐败问题却更加明显了。强权统治下，政府与民众关系紧张，使官员们自我认同感越来越降低，越来越倾向于将利益输送给与自己关系密切的人。由行政干预经济带来的权钱交易腐败更加严重，给社会资源和生产秩序造成巨大的破坏。大企业通过贡献政治献金或者通过向行政人员行贿方式，就可优先获得政府订单，享受政策优惠，不仅破坏了市场公平竞争原则，使资金雄厚的企业更有机会抢占各个盈利空间，扩大经营范围，成为触角四处伸张的经济"八爪鱼"，挤压了中小企业的生存空间，剥夺了它们的发展机会；同时，由贿赂带来的亲密关系，又使政府对项目建设缺乏实质性的监督，无良企业更有机会偷工减料、粗制滥造、经手转包等，导致出现许多"豆腐渣工程"。由此造成的事故接连发生。

案例："豆腐渣工程"背后的腐败

1970年5月，在汉城市政府主导建设的卧牛市民公寓建筑发生倒塌，造成33人死亡，40多人负伤。这样的市民公寓都是在贫民区的山坡上草草建成的，其建筑质量无不令人担忧。

1994年10月14日，在上班高峰期，汉江之上的圣水大桥突然崩塌了157米，造成32人死亡、17人受伤、6辆轿车和一辆面包车落入江中。韩国民间工程师协会检查过大桥后，报告说负责施工的东亚产业公司有明显偷工减料问题。这座大桥是在1979年朴正熙时期匆忙建成的，而东亚集团在政治捐献方面一向表现得出手不凡。

1994年12月8日，又一起灾难发生了。在人口稠密的汉城市中心的一个闹市区——阿观洞，有一个地下煤气供应站发生爆炸。结果死12人，伤60多人，毁掉355座房屋和20辆汽车。这家煤气供应站是1992年完工的，当初也是靠贿赂拿到的施工合同。

1995年6月29日，又一件恶性事故发生。汉城的一幢五层的百货大楼突然发生垮塌，造成502人死亡，伤937人，救援活动持续了一个月。经查，这又是一起人为的灾难。该建筑物是在1989年卢泰愚执政时期完工的，事故的原因是大楼的构造设计有问题，而当时负责审查的官员接受了施工单位三丰公司的行贿，通过了这家公司的设计并授权其建设施工。

1980年全斗焕军政府上台后延续了朴正熙的维新体制，高压的军政统治造成社会冲突不断，由剧烈的社会矛盾引发了大规模的民主运动浪潮。全斗焕政府对民主运动先是采取了镇压的手段，结果遭到更广泛的反对，无奈之下选择了妥协。

面对群众大规模的抗议，军政府加强了对社会的思想舆论管束，加强了对知识分子、媒体以及工人运动的监控。政府不断扩大禁书的目录，逮捕发表"不恰当言论"的学者，希望通过提高毕业考试的难度转移学生的视线，让学生们把更多的精力集中到应付学业上。政府还合并、关闭了很多媒体，加强舆论控制。国家安全企划部每天都向报纸和电视台提供"报道指针"，对报道什么和如何报道都有严格规定。1980年戒严司令部辞退了298名媒体从业者，逼迫媒体自动辞退了535人，这被反对派称为"媒体大屠杀"。全斗焕政府对劳工运动的镇压也比朴正熙时期更加强硬。政府上台后就对工人进行"净化"，把很多工人运动领导人送进了监狱，韩国工会成员的数量从 1979 年的 110 万减少到了 1981 年的 82 万，1983 年减少至 78 万。

全斗焕政府的高压政策自 1983 年起出现了变化，进入了所谓"怀柔政局"。其中一个具体的原因是韩国争得了 1988 年奥运会的举办权，韩国进入了全球媒体的视野，当局不得不顾及在国际上的形象而使行为有所收敛。而此时国内的一个重要因素也同样不能忽视，面对即将到来的 1985 年国会选举，政府也希望改善形象，收拢民心。

但是"怀柔政局"一开，蛰伏着的已经壮大和成熟起来的进步阵营马上活跃起来。民主政党发动了"改宪运动"，召开"直选制改宪促进大会"，参加大会的市民热情高涨，一下达到了七八十万人。不得已之下，政府再次收紧，严厉镇压主张修改宪法的民主运动人士，其间发生了 1986 年的对"伪装就业"的女大学生权仁淑的"性拷问事件"。1987 年 1 月大学生朴钟哲拷问致死事件以及直接引发 1987 年"6 月抗争"的李韩烈受伤致死事件。严厉的镇压和一系列伤亡事件，激发了已经具有稳固社会基础的进步阵营的有组织的更大规模的反抗，同时也引发了韩国民族文化十分强烈的悲情意识，带动了广大普通民众群情激昂参与其中，最终演化为推翻军政府的抗争浪潮。

（二）"6 月抗争"摧垮军政权

火山的喷薄而出需要一个结点。1987 年 6 月 9 日，在韩国延世大学校园中参加示威抗议的大学生李韩烈被警察水平射出的催泪弹击中头部受重伤。6 月 26 日，在民主阵营的推动下，韩国历史上规模空前的游行爆发了，韩国变成了一座"冒烟的火山"。由李韩烈受伤而引发的抗议浪潮，成为韩国政治民主化进程中的一个重要的结点。

被称为示威共和国的韩国，各种大大小小的示威游行层出不穷，然而能够最终形成决定性成果的，就需要在集体行动乃至社会运动的背后具有充分的动员和组织机制，以及重要的资源支撑。此时的韩国，军政权的统治基础已经是危如累卵岌岌可危了。而相比在以往军政集团镇压民主运动的过程中，军政集团及政府都握有主动权，而反抗的力量总是处于弱势地位，总会被政府软硬兼施的手段所瓦解，而不能获得成功。这背后根本的原因是民主运动缺乏组织资源与经济资源，不具有维持动员和组织社会运动的能力。因此，一直以来，无论是朴正熙还是全斗焕，政府在镇压社运动方面只要立场坚定必是稳操胜券。然而在"6月抗争"前夕,情况已经发生了变化,进步阵营已经具有广泛的组织资源,并具备了一定的经济资源。从组织资源看,除去传统的进步阵营的工会、学生组织、在野民主党派之外,宗教界、知识界以及其他一些社会组织、社会团体也汇集到民主运动中,大大加强了运动的组织动员能力。以往持观望态度的中产阶层,由于对因政府与大财阀勾结造成的财富分配不均产生极度不满,以及对政治高压的痛恨,也加入到反政府的行列中。

在经济资源方面,尽管即使到现在有关的具体情况依然隐晦不明,但有多种迹象表明,在80年代进步阵营获得了越来越多的资助,有些重要政治家具有很强行动能力也表明获得了足够的支援力量。在这一时期,财阀集团的政治态度有所转变,至少有一部分财阀倾向于保持中立。甚至可以推断部分中立的财阀采取了"烧冷灶"策略,给予了进步阵营以关键的经济援助。

以李韩烈的受伤作为导火线,进步阵营进行了总动员,并成立了韩国政治史上最强硬的政治运动组织"争取民主宪法国民运动本部"。"争取民主宪法国民运动本部"提出了系统的政治纲领,包括修改宪法、恢复总统直选制度等,在首都和各主要城市组织了统一行动。在"6月抗争"中,"争取民主宪法国民运动本部"在韩国34个城市、4个郡组织了500多万民众示威,占当时韩国人口近五分之一,并且持续了19天。这期间市民讨论会遍地开花,聚集起了无数热血沸腾的人群,公司白领等中产阶层组成的"领带部队"出现在游行队伍中,示威队伍经过之处,市民和商贩们积极提供食品,鼓掌表示鼓励,被称作"鼓掌部队"。沸腾的局势让全斗焕政府完全陷入众叛亲离的被动状态。这时候,美国也适时地将局势向前推动了一把。美国参议院外交委员会通过了一项"对韩决议案",督促全斗焕政府放弃对示威人群的军事镇压,并提议韩国的执政党与在野党妥协。为了防止全斗焕动用军队镇压,1987年6月25日,结束韩国访问回国的美国国务院官员发表公开声明:"反对包括戒严令在内的所有类型的军队介入。美国与韩国民众一样希望韩国建立起一个民主安定的社会,希望韩国能够选举产生一个受国民支持的和尊重国民权利的政府。"[①]

全斗焕政府迫于内外压力,最终做出了妥协。全斗焕指派其选定的下

[①] 《东亚日报》1997年6月26日。

届总统候选人卢泰愚出面,发表了八项民主化改革特别宣言,并宣布修改宪法。修改后的宪法保障了国民的基本权利,改革政体结构,建立三权分立的制衡制度,具体内容包括:司法机构严格按照程序执法;总统由全民直选产生,任期五年,不可连任;废除总统的"非常措施权"和"解散国会权";国会拥有政府监督权;国会拥有大法官和宪法裁判所所长任命权;实施地方自治制度;基本人权不可侵犯;实施劳动者最低工资制度;保护女性劳动者不受不公正待遇等民主制度条款。卢泰愚的"6·29"宣言全面接受了反对党的政治要求,是军人们"对渴望民主化进程的国民的投降宣言"[①]。至此,经过长期斗争,韩国的进步阵营终于在韩国再次迎来了宪政民主制度。

然而,1987年6月的胜利并没有马上转化为进步阵营当政。全斗焕政府选定的继承人卢泰愚通过发表民主化宣言赢得了国民好感,执政党所拥有的行政与经济资源在未来的选举中发挥了很大作用,而更为关键的是,进步阵营发生了分歧,两位最具影响和实力的进步阵营代表人物金泳三和金大中同时参加了总统竞选,分散了进步阵营的选票,这些因素导致卢泰愚赢得了军政体制瓦解后第一次总统选举,而且这次也是韩国第一次的总统直选。一直到1992年,金泳三当选总统,韩国政坛才彻底结束了军政精英掌权的局面,迎来了文民体制的新时代。

四 军政体制退出历史舞台

身与名俱没,江河万古流。以朴正熙为代表的军政精英将精神萎靡哀鸿遍野的乞丐国家带上现代化的康庄大道,成为继日本之后的又一个崛起的东方国家,而且不同于日本的是,它崛起是在没有任何国力积累的基础上,是从零起步的,其成就可谓居功至伟。在军政体制的推动下,韩国从20世纪60年代到80年代,成功地实现了国家的工业化,创造了炫目的汉江奇迹。实现工业化的韩国社会面貌发生了重大改变,人民的生活水平也有了实质性的改善和提高。据80年代韩国的多项社会调查显示,有半数以上的国民认为自己属于中产阶层。当时的韩国已经进入家庭汽车时代,许多韩国老人和一些社会学家们经常批评的是国民开始追求奢侈品和

---

① [韩]金泳三:《开创21世纪的新韩国》,东方出版社1993年版,第60页。

名牌的高消费的社会现象。对于韩国的发展,世界银行曾经称赞:与其他国家相比,韩国在经济发展过程中让最多的人群分得了发展成果。应该说在这个翻天覆地的变化中,带领工业化进程的军政体制功不可没。

但是,韩国的军政体制此时已是末日黄昏,四面楚歌,要求军人下台的呼声如春雷滚滚。在激烈的声讨和反抗浪潮中,军政精英集团最终丧失了执政地位。除去由于工业化和经济社会结构发生变化后引起的社会政治参与,特别是后期原来同属统治精英阶层的财阀集团与军政集团关系的疏离,以及国际环境的变化等重要因素,长期执政的军政集团以及军政体制自身也存在重大问题,这是韩国政治发展当中值得关注和探讨的重要问题,最终汇聚成导致军政体制瓦解的重要内部因素。

(一) 薄弱的意识形态使军政精英陷入道义的困境

一个政权的建立和巩固、国家制度建立建设离不开一定的意识形态建设。执政者的思想哲学、价值理念为其政治经济制度的建立和运行提供权力合法性的理论解释,因此,许多人将现代意识形态视为立国的先导和国家权力体系的核心。然而在韩国,许多人认为,只有经济开发上值得追随的领导人,却没有精神上的领袖,军政精英在面包与民主之间选择了面包,给韩国带来经济增长的同时,民主主义方面开了历史的倒车。

具有强烈爱国情怀和艰苦奋斗精神的韩国军政精英们创造了令韩国发生天翻地覆变化的旷世伟业。他们出身军旅,雷厉风行,意志坚定,具有很强的行动能力,但是在意识形态领域,这些从未在自由舆论中摸爬滚打过的冷冰冰的面孔难免会受气。军政精英们在长期的治国理政的实践中更多的是采用实用主义的行动纲领,却不能提出和建立一套系统完善的意识形态,不能统一全社会的思想认识,掌握舆论导向。在工业化进程必然会出现的大量社会矛盾,不同的社会群体在不同的发展阶段都有自己不同的诉求,单纯将所有民众都当成是服从命令的生产工具,只能激化矛盾,加剧冲突。从另一方面看,缺乏意识形态,还会给反对派留下思想空间,使反对派拥有话语权,占据道义制高点。总之,缺乏意识形态的相应建设就无法说服人民,无法为体制和政权营造一个适宜生存的思想文化环境。

具体而言,韩国军政集团陷入失语的孤立困境主要在于以下两个方面:

一是不能根据形势的发展变化建构思想体系,适时推出对于体制与政策的说明解释。客观地讲，不能说军政集团完全没有意识形态。应当说，在军政精英夺取政权之初，还是提出了自己的强国思想和论述，其代表就是朴正熙在夺权之初发表的《我们国家的道路》等小册子。在那里，朴正熙正确地阐述了韩国面临的根本问题，提出了建设国家、摆脱贫困的思想，解释了军人夺权的行为，起到了凝聚人心，振奋民族精神的作用。甚至可以说，在那个时候，韩国军政集团还是比较注意掌握话语权的。但是，随着时代发展，特别是当社会面临的主要问题和矛盾发生很大变化时，军政精英并没有对变化的时代和矛盾问题做出必要的反应。

现代化、工业化进程中，关于民主与发展这两大主题的实践和阐述是非常必要的。如果政府与民众在这一问题上达不成共识，不能相互理解，就非常容易产生矛盾和冲突。韩国80年代初一次面向普通居民的关于社会问题的调查中，在回答"在发展经济的过程中，哪怕多少还有些障碍，也一定要实行民主主义"的问题时，1196名被调查者中，79%持肯定态度，只有12%持否定态度。在回答"不管怎么样，能创造一个舒适的生活环境就不错了，不一定非要实现民主主义"的问题时，1981年和1982年的赞同者都是16%，而反对者则分别为65%和74%，可见人们对社会发展面临的主要问题的关注发生了变化，民众的民主意识在不断增加，"稳定发展论"逐渐代替"高速发展论"占据了社会思潮的主流，朴正熙的时代，为了发展经济不惜一切代价的时代即将过去了。然而，当形势发生变化，劳工阶层不能再继续承受巨大痛苦，不愿为"国家"的发展而继续作出牺牲的时候，他们得到的不是关切的回应，而是残酷的对待。在朴正熙看来，人民正在为西方的享受主义的腐朽思想和宣传所蛊惑，丧失了吃苦耐劳的精神，对待这种思想上被腐蚀的民众只能施以严厉的惩罚。

二是来自西方的自由民主话语体系与韩国威权体制相冲突，由此导致军政精英与知识精英存在尖锐矛盾。韩国工业化时期在思想意识形态方面处于道义上的劣势地位，面临尴尬的局面，思想领域中占据主流和正统地位的自由民主话语体系每每与威权体制起冲突，广大市民都会同情前者，而视军人为非法的权力觊觎者。从思想体系的角度看，韩国的保守阵营属于西方资本主义体系，尤其是在"冷战"的大格局下，韩国是在反共的旗帜下与朝鲜对立、对峙的。然而韩国自建国以来，教育体系中基本上施行的是西方思想文化内容，在思想上信奉西方自由主义，以资本主义为合法性基础。这样的思想理论教育与军政权实用主义的现实完全处于逻辑上的对立状态，大大削弱了军政体制的合法性依据，使之理不直气不壮，名不正言不顺。

建国以来，韩国民众认可了民主选举制度在韩国政治体制中的价值和意义，认为它是民主的象征，是集中体现国民政治权益的形式，也是国家政权合法性的重要来源。在韩国调研时，我们多次听到当年进步阵营中的人士，包括知名学者和学生运动领袖谈到，他们认为朴正熙政权表里不一，知识分子和大学生在学校中所受都是西方式自由民主的教育，认为包括言论自由、多党制、普选等自由宪政民主是天经地义的事情，但搞军事政变、军人长期把持政权，以及实行"维新体制"，完全有悖于基本的民主价值理念。因此，反抗军政体制的进步阵营有着强烈的道义感，而以弱小对抗武装到牙齿的强权所带来的牺牲精神，也符合韩国文化传统中承受苦难的悲情意识。

深受西方自由民主思想教育熏陶的知识精英与军政府离心离德。在尊师重教的韩国，大学教授在普通民众心目中的地位很高。教授们高举民主的大旗，以批评政府为"天职"，公开质疑军政体制合法性，在社会中起到了精神引领的作用。集中于大城市的高等学校是进步阵营活跃的大舞台。坚持不懈的民主斗争保留了民主主义精神的珍贵火种，促进了韩国水平意识结构的发展和巩固。

韩国军政精英与知识精英之间分歧对立有着深层的原因。军政精英始终奉行"经济第一"理念，以为经济发展可以解决一切社会问题，认为民主政治是低效的，甚至不屑于讨论和思考民众的民主权利一类话题。朴正熙多次对学生示威和知识界的批评表达不满，他公开指责"不懂事的学生"没有将注意力放在国家经济建设上，而是追随反对党不分青红皂白地反对政府；他公开批评"虚伪的知识分子"以无条件地反对政府所做的任何事情为天职，顽固地坚持支持政府即是当权者的走狗等思维惯性，认为他们是韩国现代化的阻碍力量。[①] 然而，对于广大韩国知识分子来讲，他们更注重的是文人治国的历史传统和现代民主政治的制度框架。对于军人靠武力夺取政权，有着条件反射般的排斥心理。

韩国的工业化，带来了城市化与国民教育水平普遍提高。城市化形成了庞大的城市新工人群体，他们是韩国生产的主力军，是财富的创造者，

---

① 参考《总统——朴正熙传》第4卷，第270页。

同时又为韩国的经济进步作出了巨大的牺牲，集中体现韩国工业化、现代化成就的城市新生活与他们无关，他们无法甚至无权分享工业化、现代化的成果。① 因此，无论韩国取得怎样令人瞩目的经济成就，却无法在劳工集团心目中树立军政集团的合法性。对于军政集团来说更加不幸的是，韩国知识分子的主流最终与劳工站在了一边。无论怎样受打压，知识精英越来越坚定"民主至上"的理念，他们用具有政治正确性的西方理念和话语谴责军政集团的集权与暴政，号召劳工集团一起反抗军政体制。由此，军政集团与韩国普通民众和知识分子形成了对立。

（二）缺乏组织资源和精英吸纳机制使圈子越来越小

以朴正熙为代表的军政精英具有严密的组织性，形成了思想统一、行动一致的领导集团。这是军政精英能够夺取政权并有效推动经济建设发展的重要因素。但同时这一体制的缺点也是十分明显和突出的。

首先，尽管形式上没有脱离民主体制大框架，军政集团缺乏有效的政治组织、社会组织来渗透和管理社会，政权与社会形成脱节，政府与社会之间缺乏必要的联系和沟通体制机制。朴正熙本人十分厌恶政党政治的尔虞我诈，一直轻视甚至排斥政党、社会团体等组织形式。军政精英始终没有建立覆盖社会的组织网络，政府与社会之间缺乏化解矛盾与冲突的缓冲地带，政策与法律是政府与社会唯一的正式联系，一旦发生矛盾特别是在发生冲突的情况下，就只好由强制和暴力机关面对人民。相反，反对派几乎将影响力渗透到了全社会领域，他们在大学校园里组织学生运动，由宗教组织在居民中间扩展影响。在韩国现代政治发展史上，很长时间里，军警与学生之间存在常态性的对抗。

其次，军政集团高层具有强烈的封闭性，没有形成广泛而有效的精英吸纳机制，人才选拔道路壅塞。工业化、现代化是社会结构大变动、社会流动大大增强的时期。政权稳定的重要条件是保持顺畅的、吸纳不断寻求上升的下层精英的通道。但以朴正熙为代表的军政集团的封闭性特点突出，一切依靠亲信的"小圈子"的执行力，而在客观上排斥了更大范围

---

① 尽管韩国工人名义工资有了很大的增长，但是扣除物价上涨因素，实际工资的增长远低于劳动生产率增长。据韩国《东亚日报》1979 年 3 月 6 日报道，十年间韩国生活必需品的价格上涨了十倍之多：三口之家的生活费用，按年度计，1969 年一个月需要 1.5 万韩元，1978 年为 12.5 万韩元，1979 年春季为 17 万韩元。飞速增长的物价给工人带来沉重的生活压力。

的新鲜力量的参与。

据时任朴正熙总统秘书室长的金正濂回忆，朴正熙非常重视"人事"，他亲自挑选国防、外交、法务等长官人选，其余人员由秘书室长挑选和推荐，对于所推荐的人才，朴正熙考察的重点为是否具有相关领域的能力，是否属于努力做事的人，名声是否干净等方面。次官以下人事权交给各部门长官，公务员的晋升完全取决于能否获得其长官的认可。一旦获得长官认可，就会长期使用。比如，朴正熙所赏识的崔亨燮任科学技术处长官长达7年6个月，经济第二书记官8年；农村振兴厅长金寅焕任职11年5个月；山林厅长孙守益任职5年8个月；南悳祐担任财务部长官和副总理兼经济企划院长官9年零3个月之久。从另一角度观察，朴正熙这种事必躬亲、独揽大权的做法也客观上破坏了程序化的行政基础，个人色彩浓厚，而不能促进整体的人才发现和选拔水平提高。

这一体制经过长期运行后，一方面，"小圈子"内部由于缺乏竞争而懈怠，特权思想严重，神秘主义盛行，人才的任用升迁完全取决于上级的一己好恶，选人过程中是否拥护个人、是否与自己亲近等主观因素，为日后形成一个个忠于某个人的小圈子作了铺垫。另一方面，"小圈子"具有强烈排他性，容易招致怨恨，无法进行有效的精英吸纳。对于政权来说，就意味着体制外反对力量的积聚。工业化进程中出现的和逐渐成长起来的新社会群体，无法通过正常渠道进行利益表达和政治参与，代表新社会群体的精英分子无法进入权力结构和上层，造成了矛盾与对立的积累，这种矛盾无法通过制度化渠道加以解决，结果就是"另起炉灶"——在体制外，在亲信"小圈子"之外，聚集成反对派的大圈子，并且力量不断发展壮大，最终就会形成对于政权的挑战，甚至取而代之。体制外精英的吸纳是重要的组织化、人格化的政治参与，在这方面的缺陷，使韩国军政精英们信息越来越闭塞，也越来越孤立。

（三）简单粗暴的社会管制方式激化了社会矛盾

韩国经济飞速前进的光鲜背后，社会危机却如即将喷薄而出的火山不断积聚着能量。反抗的力量，潜伏于城市的角落。

社会中苦难最重的是韩国的劳工集团。韩国的经济奇迹带给他们的却是一段悲凉辛酸的血泪史。许多证据显示出，韩国的工业化是以牺牲一代工人的生命、健康与尊严为代价的。韩国企业中多采用家长式的专制主义管理，韩国工人受到的是非人道、不公正待遇；政府采取对企业家一边倒的偏袒政策，对工人的反抗予以残酷的压制与镇压。政府、由政府操控下的全国工会和工厂老板的三位一体，形成压在工人身上的巨大磐石。

面对社会上抗议之声，军政权通常表现出的是极端的"排他性"——关闭民主表达路径，不惜制造大型事件，对反对声音重刑压制。知识分子与青年学生把军政权比作法西斯专制、独裁，不断游行示威反抗，推起一波又一波的民主化运动。军政权对待反对的声音通常采取的是高压手段，催泪弹加警棍的方式，以暴力来镇压。在应对学生反对"战时非常体制"的民主化运动中，政府竟出动首都警备司令部军队进驻各大学校园进行弹压震慑，监控学生的行动。军队与学生的斗争，使军政权在道义上彻底孤立，引起了民众的一致愤恨。

早年的韩国军政精英管理社会的方式简单甚至粗暴，但他们将经济增长与国家安全作为其主要"方案"，坚毅果敢，作风硬朗，严于律己，到了全斗焕时期已彻底失灵了。由于缺乏外部权力制约机制，权钱交易和金钱政治重新抬头，激发了民众反抗的意志和决心。韩国进入全面危机爆发的前夜。"社会像一个熔矿炉，丧失了自我调节的能力，不知何时何地（危机）就会爆发。"[1]

1987 年 6 月，声势浩大的"6 月抗争"席卷了全国。韩国各地互相呼应，共爆发各种示威活动 2000 余次，参加人数为 800 余万，近 300 个警察机构被示威群众捣毁。警察逮捕抗议者多达 1.7 万余人。

军政集团的压制触发了韩国民族心理上浓郁的悲情意识，激发了民众团结对抗强权的正义感。纵观韩国的反对军政体制的民主运动可以发现，几乎每次重大的社会抗议浪潮和社会运动升级都与一些镇压事件特别是伤害事件有关，全泰壹、权仁淑、朴钟哲、李韩烈，这一连串遇难和受害者的名字串联起了民主运动，他们的鲜血浇灌了韩国的民主运动。尽管采取了强硬的手段，但政权也为强硬的镇压付出了巨大的道义代价，最终也因无法支付其巨大的成本而难以为继。我们在访问时任韩国国会秘书长的朴启东先生时，他指出，当年军政府的高压手段造成了社会矛盾冲突的进一步激化，形成了"弹簧效应"，打压越紧反抗越大。他说："政府压学潮，

---

[1] ［韩］徐仲锡：《韩国现代史 60 年》，朱玫、孙海龙译，民主化运动纪念事业会出版 2007 年版，第 148 页。

外国媒体就会帮助学潮，学生被逮捕，就会要求释放学生。学生释放后继续搞学潮，政府继续压迫。韩国的国家形象在国际上就会更差。国家形象差，就会影响韩国产品出口欧美，国际人权机构会排斥韩国产品。韩国的海外人民也有压力，海外侨民会组织人权机构，声援国内的民主化运动。海外的不断支持，国家也很难继续关押学生和民主人士……"①这种恶性循环使反抗的力量更加强大，简单粗暴的管制方式最终导致了军政集团的道义破产和政治失败。

国家不可能长期维持一种依靠军警统治的军营式的管理状态。军队是承担保卫国家和平、抵御外侮的使命的，以解决敌我矛盾的方式对抗国内的抗议民众，不能最终解决问题。相反地，这种与普通民众为敌的高压的统治手段只会造成社会矛盾冲突更加激化。面对越来越多的抗议，军队内部也发生了重要变化。与少数强硬派不同的是，越来越多的军官们投向稳健派一方。他们认识到：人民不会继续接受军人的统治了，军方应当退守国防，在政治活动中保持中立。

1979年3月，尹潽善、金大中、咸锡宪等人在汉城建立了争取民主和民族统一国民联盟，强烈要求修改维新宪法。朴正熙集团指使汉城地方法院撤销了新民党总裁金泳三和其他4名副总裁的职务；后又指使国会剥夺了金泳三的议员资格。此举引发了新民党及金泳三选区釜山、马山等地学生及群众的示威。"釜马事件"促使朴正熙集团发生了严重的分裂。以金载圭为首的"稳健派"和主张高压的"强硬派"代表车智澈发生了尖锐的冲突，朴正熙在"最后的晚餐"喋血宫井洞，死在亲信的枪下。

朴正熙遭遇刺杀貌似一个偶然事件，但折射出军政体制深层的矛盾与问题。这位被军政权奉为"太阳"的灵魂人物的突逝，成为军政体制衰落的重要里程碑。

> **崔圭夏时期（1979—1980）（第10届）政府反腐败的措施、特点分析**

短暂的崔圭夏政权，具体的政府工作缺乏相应的历史记载。

崔圭夏政权开始于朴正熙被杀后的乱局。1979年10月26日朴正熙被暗杀，崔圭夏以总理身份代行总统权限。1979年12月6日，崔圭夏经

---

① 2009年7月15日下午，课题组访问韩国国会事务总长朴启东。

由大选胜出，正式出任韩国第十任总统。1980年8月，由朴正熙一手提拔的少壮派军人全斗焕发动了军事政变，随即依据《戒严法》接掌了总统权力，并曾一度操纵朴忠勋充当代总统，借机筹备新一届总统选举，崔圭夏无奈黯然下台。

作为朴正熙政权的总理，崔圭夏一度是维新体制的代表人物。在正式当选总统后，他依据当时的政治形势，推行宪制民主化改革。此时正值1968年捷克斯洛伐克共产党中央第一书记杜布切克发起的"布拉格之春"改革浪潮，因此这一时期也被韩国人称为"汉城之春"。然而全斗焕发动军事政变后，崔圭夏之前所推行的改革计划均宣告流产。

崔圭夏执政的8个多月里先后发生了"12·12"政变和"5·17"、"5·18"事件，崔圭夏政权始终在军事强人全斗焕的阴影之下，少有历史记录。他在下台后也始终保持沉默，以恐怕给宪政史留下不好的先例为由，对其任内诸多历史疑团三缄其口。

> **全斗焕时期（1980—1988）（第11—12届）政府反腐败的措施、特点分析**

全斗焕时期反腐败的主要工作是推行了"社会净化运动"，以及颁发了两项反腐败法案——1980年的《政治资金法》和1981年的《公职人员伦理法》。这一时期，全斗焕延续朴正熙的模式，继续用社会运动的方式推行强力反腐运动，同时，这一时期制度化建设方面有了很大起色。然而由于政权自身的问题，自己最终被腐败束缚住了。

（一）利用反腐败清除异己

1979年朴正熙被暗杀，经过一段短暂的动荡时期，全斗焕发动了军事政变，迅速掌握了军队，掌握了国家实际权力。刚刚当选的第10届总统崔圭夏无力对抗军部对政权的步步紧逼。1980年8月，崔圭夏无奈辞去总统一职，全斗焕在统一主体国民会议上以99.9%的支持率当选总统。

全斗焕掌权后，以清除政府腐败人员为由立即开始肃清政府机关人员，以扫除社会恶名为口号，迅速控制社会。6月18日还宣布了金钟泌等9名"权力型聚财者"名单，指控他们非法聚财853亿韩元。新军部带走6万余名的"社会不良分子"，并派遣包括社会运动家在内的4万余人到军队接受"三清教育"。据韩国学者康俊晚2004年发表的《韩国现代史散步——1980年篇1》记载，三清教育队员中，由于体罚、拷打而留下后遗症的受害者达3000名左右，因后遗症死亡的就有339人。新军部严格控制学校，防止学生示威活动，全斗焕还强制征集学生，试图强迫他们在校园内扮演特务角色。甚至对寺院的僧侣也不放过，10月27日，军队从全国的寺院带走了150余名僧侣。

全斗焕效仿朴正熙的社会运动模式，也进行了一场"社会净化"运动。全斗焕宣称，"要把国民从政治镇压和滥用权力中解放出来"，开创一个廉洁政治的时代。他首先把重点放在官员的行为伦理规范上。1980年11月军政府成立了国务总理直属的"社会净化委员会"，地方各级政府先后也成立了地方"社会净化委员会"，宣称要"改造社会风气，伸张社会正义，清除一切弊政、丑行、恶习、劣迹"，动员社会力量和民众推进社会净化。

社会净化首先是对异己势力的"净化"。政府采取一系列严厉的手段，包括开除、逮捕、没收财产等推行运动进行。全斗焕颁布《刷新政治空气特别措施法》，一大批政党领袖、内阁阁员、退役将领、宗教界和新闻界的人士被剥夺了政治权利，朴正熙时代的政界上层人物几乎无一幸免地被赶下政治舞台，甚至与全斗焕同一保守阵营的民主共和党总裁金钟泌也因有问鼎总统的可能性而被全斗焕撤销了公职、没收了财产，还被关押了40余天。1980年6月，大约300名韩国中央情报局高级职员被开除，7月，230多名政府高级官员因被指控腐败而被解职。随后对象转向低级公职人员，有4760名政府、国有公司和银行人员被开除，并在附加条文中规定两年之内不准在这些公司重新受雇。戒严司令部还逮捕了17名政府主要官员和反对党领袖以接受调查，同时还逮捕了4名银行行长和21名副行长。有1819名公共企业及其联属企业的官员被开除，包括39名厂长、副厂长和128名董事会成员。

政府牢牢控制舆论，开除了711名新闻工作者，封存了韩国各类定期杂志172种，关闭617家出版社，6家通讯社被强行合并。

其次，发动群众性的再教育运动，巩固军政权在社会中的地位。对高级政府官员、法官、检察官、企业行政管理人员、大学教授以及家属共32000多人集中到水原进行3天的培训学习。集训内容包括早操、环境清扫、新村运动讲座和良好的生活行为方式。

无论从形式还是内容上，全斗焕时期的反腐败运动与朴正熙时期实施的庶政刷新如出一辙，社会净化运动以"反腐败"的姿态笼络民心，而且反腐败还带有明显的排除异己、政治换血的"私心"。然而这场运动雷声大雨点小，收获并不大。

时机成熟后，傀儡总统崔圭夏被逼辞职，全斗焕被全军高级指挥官们"拥戴"为国家元首。8月27日，御用的"统一主体国民会议"选举全斗焕为总统。真正具有在野党性质的新民党遭受灭顶之灾，被强令解散。曾被寄予希望的"汉城之春"未曾开花就凋零了，民主力量再度进入低潮。民主阵营领导人金泳三只有通过悲情的绝食斗争表达这些被迫沉默的政治家们忠诚于重建民主的信念和斗争决心。

（二）制度建设

全斗焕政权在反腐败问题上做出的真正有意义的举措是他采取了一些立法措施。《政治资金法》规定了政治资金收支须公开，政党后援会赞助基金也须设定上限，由国家财政向参选的党派及候选人提供一定的选举费用，公营媒体须为其刊登一定数量的竞选广告，以保证竞选的公平竞争。政治资金法将政治捐助公开化，规定企业主将政治献金交给国家，由国家对资金进行分配，分为寄托金、党费、后援会、国库补贴等不同用途。《政治资金法》将对政治候选人的捐助行为变成一种公开的行为，有利于限制权钱交易，同时对于捐资人也是一种政治保护，可以免受因政治献金对象选择上可能带来的政治报复等。

政府制定了《公职人员伦理法》、《公职人员伦理法施行令》，这项法案是韩国最初的防止腐败的单一立法。这部法律中经多次修改，直至2001年8月新的《韩国防止腐败法》被通过之前，一直作为韩国反腐败所依据的基本法律。

全斗焕当选总统后，为了进一步推动"社会净化运动"，开始进行大规模的行政改革，对政府机构、行政职能进行了大幅度刷新，着力整顿公职伦理和纲纪。1981年的12月31日制定并通过了《公职者伦理法》，要求公职人员必须进行财产登记、礼物申报，以及对公职者兼职、就业限制等。1982年，韩国政府又以总统令的形式配套推出了《公职者伦理法施行令》，以尽量减小财产申报制度实施所产生的副作用。主要内容是财产登记制度的阶段性实施方案和登记内容的非公开原则。

《公职人员伦理法》制定了公务员伦理纲领，实行公职人员财产登记制度、公职人员物品申报制度和退休公职人员就业限制制度，防止公职人员接受商业贿赂。其主要内容包括：财产登记及财产公开；礼品申报制度；就业限制制度。关于财产登记制度，原则上规定三级以上公务员及有关公职团体的常任委员为财产登记义务者，此外还包括了市长、郡首、区厅长、警察署长及五级以上国税厅和关税厅所属公务员。关于礼物申报制度，规定公职者或者其家属应申报从外国政府或者因公务从国外接受的一定数额的礼物，被申报的礼物应归属国库。关于就业限制制度，规定受惩戒被免职的或者因不正行为受到有罪判决的公职人员两年内不能在国家公共团体及政府投资机关和与违规有关的私营企业就业。对于一定级别以上的公职者限制退休两年之内在与退职两年前所任业务密切相关的盈利私营企业就职。

1983年1月1日起，《公职人员伦理法》第一次在公务员当中进行次官级以上和市、道警察局局长，地方国税厅长及有关公职团体中的政府投资机关长，韩国银行总裁的财产登记；1985年1月1日起扩大了范围，要求3级以上公务员和市长、郡守、区厅长、警察署长，税务署长、海关长，以及4级以上的国税厅、关税厅所属公务员和第一阶段除外的有关公职团体的职员（包括政府投资机关的执行干部）进行财产登记。

但是，由于初期实施不力，以及担心财产登记制度实施后可能带来政坛的巨大震荡，全斗焕政权没有完全实施这一政策，采取了对财产登记"非公开"的原则。缺乏透明度，没有监督，这项政策就仅仅停留在了纸面上。

（三）行政性腐败失控

全斗焕时期军政体制的腐败问题日益突出，以权钱交易为显著特征的行政性腐败更加泛滥，成为体制发展的掣肘因素。

工业化初期，企业是国家的宠儿，企业的财富是国家的财富，军政权规定和设计决定着企业的生产和投资，同时，企业也有"义务"为政府其他建设项目捐款。比如在为新村运动的捐款中，三星捐款78亿元，现代公司捐了74亿元，LG公司贡献出67亿元，SK贡献58亿元，大宇交了48.5亿元。"积极捐款"者也会得到政府进一步的优惠和扶持。而到了全斗焕时期，这一关系已悄然发生了重要变化，向企业收取政治资金成了为个人或小集团敛财的手段，贪污贿赂现象突出。财大气粗的大财阀已经获得自我发展的能力，不再对军政权俯首听命。1987年三星已在世界500强中排名20，年销售额超过210亿美元。对于优惠的银行贷款和拓展经营领域的许可证，企业可以用市场交换的原则从当权者手中"购买"。寡廉鲜耻的政客则把这些高额的钱财中饱私囊。这一时期，类似的赤裸裸的权钱交易十分猖獗，政坛不断爆出巨额贪污的丑闻。

全斗焕时期还全面暴露出军政体制下家长式的统治弊端。全氏家族"一人得道，鸡犬升天"，借助全斗焕的绝对权力，包括全斗焕夫人和胞弟及众多亲戚在内，总统家族营私舞弊、胡作非为的行径令人震惊。1982年5月被揭露的"李哲熙、张玲子金融欺诈案"就是涉及全斗焕一家的典型的腐败案件。

➢卢泰愚时期（1988—1993）（第13届）政府反腐败的措施、特点分析

卢泰愚政府发动的反腐败运动则相对温和，并力图将严惩与法制建设结合起来。

卢泰愚重视法制建设，并开始致力于把反腐败纳入法制的轨道。对于全斗焕时期开始着手实施的财产申报工作，1987年12月总统选举前夕，卢泰愚在"选举公约"中首次提出高级公务员必须公开财产。1988年4月，卢泰愚提出修订《公职人员伦理法》，并建议公开高级公务员的财产。随后他率先垂范，带头公开了自己的财产。1988年9月政府提出了《公职人员伦理修订案》，同年11月正式向国会提交了修订案，并接受国会审查。但是由于第13届国会任期届满，修订案的审查自动作废，因此，官员财产申报公开的内容仍然未能以法律形式确定下来，但是却为金泳三执政时期对该法的修订奠定了基础。

1988年3月底，全斗焕的胞弟全敬焕因涉嫌贪污受贿78亿韩元遭到逮捕，从而开始了对全斗焕及其家人和亲信的贪污行为进行清算的所谓"五共清算"（即对第五共和国的清算）。国会大规模调查前总统的腐败问题，逼得全斗焕辞职后发表了《对国民谢罪书》，宣布捐献出全部财产，隐居山间古庙。针对全斗焕第五共和国时期连续发生的大型腐败事件和官商勾结、政治腐败蔓延问题，卢泰愚也有意撇清与全斗焕的关系，发动了一场所谓"新秩序、新生活"运动。

行政性腐败依然泛滥。卢泰愚时期政府干预经济，政治权力和财富的

结合，从企业中捞取好处的案例也是屡见不鲜。有统计表明，20世纪80年代末和90年代初期，在经济活动中家族企业通过政治捐款获得政府给予企业的优惠和照顾达到净利润的22%左右。①

1989年韩国韩宝建设集团有限公司在汉城经济发展比较迅速的江南地区买下了一块绿化用地。依据相关政策和政府规划，绿化用地是不能改作其他商业开发用途的，但是就在韩宝集团拿下这块地不久，这块规划中的绿化用地就被改作他用。市政府希望韩宝集团能够修建供中低收入家庭居住的房屋，而韩宝集团通过贿赂收买高层政府官员，最后取得了开发高档住宅公寓的许可，高档住宅公寓的售价比政府之前计划的普通公寓售价高出许多。这一事件1991年被媒体曝光，其中牵涉总统卢泰愚的一名助理和五名国会议员。而韩宝集团的主席也因为在这桩土地开发案中向执政党和反对党同时上交政治献金来获取支持而被起诉。

五 文民体制下反腐败进入法治化轨道

韩国1987年以后开始从军人威权政体向开放竞争的多元民主体制转型。卢泰愚的"6·29宣言"宣告了军人统治的结束。作为韩国历史上第一个民众直选的文职总统，金泳三进行了声势浩大的"正名历史"运动，宣称要建设一个"新韩国"。实际上，与其纠结于是否具有军人背景，更有意义的是君主式领导结构的终结。

在与威权体制的斗争中，部分民主力量对财阀态度也在发生着转变。不再把财阀视为敌人或罪恶根源，而是在觊觎其巨大财富的同时，也认同了"三星"等大财阀成为代表国家形象的符号，是国家骄傲。这就逐渐趋向于保守的意识。由于韩国民主化最终是在各方政治力量相互妥协，达成政治交易的方式下终成正果的，所以，民主化的实现水平让政治机构变得更加倾向于保守和狭隘化。金泳三就是这样完成了观念上的更新。尽管他曾是民主运动的杰出领袖，站在维新体制对立面，但金泳三仍然成为保守阵营的一员。

多元民主意味着社会结构的多元化和自由化程度增强。推翻军政体制

---

① Meredith Woo-Cumings, *Race to the Swift: State and Finance in Korean Industrialization*, New York: Columbia University Press, 1991, p.9.

后，进步阵营在社会各个领域里推动民主改革、发展民主文化。进步阵营各党投入到以竞选为中心的政治活动中，同时出现了进步阵营内部的多元化趋势。与一部分进步阵营党派进入政坛，从事以竞选和争夺政权为主的政治活动不同的是，另一部分进步阵营人士投入到"市民运动"中，使得90年代以后，"市民运动"的队伍进一步扩大，他们的活动推动了政治、经济、社会文化、环境保护等各个领域的民主普及和民主参与。进入21世纪，普通民众以互联网为工具进行民主参与的现象激增，互联网上出现了"民主广场"，许多民众习惯于利用网络在虚拟空间表达自己的意见。工会在金泳三政府执政后真正获得了合法地位，但是工会政党的力量仍然比较薄弱，能够在体制内发声，起到协商协调作用的能力非常有限，工会作用还是推动经济领域里的民主，主要还是依靠组织罢工等方式为工人们争取权益。

与这一时期的社会形势相适应，这一时期反腐败工作主要体现在法律、制度的建设上，反腐败此时还担负了扫清军部影响，建立政治经济新的秩序环境，促进选举行为规范的政治任务。然而多元体制下政府的反腐败努力同其他政策一样，都具有迎合选民、拜票、拉票的深层含义，大决心后面的政府作为还需拭目以待。

（一）文民政府的民主改革与反腐败的努力

韩国人普遍认为，卢泰愚政府开始了对军政体制的告别，而文民政府则始于金泳三执政时期，继承者是金大中政府和卢武铉政府。

在巩固政治转型的过程中，韩国完成了一系列民主化的任务，包括：清算威权主义；军队的职业化改革；推行地方自治；保障新闻自由；扩大团体参政权利。韩国学者称第七共和国是韩国实现从民主过渡时期向早期的民主巩固时期的转换[1]的重要阶段，对政权的判断更多看重的主要是总统的出身。

1992年，韩国进行了4年一届的国会议员选举和5年一届的总统选举。通过选举，不少活跃于各个运动圈的社会活动家进入了国会。这次选举耗资巨大，据称单金泳三为候选人的民自党就花费5000亿韩元的选举

---

[1] John Kie-chiang Oh：*Korean Politics, The Quest for Democratization and Economic Development*, Cornell University Press, 1999, p. 3.

费用，围绕选举也发生了多起社会事件，如国家安全企划部针对在野势力的间谍事件，孤立竞选对手煽动地域感情的"草原梭鱼汤店事件"等。12月18日投票结果，金泳三战胜金大中，成为"5·16"政变后（除崔圭夏外）的第一位"文民"总统。

1993年2月，刚上任的金泳三就雄心勃勃地宣布要进行"创建新韩国"的政治民主化改革，以及开展实现第二次飞跃的经济建设计划。

金泳三政府推进的民主改革主要集中于四个方面：扫清军部的政治势力；弱化中央政府权力，扩大民间自由；打击腐败，清除政经黏着传统；建立新型劳资关系。金泳三上台后解散了军政精英组织"一心会"，并限制了"国家安全企划部"的权力，对军队中有受贿等行为的军官予以逮捕。金泳三政府恢复了"地方自治"制度，由各地方选举产生地方自治政府。政府还缩减了主导经济开发的政府机构。政府要求公职人员公开财产，从1993年到1996年底，共查处了15862名腐败分子，其中7002人被刑事处理。[①]政府制定了《腐败选举防止法》，规定选举管理委员负责审查选举费用。为了切断"政经黏着"的链条，颁布实施"金融实名制"，这一制度规定必须持身份证件才能在金融机构开账户，企业界向政界提供政治资金变得困难了。军政体制时期，为了避免工人自发组织的工会取代"御用工会"，韩国的法律曾长期禁止企业内同时存在两个以上的工会，而且不允许工会从事政治活动。金泳三政府废除了这两项限制，而且提出了"新劳资关系构想"，倡导工会与资本通过自由协商解决纠纷。

然而，金泳三的改革也存在一定问题。政府改革过程无视国会的存在，单靠总统的权力推进，被在野党指责为文民独裁。政府一直缺乏明确的一以贯之的政策与实施方案，再加上内阁频繁更换，各种计划、政策更是经常朝令夕改。比如"新经济五年计划"仅执行了两年时间就搁置了；要求10年以上的长期计划仅执行了3个月就被停止了。此外，国内的政治环境也无法保证各项计划的顺利实施，为了争取国会选举以及下届总统大选，执政党的工作重心不断转移，各项改革多数草草收场。

为了规范选举行为，实现廉洁透明公正的选举，金泳三还准备对选举制度进行大刀阔斧的改革，1994年他开始着手推行公职选举及防止选举

---

① 韩国国务总理行政调整室：《金泳三政府2年6个月进行了什么改革》，1996年，第105—107页。

腐败法、政治资金修改条例、地方自治法修改条例等。然而，接下来的1995年地方议会选举中，尽管此次选举以公正廉明被人称道，但执政的民自党却惨败，情急之下，在1996年的选举中滥用金钱的腐败选举又卷土重来。

1997年、1998年韩国陷入金融危机，其中1998年GDP增长率为-6.9%，为1952年以来（继1980年之后）第二次负增长，出口萎缩，工厂开工率降低了60%，失业人数达到160万。① 导致危机的重要原因还在于财阀与政权勾结，大集团享受管治金融与超额贷款，过剩与重复投资以及超额贷款导致财务结构恶化，而不动产投机等各种投机现象盛行，"适当主义"代替了优化的经济结构措施等。② 由于政府和企业界的密切关系，政府对企业的监管存在着有意或者无意的疏漏。特别是在金融政策方面，韩国政府一直采取的是宽松的借贷政策，以扶持企业扩展业务、开拓市场。财团们乐于通过银行借贷扩张实力，扩大企业规模。这种利用债务扩张的模式，在风光无限的光环下埋下了巨额债务和财政赤字的风险。亚洲金融危机到来前夕，到1997年底，韩国30家主要财团平均的债务资产比率已高达379.8%，这直接导致了韩国经济面对金融危机时不堪一击，遭受重创。

1997年，在野党候选人金大中在总统选举中获胜，政权顺利完成交接，成为50年韩国宪政史上的第一次。金大中在1970年以40多岁的年龄成为总统候选人，成为"四十岁一代旗手"的民主斗士，被普通民众寄予厚望。金大中将自己的政府称为"依靠国民的力量形成的真正的'国民的政府'"，将自己的改革方案称作"第二次建国"，提出了实现从威权主义向参与民主的转变、建立民主市场经济等国政建设方案，努力促使政治空气宽松化。为了克服金融危机，金大中宣布经济上对掌控韩国经济命脉的大财团企业进行整顿和产业调整，并努力在解决就业、协调劳资关系上作出努力。

相比金泳三的务实，金大中对民主理想有着更为执着的信念，身心饱受摧残仍毫不动摇，屡败屡战，终于在1997年的韩国第15届总统大选中

---

① 参见曹中屏、张琏瑰等编著《当代韩国史》，南开大学出版社2005年版，第513页。
② ［韩］徐仲锡：《韩国现代史60年》，朱玫、孙海龙译，民主化运动纪念事业会出版2007年版，第222页。

胜出。此时韩国正处于"金融危机"的危难时刻，困难的形势既要求实行政治改革，又需要进行必要的经济改革。金大中政府的政治改革主要包括：促进国会民主化建设，强化对政府的监督机制，弱化政府权力，清除腐败等。金大中政府出台了《腐败防止法》，成立了"腐败防止委员会"，修改了国会法，设立了国会临时会议制度。修改后的国会法规定总统任命大法院院长、宪法裁判所所长、监察院院长、大法官、中央选举管理委员会委员和国务总理等要职时需要国会召开人事听证会最终通过；实行政务公开，政府成立了"预算决定特殊委员会"，监督政府预算的制定和实施，委员会会议内容公开。金大中政府时期，一些以保障人权为目的的法律和制度也相继出台。

金大中政府的经济改革主要包括：减少政府对银行的干预；促进劳资协商文化的形成；扩大社会福利等。金大中政府修改了一系列金融法规，阻止政府机构干涉银行贷款业务，政府不能再影响银行管理层的任免。政府进一步放宽了对工会的限制，给予激进的工会组织"民主劳动总联盟"合法地位，推动了工会的政党化。与此同时，政府牵头建立起工会与企业协商的平台——"劳资政委员会"，促进资方、工会和政府通过协商"分担痛苦"，共度经济危机。政府还加强了社会福利建设，建立了"国民基础生活保障制度"，加强对贫困阶层基本生活的保障，对老人、儿童、残疾人等社会弱势群体的支援也都得到了强化。新的社保制度规定雇佣一名以上劳动者的企业就必须加入工伤保险，所有劳动者都必须加入雇佣保险。此外，针对财阀影响力过大，金大中以涉嫌垄断和不透明管理为由，开始尝试着手改革大财团垄断局面。为了帮助大企业渡过金融危机，政府积极鼓励和推动产业转型，分拆、外包原属于政府经营的项目，出售大量海外资产，推动公共企业私有化，大力推动发展 IT 业和创意产业发展；并号召和鼓励国民购买本国产品，为偿还外债，发起"汇集金子运动"，号召国民捐出金银，帮助企业开拓国际市场。

卢武铉时代民主主义得到了进一步发展，民主的理念和民主的制度在韩国逐渐确立，政府体制规范化、制度化水平进一步提高。政府围绕推动"政党民主化"、"行政运营的合理化和民主化"以及"清除政治腐败"三项任务，努力打造普通总统的形象，塑造道德的政权和权力开放的政治形态。

卢武铉出身于平民之家，没有政治世家和大财团的背景。他在步入政坛之初即宣布要"打破旧政治和特权政治",实现"清明的民主政治"的政治改革理想,2003年2月25日的就职演说上,他宣誓要"实行真正把国民作为主人的政治"。执政时期,他所宣扬的国民参与政府削弱了威权政治和强人政治色彩,将政治与追求公益事业相联系,提倡公开、透明、易于人民理解、由公民裁判等民主主义的原则。

卢武铉上台后进行了党政分离的改革。韩国总统之前不仅是政府的最高领导,而且还是执政党的党首,并通过执政党影响国会。卢武铉当选总统后宣布党政分离,不再承担执政党内募集和分配政治资金的角色,也不再干预党内的政府官员人事推荐。卢武铉希望改革官僚体系,改变上下垂直的以总统为塔尖的官僚体系,促使其能够向扁平化发展,赋予总理真正的行政领导权,同时赋予政府各个部门更多的自主决策权。

为了杜绝政治腐败,克服金钱选举、自上而下地指定候选人等现象,检察院对总统竞选资金来源以及使用情况进行了调查,调查对象包括在野党和执政党,也包括卢武铉本人。由这次调查发现候选人从企业处得到了数百亿韩元的非法选举资金,事件曝光后引起了社会强烈反响,韩国因此又一次修改了政治相关法,加强了对选举中政治资金管理的力度。

适应多元体制下对权力开放的要求,一系列的民主化改革措施也纷纷出台,具体包括:赋予地方政府自治权,地方委员会和省级议会得以建立;地方政府行政长官不再由中央任命,而由地方选举直接产生;原具有集权性质的检察院、警察、国税厅、国家情报院、检察官等机构的权力受到削弱,议会权限得到增强。旨在控制民主集会和言论自由的《集会法》和《基本新闻舆论法》被取消,民众可以自由结社和发表言论;释放政治犯。政府与企业的关系从过去的直接干涉型向服务型转变。

卢武铉将政治改革、经济改革和反腐败结合起来。为了改变韩国工商界由财阀统治的现实,2005年,在"郑梦久非法政治献金"案调查中,卢武铉不顾韩国检察部门关于逮捕郑梦久将对现代汽车集团乃至韩国工商企业带来消极影响的提醒,还是坚持一定要挖出现代巨头的"非法利益链"。他任期内公布《公平贸易法案》,对企业集团向关联公司的投资数额进行限制,旨在限制财阀的扩张。

(二) 市民运动蓬勃兴起

从20世纪90年代起,韩国的非政府组织(NGO)出现了爆炸式发展势头，到 2005 年发展到了 3539 个。① 由非政府组织牵头的市民运动成为韩国民众民主参与的一个重要途径。由于长期以来缺乏对于政府的信任感，与政府以及各种权力集团的组织相比，重视圈子文化的韩国民众更加信任各类非政府组织。

尽管各个非政府组织有其特定的宗旨和活动目标，但多数组织都涉及参与监督政治权力以及追求经济领域公平等领域，许多组织影响力不容小视。2000 年的"落选运动"就是各非政府组织影响政治、影响选举结果的一个典型例子。2000 年在国会选举期间，非政府组织"经济正义实践联合"和"参与联带"牵头发起了"落选运动"，460 多个非政府组织共同参与了这一行动，组成了"总选联带"。"总选联带"对各候选人进行了调查，对其中有问题的，特别是涉及贪污嫌疑的、反对改革的以及煽动地域感情的进行曝光，促使其"落选"。"总选联带"先后选出了 86 名国会议员候选人为"落选对象"，结果导致其中 59 人最终落选，充分显示了市民运动的政治影响力。2002 年的总统选举中，又有 300 多个非政府组织组成"2002 大选选民联带"，对大选进行了有组织的监视，促使候选人都公开了选举费用，促进了选举的公开透明。然而，由于各非政府组织各自的价值观不同，其利益诉求五花八门却缺乏统一的社会价值，从而导致其影响力有限。特别是从金大中政府开始，形形色色的市民运动活动家大量混迹政坛，使很多厌烦空谈的韩国人感到失望，非政府组织的政治影响力也相应衰退。

随着科技以及通信技术的飞速发展，互联网走进寻常韩国人生活中，成为广大民众新的参与和表达意见的渠道，"互联网民主运动"悄然兴起。调查显示，今天的韩国人比起政党、舆论、国会、市民团体等渠道，更习惯于通过互联网来参与政治以及国家重大政策的讨论。②厌烦政治的年轻人通过互联网的"民主广场"又聚集起来，许多韩国学者宣称韩国进入了"互联网民主参与"的新时代。互联网民主运动通常是由偶然事件引起，以特定的热点或敏感"话题"为契机形成的，通常没有

---

① 韩国市民社会年鉴编纂委员会：《市民社会年鉴（2006）》，第 570 页。
② 韩国学者康元泽在其专著《韩国的选举政治：理念、地区、世代和媒体》（绿路出版社 2003 年版）第 409 页中介绍了这样的调查结果：当问及"如果发生了让您感到不公正的事情，您将采取何种方式来解决问题？"时，选择互联网的占 39.6%，选择"市民团体"的占 24.6%，选择"报纸和电视台"的占 13.7%，选择"政党和国会"的占 0.2%。

固定的发起人或组织，往往是由在线讨论开始，再通过互联网、手机等通信手段组织活动，而意见得以表达后人群又会马上消失，重新走入虚拟空间中。

互联网民主运动与传统的市民运动都具有"代替民主代议工具"的特点，都为普通民众提供了更多民主参与的机会，相比较而言，互联网民主运动因其参与方式更为简洁、利益诉求更容易达成一致，而成为多元民主时期的一种重要民主运动形式。2002年的"反美和平烛光游行"[①]、2002年总统选举中互联网上出现的"爱卢武铉集会"[②]、2004年的"反对弹劾总统烛光游行"[③]和2008年的"牛肉风波"[④]都是典型的互联网民主运动，参与其中的主要是十多岁到三十多岁的年轻人，他们平时对政治漠不关心，一旦出现感兴趣的问题就很容易投入其中并积极表达意见。这些年轻网民多数具有民族主义倾向，对于与自己切身利益相关的问题十分敏感，热衷于参与社会热点问题，乐于表达自己的情绪和意见。通过互联网，韩国人特别是年轻一代的民主参与增加了，这也是民主文化发展的一个重要表现。但是互联网民主运动具有盲目跟风、情绪化的特点，像轰动一时的"牛肉风波"，由于互联网上大量发布和流传的相关的负面宣传迅速点燃民众的恐慌和不安情绪，大量市民集会示威，拥堵交通，给政府施压。事后很多韩国人反思，认为其中存在大量过激和不理性的行为。

---

① 2002年6月，美军装甲车轧死了路边行走的两名韩国中学生。韩国舆论要求由本国司法机构审理这一案件遭到了驻韩美军拒绝。这一事件引发反美抗议浪潮。

② 在2002年的总统选举中，卢武铉支持率原本落后于李会昌，但在卢武铉发表"反美又怎么样？"等一系列言论后得到了很多年轻人的支持，互联网上"爱卢武铉集会"的会员数量急剧增加，成为最后关头卢武铉获得大选胜利的重要因素。有韩国媒体将卢武铉的胜利称为"互联网上年轻人的叛乱"。

③ 2004年卢武铉遭到以在野党为中心的国会弹劾，互联网上以"爱卢武铉集会"为主制造支持卢武铉舆论，并且发展为声援卢武铉的烛光游行，民众的舆论压力是导致国会弹劾总统失败的重要因素。

④ 2008年4月，韩国政府与美国政府达成协议，全面开放韩国的牛肉市场。韩国农民担心养牛产业可能遭受灭顶之灾，有民众对美国牛肉的质量感到担心，部分市民在媒体的煽动下变得谈"疯牛病"色变，在野党则希望借此机会赢得民心。中学生首先发起了反对进口美国牛肉的烛光示威，"烛光集会"延续了数月，致使李明博政府遭遇了执政以来第一次大危机，支持率急剧下降，政府在各方压力下，不得不就牛肉问题重新展开韩美协商，事件才逐步平息。

(三) 工人运动的发展

在经济民主建设的领域里，工人运动发挥了重要作用，通过有组织地表达诉求，有效地提升了工人待遇水平，但是，在争取企业的经营参与权方面收效并不大。

韩国民主运动进入高潮后，工人运动也在1987—1989年间出现了大爆发。1987年一年的劳动纠纷高达3749起，比过去25年里劳动纠纷的总和还多。1987年以前韩国的工会有2700多个，工会会员105万人，1989年工会数量扩大到7800多个，会员增长至193万人。劳工运动换来工人待遇的迅速提升。韩国劳动研究院2003年的统计数据显示：10人以上制造业企业的工资增长率在1981年到1987年间年平均为6%，但是1988年到1990年三年间高达13.5%，大企业工资甚至出现了超过20%的高速增长。

文民体制建立后，工会的合法地位逐步得到保障，韩国修改了《劳动关系法》，修改后的法律规定：只有在工会违反法律时才能取消或变更工会决议；集体协商的有效期从三年缩短到两年，"劳资矛盾冷却期"缩短到10天；并且提出减少"禁止发生争议产业"的数量。金泳三政府时期，韩国对劳动法作出重要改革，允许企业内同时存在两个以上的工会，并允许工会涉足政治领域，工人自发建立的工会从此获得了合法地位。[①] 金大中政府时期，韩国进一步通过立法保障了工会的政治参与权，还规定失业者可以加入不以企业为单位的工会，教师从此也被允许组成工会。但是韩国的工会并没能够利用民主改革的时机建立起有力的政党，而是始终将斗争目标集中在工资谈判和保障工会会员的雇佣稳定上。韩国的工人运动使其劳动收入分配比率一直处于较高水平，高于日本和美国，但劳资对抗较为尖锐，工会在经济民主协商制度的建设方面所做的贡献不大。

---

① 之前韩国的劳动法不允许一个企业或者一个行业内同时存在两个以上工会。企业主和政府往往抢先注册企业工会或者全国范围的工会联盟，工人自发建立的工会组织也就相应的失去了合法性。

➢金泳三时期（1993—1998）（第 14 届）政府反腐败的措施、特点分析

"韩国病"的提法最初是来自 1996 年 7 月 21 日《朝鲜日报》的一篇文章，文中列举了十种"韩国病"。"韩国病"的表述广为人知则源自金泳三的推动。金泳三将韩国官员贪污腐败、行贿受贿成风、官商勾结互谋私利等官场弊端统称为"韩国病"，并高举起反腐败大旗，通过自上而下的反腐行动清除腐败病灶，去病强身，建设清廉国家、清廉的社会。

金泳三发动了"清洁上水运动"，实施公职人员财产公开制度和金融实名制，颁布了《公职选举与选举不正当选举防止法》（1994）、《行政程序法》（1996）、《信息公开法》（1996）等反腐败法律，在制定关联法律，建构透明的政府，推动体系化反腐败方面均取得较大成效。

金泳三反腐败主要有几方面因素使然：一是肃清军政体制的残余；二是平衡各方面的利益集团势力，为民主体制巩固创造良好的秩序和环境。

长期的军人政权给韩国留下了难以抹去的记忆。金泳三作为"5·16"政变后韩国第一位文人出身的总统，多年丰富的在野经历使得他对民意有着深刻的理解。作为长期奋斗在民主运动一线的领军人物，他们高举的是民主、正义、进步的旗帜。对金泳三这样的政治家而言，民主确实是一个好东西，是他们斗争的利器，是他们赢得民心支持的护身符。军政权唯我独尊，仇视自下而上的有组织的活动，视政治活动家是麻烦制造者，是制造政治动乱的教唆者，因此对他们进行了无情打压。朴正熙时期绑架金大中事件，全斗焕限制政治人物的行动自由，对金泳三、金大中等民主领袖进行污蔑中伤、监禁、判罪等政治迫害。然而民主在舆论上永远拥有道德优越感，越受打压其道德优势反弹也越厉害，越容易赢得同情与支持。同时，民主可以给受众很大的发挥空间，可以包容一切心向往之的政治理想，所以民主是鼓舞人心、召集人马，同时争取到国内外援助的一面旗帜。然而占据民主便利的金泳三在选举时，个人主义却占了上风。由于垄断韩国政坛"二金"和代表着旧势力的金钟泌实力相当，为了赢得总统宝座，金大中、金泳三不惜闹到政党分裂，金泳三更是选择了放弃自我原则，与旧军部势力携手合作，其进步的形象大打折扣。此时对于金泳三政权，通过进行反腐败改善和树立自己的形象并迅速笼络人心是最好的方式选择了。

金泳三把反腐败选定为了"国情的最优先的课题"。以腐败为抓手，金泳三开始进行造势活动，他屡次在集会上对支持者宣誓要结束"腐败

政治"，宣称，"在我们的土地上，决不允许通过军事政变窃取权力、通过滥用权力积聚财富的事情再度发生"。金泳三称腐败是危害韩国的"韩国病"，他本人自称为"反腐败的嗜好者"。金泳三指出："在（韩国）这块土地上，权威和秩序崩溃了，社会纲纪松弛了，到处都蔓延着不负责任、舞弊和腐败。穷奢极欲、金钱万能、乌烟瘴气。一度著称于世的韩国人的耐劳精神，曾几何时，已烟消云散。我们不能任其自流。该在这块土地上树立新风了，以便把我们从当前这样的'韩国病'中拯救出来"。①

在竞选过程中，他针对时弊明确提出要求消除腐败的口号。金泳三将自己的政治目标定义为"清明的政治、开放的政治"②，他认为"清明的政治、开放的政治是时代的最高命令"。"权力的腐败从何而来？'走后门'、'密室交易'是滋生腐败的温床。怎样才能消除腐败呢？只有一条，铲除'走后门'和'密室交易'。用玻璃制成权力的殿堂，让人们透过玻璃看清权力的内幕。即搞透明政治。"③ 金泳三认识到，真正的腐败根源在于权钱交易，"一旦权力与金钱混为一体，政治必定要陷进腐败的泥潭"，他立志切断这一腐败链条，"不允许用权力捞取金钱，也不能允许花钱购买权力……为使清明的政治在这块土地上扎根，应该杜绝为发财而涉足政治的现象，也不给那些腰缠万贯，窥伺权力而涉足政治的人以立足之地"④。

执政伊始，金泳三就在韩国开展起了全面的反腐倡廉运动。1993年2月27日，就职仅三天金泳三即公布了自己及家人的财产，将自己及子女和父母的存款、个人投资等财产情况共计230万美元公之于众，接受社会的监督。此举被金泳三称为"改变历史的名誉革命"。总统带动下，包括总理、监察院长及430名政府高级官员、国会议员也不得不仿效而为，对公众公开了财产。随即，金泳三将行动上升为制度，在全国范围内大刀阔斧地推进两项最富于挑战性的反腐措施——公职人员财产公开制和金融实名制。

公职人员财产公开，这是被西方许多先进国家的行政经验证明了的行之有效的反腐利器。1993年5月27日，韩国国会通过了《公职人员财产登记制度》，规定担任公职者必须在一定时期内向有关部门报告自己及配

---

① ［韩］金泳三：《开创21世纪的新韩国》，郑仁甲译，东方出版社1993年版，第1页。
② 同上书，第71页。
③ 同上。
④ 同上书，第74页。

偶、子女的财产状况，包括数量、来源、变动等内容，并要做出"令人满意"、"合理"的解释和"证明"。同时要求自总统以下34000多人必须申报财产，1670名高官必须向社会公布财产。

1993年5月，韩国通过了《公职人员伦理法》修正案，为财产申报制度奠定了法律基础。《公职人员伦理法》修正案于6月11日颁布，7月11日生效。金泳三在任期内仅《公职人员伦理法》就修订了三次，到2001年8月《腐败防止法》颁布前，《公职人员伦理法》一直是韩国的一部基本的、比较完善的、有效的反腐败的法律。根据修订后的这一法律，韩国建立了公职人员伦理委员会，负责实施公务员的财产登记和公开制度。

金泳三要求把公务员公开财产作为一项法律制度来执行。到1995年6月，已有8万多名政府官员登记了财产。第一次的财产公开结果引起了很大震荡，造成了很多部长和副部长、市长、立法、司法和行政部门的首长自动辞职。金泳三政权的两个部长——社保部长官朴养实、建设部长官许载英，以及汉城市市长金上哲等人因涉嫌蓄财及房地产投机等而辞去职务。

同时，执政党议员与在野党议员在富裕程度上的明显差距被一目了然地揭示出来。执政党议员平均财产为25亿韩元，而在野党议员则为14亿。拥有100亿韩元以上财产的议员有8名，比在野党多了6名。这一结果引起了声势浩大的调查要求。为此，执政党内设立了财产公开真相了解特别委员会。调查的结果是执政党的一位议长和两位议员辞职，一名议长和一名议员被开除出党，多名议员被公开警告；此外，在政府中，五名高级官员被免职，10人受到其他处分。由此导致执政党在民众中声望大跌。

在修订《公职人员伦理法》的基础上，金泳三政府又修订了《政治基金法》，开始实行金融实名制。这是金泳三推行的第二项制度性反腐措施。

金泳三在1992年大选选举公约里就曾提出金融实名制。为了防止信息透露，保证其实施效果，金泳三采取了突击行动的方式。1993年8月12日晚7时，金泳三动用韩国宪法第76条的"总统紧急命令权"，采取闪电行动，发表了"金融交易与秘密保障有关的紧急财政经济命令"，宣布立即全面实施金融实名制。规定自当日起所有个人和企业与金融机构进行交易时都必须使用实名，不得使用假名；所有非实名资产必须在两个月内实名化，否则将会课以重税。

通过金融实名制的实施，地下交易受到极大限制，有力地保证了《公务员伦理法》、《政治资金法》、《防止选举舞弊法》等法律发挥作用，从而使财产公示制度真正落到实处。

财产申报制和金融实名制构成了"阳光体制"主要内容，政府运行的公开化、民主化、透明化原则成为金泳三政权最鲜明的特点。

从政府高层开始，从高级公职人员入手，则是金泳三政权时期反腐败的另一个重要特点。金泳三将之称为"清理上水"运动。为了保证阳光法案的推行，金泳三还开展了"无禁区的整顿活动"，从而将反腐败的矛头直接指向了权力内部和权力高层。利用职权与经济界串通勾结的160名各级高官接受了调查和审查。

韩国曾长时期存在"名义信托"制度，即可用他人名字登记财产。如为了少交税款和进行某种不希望被外人所知的地下交易时，可以借用他人的名义在银行开设账户，以及用他人名义登记房产信息等。这对于腐败人员分散藏匿巨额财产起到了保护伞的作用。实行金融实名制后，金泳三政府又于1995年7月1日颁行《房地产实权者名义登记有关法律》（房地产实名制），旨在打击房地产行业的投机行为。同时还制定了《礼物申报制度》，主要是清理以礼物收受名义进行的行贿受贿的行为。这些法案的推行，不仅对高级官员而且对中下级官员的腐败治理均收效显著。

反腐风暴还在继续。审判两位前总统使金泳三的反腐败达到最高峰。

金融实名制的实施，使得两位前总统全斗焕、卢泰愚巨额秘密资金被揭露出来。1995年底，卢泰愚受到腐败指控而遭逮捕，卢泰愚公开承认聚敛了6.5亿美元贿赂基金的事实。

令韩国人感到吃惊的不仅仅是当权者秘密政治资金的规模和收受贿赂的频繁程度，最令人震惊的是，事件揭发出几乎所有韩国著名的大企业都定期向他们"贡献"政治献金。检察机关调查发现，向卢泰愚提供政治献金最多的企业就是现代和三星集团，他们分别向卢泰愚"贡献"了3270万美元。

"政商抱合"的一出大戏终于拉开帷幕，大大小小的角色粉墨登场了。

1996年初，由卢泰愚"非法蓄财"而牵扯进来的另一位前总统全斗焕也遭逮捕。与两位前总统的非法基金贿赂事件相牵连的财团总裁也被一并交司法处理。1996年成为韩国反腐败史上最具轰动效应的一年。两位前总统被同时送上了法庭的爆炸性新闻引起全世界的轰动，这一场对他们腐败行为的审判被称为"世纪性审判"。

全斗焕、卢泰愚受指控的主要罪行是利用职权受贿，其方式包括：（1）向企业提供特惠政策，收取"手续费"。如东亚集团为承揽原子能发电站工程等国家级大项目，向全斗焕行贿180亿韩元。全斗焕又以给予高尔夫大球场的优惠建设为前提，向国际集团索贿40亿韩元。有的企业为减免税金，也会向总统提供高额的贿赂。每年重大节假日，许多大财团"自愿"奉送高额礼金。行贿队伍中包括了几乎所有大财团，如三星集团会长李健熙被发现行贿100亿韩元，大宇集团会长金宇中行贿150亿韩元，东亚集团会长崔元硕行贿150亿韩元，真露集团会长张震浩行贿100亿韩元。（2）直接成立敛财组织，大搞秘密基金。由全斗焕本人担任董事长的"日海财团"① 强迫各大财团捐款，总额达598亿韩元。全斗焕夫人则建立了"育英会"、"新一代心脏财团"等，单收取"终身会员会费"就达20亿韩元，敛资近500亿韩元。其弟全敬焕通过"新村运动委员会"，仅从国库提取的补助就有480亿韩元，从地方财界募捐得来的钱也有近400亿韩元。此外，还通过其他一些形式如对某种事故的处理等，从中收取巨额的款项。卢泰愚也通过类似手法在其任内聚敛基金5000亿韩元。

花絮：全斗焕、卢泰愚秘密资金搜刮"政治秀"②

军旅出身的全斗焕们做事也简单直率。全斗焕搜刮秘密资金的方式一般都不拐弯抹角，简单直接地利用各种威胁手段，迫使企业不得不主动"进献"巨额政治资金。

1980年6月，全斗焕通过戒严司令部搜查本部的名义强行没收了金钟泌、李厚洛等9个"非法积蓄私财者"的800亿韩元财产，并公开叫嚣要惩治不正当地进行企业经营的财界人士，这一杀鸡给猴看的手段立竿

---

① 日海是全斗焕的雅号，日海财团是以支援昂山庙爆破事件牺牲者的名义，于1983年设立的。然而，该财团却暗中非法收受政治资金。

② 参见权赫秀《世纪大审判——全斗焕和卢泰愚审判实录》，中央编译出版社1997年版。

见影，各财阀立即心领神会，乖乖送上门来进献资金，以求"破财免灾"。

1980年12月，全斗焕亮出对企业的生杀予夺大权，通过对166家企业的强行合并、1983年8月对明星集团所属19家企业的强行整顿、同年底将66家海运企业强行合并为28家等相似手段措施，以及1985年2月强行解散国际集团，并于3月将现代、三星、大宇、乐喜、鲜京等五大财阀企业指定为特别信贷管理企业等措施，营造出一手遮天，顺之者昌、逆之者亡的恐怖气氛。这种任意干预经济，直接掌握企业生存命脉的强势立场，严重威胁企业的经济利益和生存状态。各企业只有争先恐后地主动进献政治资金，以免遭到税务检查甚至被强行解散等飞来横祸。

亲信们更是狐假虎威。当时，全斗焕的侍卫室长安贤泰、安企部长张世东等也利用给予政策性贷款、税务优惠及政府大型建设项目招标权等为诱饵，介绍和联系各财阀企业代表，有时甚至公开地暗示和教唆他们提供巨额资金。

通过类似这样的手法，全斗焕在担任总统期间共向42名企业代表接受了多达2159.5亿韩元的贿赂，还通过新村运动捐款、日海财团基金、由自己的夫人李顺子控制的新世代育英会的赞助等形式先后搜刮了2515亿韩元，加上各企业通过各种名目主动进献的上千亿韩元捐款，在他的所谓第五共和国期间先后从财界搜刮的资金总额竟然超过了9500亿韩元。

卢泰愚搜刮秘密资金的"手段"也是别出心裁：

手法一，指使手下"点拨提醒"。

1988年底，东亚集团会长崔元硕突然接到来自卢泰愚总统府的紧急联络，表示总统关注到东亚集团在国内外承揽了不少大型建设项目，授意东亚集团对总统对于企业的"关心"表示点"诚意"。东亚集团只好"主动"到青瓦台献上了20个亿。双龙集团的金锡元会长则是因为没有在过年时"有所表示"而受到卢泰愚亲信的指责性"提醒"后才送上了20亿韩元。

手法二，总统不高兴，后果很严重。

自身有问题的或害怕招惹了总统的财阀会选择主动掏钱通融。1988年8月，社会上传出韩一集团兄弟之间发生财产纠纷的消息，会长金重源觉得有必要向总统作个"解释"，遂主动带着20亿韩元晋见了卢泰愚。味元集团的会长林昌郁也以第五共和国时期因出身全罗道的关系受到不少打击为由，主动送来了 20 亿韩元，请求卢泰愚"多加关照"。1991 年 4 月，斗山集团所属的斗山电子因向洛东江大量排出对人体和环境有害的污染物而遭到社会和舆论的强烈谴责，于是朴容昆会长便主动给卢泰愚送去 10 亿韩元，表示"道歉"。

在国际上以 LG（LUCKY & GOLDSTAR）商标而闻名的乐喜金星集团的遭遇则更富有戏剧性。1991 年 9 月，卢泰愚趁青瓦台新官邸落成之际，邀请各财阀企业代表共进晚宴。就在这次晚宴途中，乐喜金星集团的具滋暻会长由于多喝了几杯，不小心说了一句"过去的政权都是独裁政权"的话。由于即便是"过去的政权"，也包括那个向卢泰愚"移交"政权的全斗焕，所以当然也可以理解为隐含对卢泰愚"大不敬"的"过头话"。果然，卢泰愚当即沉下脸退出了宴席。知道自己口不择言闯祸的具滋暻慌忙派担任乐喜金星商社会长的亲兄弟具平会于次日到青瓦台送上 140 亿韩元，才算了结了此事。

手法三，借着国家大型项目吃、拿、卡、要。

每当政府实施大型建设项目时，也是卢泰愚及其幕僚们大显神通的好时机，贪得无厌的他们总是借机利用权力收受巨额贿赂，进行肮脏交易。据查，仅卢泰愚接受 10 亿韩元以上的此类贿赂就达 36 次。

在京釜高速地铁的车辆选择、购买、建设过程中，存在德国、法国、日本等国企业的院外活动，最后韩国选择法国的 TGV，这个过程中卢泰愚获得了约 6000 亿韩元的政治资金回扣。

政府还通过对许可经营房地产等限制性项目捞取政治资金。比如许可建设高尔夫球场收取大量回扣；还有著名的"进修院用地事件"，卢泰愚让银行贷款给汉阳公司，使其低价买入可乐洞进修院的土地，并从差价中赚取丰厚的回扣（约 200 亿韩元）用于国会选举之用。

1988 年 3 月，三星集团的李健熙会长提供 20 亿韩元贿赂，请求卢泰愚支持三星承揽开发韩国军队的新型战斗机项目和商用汽车产业。大林集团的李埈镕会长则送来 20 亿韩元作为卢泰愚支持自己企业承揽火力发电厂工程的"酬谢"。连属于国营企业的石油开发公社也于 1991 年 7 月对承揽该公社建筑工程的各企业强行摊派 58 亿韩元，作为"酬谢性资金"送到了青瓦台。

至于现代集团的郑周永、大宇集团的金宇中、东亚集团的崔元硕等财阀，也在承揽原子发电站、永宗岛新机场防波堤、海军潜水艇基地等大型建设工程时，向卢泰愚提供了多达几十亿韩元的贿赂。

手法四，直接张口伸手要。

对于那些头脑不够灵活的企业，卢泰愚也不会束手无策，颜面反正不能换成钱财，干脆就直接开口要好了。卢泰愚曾亲自对自己的经济首席秘书官金钟仁说："听说有些企业想给青瓦台提供捐款都找不到门路"，点播暗示手下要积极联络财界人士为自己搜刮秘密资金。东洋集团的玄在贤会长就是在金钟仁的"劝告"下送来了10亿韩元。

到举行国会议员选举时，卢泰愚还直接指示担任银行监督院长从而对财界有广泛影响力的李源祚"要多多寻找可以提供政治资金的企业"。而正是这个李源祚成为替卢泰愚搜刮秘密资金的"头等功臣"。

贪得无厌的敛财者，就是用这些拙劣的演技，为自己搜刮了连自己都搞不清是多少的天文数字的财富。

对于全斗焕、卢泰愚的审判，除了调查"不当蓄财"外，政治清算也被追加进来。全斗焕因涉嫌主谋1979年的"12·12"军事政变和1980年"5·18"光州事件等，被大法院以"军事叛乱"、"内乱"定罪。卢泰愚也以和全斗焕同样的嫌疑被大法院定罪。

一审判决全斗焕死刑，判决卢泰愚22年6个月有期徒刑，并分别罚款2259亿韩元和2838亿韩元。1996年12月16日，世界主要媒体都竞相报道了汉城高等法院（今首尔高等法院）二审对"世纪审判"的审判结果：判决前总统全斗焕无期徒刑，罚款2205亿韩元，前总统卢泰愚有期徒刑17年，罚款2826亿韩元。

此后，全斗焕、卢泰愚案仍持续为公众所关注，其罚款缴纳也一直是韩国媒体追踪的焦点新闻。

据悉，在法院宣判之后的17年里，全斗焕只缴纳了罚金的1/4，即533亿韩元。2003年被要求公开财产清单时，玩世不恭的全斗焕宣称自己只有"29万韩元"，结果又引起众怒，遭到民众的唾骂。

与全斗焕的不合作态度相比，卢泰愚一家认罪态度则较为端正。卢泰愚先缴纳了2398亿韩元左右罚款，2013年9月4日，卢泰愚缴清了230亿韩元的剩余罚款，其弟卢载愚还代替卢泰愚缴纳了150.43亿韩元的罚款，卢泰愚的前亲家公申明秀也于9月2日缴纳了80亿韩元的罚款。据此，卢泰愚时隔16年缴清了全部罚金。

2013年9月10日,全斗焕一家表示主动缴清1672亿韩元追缴金,放弃检方扣押的延禧洞宅邸庭院、京畿道乌山市的土地、香草村等房地产和美术作品的所有权,并向国民道歉。追缴罚款工作时隔16年终于宣告收尾。缴清全部罚款和滞纳金的新闻被韩联社评选为2013年韩国国内十大新闻。美国《华盛顿时报》于8月17日刊文"韩国,追收最后军事独裁者的财产",指出"全前总统的非法与腐败在腐败蔓延的时期也被认为是'传说'",对全斗焕征收滞纳金是"完美的正义",是"为了真正的民主化","纠正过去独裁的最后措施"。

对全斗焕、卢泰愚两名前总统的审判标志着韩国与军人统治历史的决裂,同时,通过审判实际上巩固了金泳三的权力,提高了他的威望,使他牢固地掌握了国家的政治形势。

实施金融实名制,从制度上堵住"黑金"的渠道的同时,金泳三还削减中央机关及地方党组织的专职人员,以节约政党运作经费。对于易滋生腐败的政治资金管理方面,金泳三在保证政治资金公开透明化,防止非法从企业获取资金等方面也做了大量工作。1994年他签署了《制止不正当选举法》和《政治资金法》,对总统选举、国会议员选举以及地方选举中使用的政治资金数额予以明确限制,并对超资金行为设立了严厉惩罚措施;同时规范资金来源,扩大资金来源渠道,使政治资金募集途径多样化,要求各政党对使用的资金要公开透明和合法化。根据新法律规定,政党的资金补贴从原先每个合格选民600韩元提高到800韩元。在国会和总统选举时,政党可获得每个合格选民800韩元的补贴;地区选举标准为600韩元。政党的地方支系或国会成员可组成一个赞助团体,每年可以获得15亿韩元的捐赠。政党政治资金的改革是有利于政治资金使用的公开透明性,限制政党和大企业在政治献金上出现大规模的腐败。

金泳三主导的史无前例的廉政风暴,号称"不流血的革命",惩治了大大小小五千多名贪赃枉法的政府官员,其中包括国会议员、法院院长、多个部门的长官、市长、空军总长和海军总长等一大批达官显要。金泳三的反腐举措受到韩国国民的广泛欢迎,据当年一家韩国电视台所做的民意调查,金泳三力压众多演艺明星和体育明星成为"青少年最喜欢的大众明星"。

然而,正当韩国民众为两位前总统贪污受贿的罪行感到震惊时,铁面无私地清算贪污罪行的金泳三政权自身却又陷入了腐败危机的旋涡,反腐败这把利剑也伤到自身：先是国防部长李养镐利用购买军用直升机之机收受武器承包商巨额贿赂被迫辞职，然后是其保健部长李圣浩因受贿丑闻下台，随之是韩宝集团郑泰守行贿政界33名要员以谋求巨额贷款的丑闻①被揭露，而其中包括金泳三之子在内的"太子派系"和包括议长在内的政府要员都受到了牵连被调查。自己的后院起火，金泳三的亲信和家人的腐败对金泳三反腐败斗士的声望造成了毁灭性打击。

其后被曝光的腐败案件越来越多。1997年4月28日韩宝事件的重要当事人，向韩宝集团贷款的经手人和主要证人，前韩国第一银行常务朴锡台在其家中自杀，在全国引发了震动。1997年5月11日，又据韩国广播公司报道，检察官们已经证实一家地方建筑公司为了获取政府基建项目，以户主实际为金贤哲的方式开了一个10亿多韩元的户头，汉城地方法院随后以受贿逃税罪将金贤哲逮捕，被称为"历史性的逮捕"。虽然金泳三自上台以来一直坚持高调反腐，但其子金贤哲却凭借其特殊身份为所欲为，甚至被称作是"小总统"，金贤哲被查出受斗阳集团等企业的委托，并以活动费等名义收受66亿韩元，并逃掉14亿韩元赠与税，被检方起诉，被判处两年有期徒刑，后来因涉嫌收受20亿韩元非法资金再次被逮捕，其行为着实"坑爹"。反对党趁机顺藤摸瓜，大肆揭发金泳三非法收受巨款作为其1992年总统竞选活动的经费。为了改善政府的形象，金泳三痛斥腐败是韩国的流弊，并于1997年3月5日改组内阁，试图改善政府形象。

从金泳三反腐败取得的成就来说无疑是卓有成效的，但是他也付出了沉重的代价。可见腐败在韩国是根深蒂固的，不可能仅凭短时期内一次风暴雷霆突击就能一举歼灭。反腐败对于一个国家，一个政权而言，是一场

---

① 郑泰守在韩国被称为"行贿的鬼才"，其下的韩宝钢铁公司虽然只有几亿美元资本，他却手眼通天，在没有明确担保的情况下竟获得近60亿美元的巨额贷款。据媒体透露，为了谋求巨额贷款，郑泰守在秘密的小金库里共拨出了1000多亿韩元用于"搭桥铺路"。一方面，他积极寻找一些政界人物当靠山。比如，为了巴结上曾为金泳三竞选总统立下汗马功劳的国会议员洪仁吉，他指使司机用苹果箱子装上8亿韩元现钞，分四次悄悄送到洪家。他了解到执政党新韩国党内第三号人物、议员郑在哲喜欢打高尔夫球，便创造出打球"偶遇"，顺其自然地将装满2亿韩元现钞的高尔夫球袋送出。另外，为了防备贷款的事情败露，他向国会财政经济委员会长官黄秉泰送上2亿韩元，以期在国会调查时为其掩护。为了堵住反对党的嘴巴，他还向反对党元老、国会议员权鲁甲行贿2.6亿韩元。每逢过年过节，八面玲珑的郑泰守也不忘向政府高官、政界要人、银行行长等献上厚礼。

必须长期坚持的艰苦卓绝的斗争。

> 金大中时期（1998—2003）（第15届）政府反腐败的措施、特点分析

金大中吸取上届反腐败的经验教训，认识到反腐败要从抓好预防腐败开始。相应颁布《腐败防止法》，设立了腐败防止委员会，加强对公务员的管理，制定了《公务员行动纲领》（2001）、《洗黑钱防止关联法》（2001）。

1998年韩国民主运动的领袖人物金大中当选为总统。在前任总统金泳三因反腐而伤及自身之后，金大中并没有因此而减弱反腐败的力度，而是继续推行"阳光体制"的透明行政。金大中认为清除腐败是增加政府透明度和提高效率的唯一途径，反腐败是事关韩国能否在21世纪成为发达国家、能否提高国家竞争力和实现持续发展的"时代的紧迫课题"。

根据国际反腐组织透明国际（Transparency International, TI）发布的1999年全球清廉指数（CPI）显示，韩国腐败指数仅拿到了个最低分3.8分，足见此时韩国腐败程度之深之重。尤其是韩国自1996年加入世界经济合作与发展组织OECD后，在与OECD组织成员的比较中，韩国的腐败程度一直是比较高的。金大中在1998年2月的就职演说中提出要根除腐败，声言不会把反腐败作为权宜之计。金大中表示，其执政的首要任务是振兴国家经济，消除腐败并结束集权统治。

新政府成立几个月后，在全国范围内进行了一场反腐败的"国民清政运动"，"从6月20日起历经两个月，在青瓦台、监察院、国务调整室同时对包括地方自治团体在内的政府各部署及下属机关进行了公职纪律检查，重点首先放在审查集团总裁、银行行长、主要公企等政界和财界的高级干部和腐败嫌疑。监察院7月中旬独自进行了大规模的监察，投入了650名可用人力中的208名要员。检查结果：查出不正涉嫌或者不正的公务员8108名及下属团体的职员2717名等，共10825名公职者；其中67名被罢免、113名被解聘、340名被免职、111名被停职、其余7286名受到惩戒。下属团体的职员也受到了相应的处罚。

金大中非常重视反腐败的法制建设。他认为，应从分析腐败产生的源头和滋生的条件着手，把反腐败重点从惩戒处罚转移到预防为主，因此极力推动制定一部系统的综合的防止腐败的法律来预防腐败的产生。他在

《大选公约》中就提出要制定一部规制一切腐败现象的综合的防止腐败专门法。

其实早在1996年12月金大中所在的在野党国民议会就曾向国会提交了《防止腐败法草案》，主要表达了旨在通过国家、企业、公民的共同努力，把《公职人员伦理法》中对公务员伦理及行为规范的抽象规定具体化；严肃处理滥用职权谋取私利等各种追逐私利的行为，以及设立专门调查高级公务员腐败的"高级公务员腐败调查部"等重要思想。

由于《腐败防止法》法案迟迟不能被国会通过，金大中指示政府总理办公室准备和起草一份系统的综合的反腐败大纲。总理办公室在起草这份大纲的过程中，与专家及来自私营部门的代表进行了讨论，1999年8月，金大中总统同意了这份反腐大纲并把它公之于众[①]。

"反腐败大纲"经过调查和研究指出，韩国的腐败已经发展到了人民不能接受的严重程度。这份综合大纲包括的计划有：（1）建立反腐败基础结构。修正一部反腐败的基本法，作为反腐败的法律基础；建立专门负责和解决腐败问题的独立的反腐败委员会；（2）发动公民的觉醒运动；扩大市民参与，鼓励公民协会和市民组织参与或加入由政府创立的反腐败委员会，发动鼓励公民参与对腐败的预防与监察；（3）推进易于发生腐败领域的行政管理改革，加大在税收、建筑、住房、食品卫生检查、环境管理和执法部门的行政改革。[②]

在金大中政府的努力下，《腐败防止法》终于获得国会的通过。几经修改后，2001年7月21日金大中签署了《腐败防止法》并予以公布。《腐败防止法》对已有的法律法规中有关防止腐败的规定进行清理、归纳，全面分析了产生腐败的原因和条件，相应地制定了一系列以预防为主的综合的防止腐败的措施，从而为韩国反腐败提供了坚实的法律保障。

《腐败防止法》主要包括了对举报人和其他信息提供人提供保护；保障政府支出和采购的廉洁；加强公民监督和参与反腐败运动的条款；加大对腐败行为惩罚力度的条款；建立反腐败的举报和信息中心。

《腐败防止法》对于腐败行为的定义是：公职人员滥用职权，违法为

[①] ［韩］Kim Jong-pil：The Time to Act is Now. 参见 *Korea's Anti-corruption Programs*，序言，The Office of the Prime Minister, Republic of Korea, 1999。

[②] ［韩］Kim Jong-pil：The Time to Act is Now. 参见 *Korea's Anti-corruption Programs*，序言。

自己或他人谋取利益的行为，以及在公共财产的管理和在以公共机关为对象的合同的签订和履行过程中违反法律，从而对公共机关的财产造成损失的行为。规定公共机关、政党、企业、国民和公职人员都必须对防止腐败提供积极合作。

该法规定，任何人发现腐败行为都可以举报，公职人员有举报腐败行为的义务。腐败防止委员会在接到举报后，如认为有必要进行调查，就将举报材料移交监察院等相关监督机构。如果被举报的腐败行为涉及副部级以上的公职人员，则由腐败防止委员会直接向检察机关提出起诉。法律规定，举报人所在的机关、团体或企业等不应对举报人采取任何惩罚措施，举报人应得到人身安全保障。如果举报导致某公共机关获利或避免了损失，举报人还可以得到相应的奖励。虚假举报人将被处以1年以上10年以下监禁，利用工作谋取私利的，将被处以7年以下监禁和5000万韩元的罚款，并没收全部非法所得。如果在腐败防止委员会工作过程中泄露相关秘密，将被处以5年以下监禁和3000万韩元以下罚款。

公职人员在职期间因腐败行为被免职的公务人员，3年内不得从事原所属部门的工作；5年内不得被包括私人企业在内的一切有关机关录用。违反规定录用因腐败而被免职者，将被处以2年以下监禁和2000万韩元以下罚款。对于不履行举报义务的公职人员和违反保护举报人规定的人，将分别处以1000万韩元以下罚款。

《腐败防止法》是韩国迄今为止最重要的一部反腐败法律。根据这一法律规定2002年设置了"腐败防止委员会"，负责对包括党政机关、企业和其他公职人员在内的一切国民的腐败行为进行专项调查。腐败防止委员会由总统直接领导，共有9人组成，包括1名委员长和2名常委，成员分别来自不同政党。委员长和常委均由总统任命，其他委员分别由国会和最高法院首席大法官推荐，由总统任命或委派。委员会的职责包括：制定反腐败政策，提出完善公共部门制度的建议；对公共部门的反腐败政策及其执行情况进行调查、分析和评价；开展反腐败教育；支持和推动非政府组织在预防腐败工作中发挥积极作用；推动同世界各国的反腐败机构和国际组织展开交流与合作；受理举报，保护和奖励举报人等。同时，为了保证委员会工作的公平公正与公开，腐败防止委员会还制定了严格的内部道德准则和监察制度，对于委员资格进行了严格的限定。腐败防止委员会的设立为反腐败提供了组织上的保障。

金大中还力图通过行政改革预防腐败发生。

在金大中改革之前,企业要获得经营许可,平均至少要准备44份材料,并且审批烦琐,一般批下来需要几个月时间。这种烦琐的行政过程很容易给政府公职人员提供腐败的机会。申请人为了尽快通过行政审批或者想缩短等待时间的话,就不得不向相关责任人行贿。随着韩国国内资本市场自由化的不断增强,企业生产逐步从由政府决定生产转向面向市场的需求,企业的地位也越来越迈向独立,对政府行政减政放权提出更高的要求。为适应这一形势,金大中时期加强了行政机构的改革,政府雇员减少了19%,减少了对企业的直接监管和规划,经济机构的权力向服务型和支撑型转变。韩国政企关系开始向现代政企关系转变。金大中在行政改革方面也有一定起效,大大提高了政府行政机构的工作效率和透明度。1998年金大中成立了行政改革委员会(Regulatory Reform Committee, RRC),委员会的职责在于消除经济和社会生活中的不必要和不合理的繁冗政策和程序,提高行政效率,促进行政公开公正。

同时金大中政府认为,中下级官员的腐败比高层腐败更普遍,对社会危害性更大,因此十分注意深入公务员队伍中进行整顿,解决中下级公务员的腐败问题。2003年2月18日,金大中政府公布了《公务员保持清廉行动纲领》,严格规定国家公职人员一年之内可以接受的礼品总数,以及接受茶水、咖啡、公共聚餐等一般性招待的准则。该纲领的主要目的是保证公务员公正地执行任务,营造健康的公务员风气。同时,该纲领还对禁止公务员收受当事人钱物和监督公务员的履行情况的机制作出了明确规定。

金大中政权注意在反腐败过程中创造性地开展工作。为了更好地加强对财产公开的审查,金大中政府还增强了司法机构的独立性。2002年,韩国全面实行"清廉指数"评价制度,根据对企业和普通市民调查的结果、专家的评价、监察院和检察院监察整改情况、新闻机构的舆论调查以及行政改革成果和业务处理效率等进行综合评估,每年打一次分向社会公示,并根据得分的多少决定预算分配。金大中重视民意,接受了市民团体的"防止腐败法立法请愿";创造性地把市民团体纳入反腐败力量之中,鼓励市民参与反腐败的行动中,鼓励民间部门参与"国民清政运动",并允许一定数量的市民通过联名的形式向上级机关申请监察。

金大中的反腐措施取得一定成效,1999年9月至2000年6月,共搜查了 2246 名腐败嫌犯，拘留 810 名。几大易发腐败部门被重点整顿。

金大中同金泳三一样，虽然一直高调进行着反腐败运动，但是自身同样难以摆脱腐败的阴影。2002 年金大中政府腐败事件接连曝光，一批高官政要纷纷落马，首先是总统的左膀右臂，金大中最得力的两个助手，总统发言人和首席经济秘书李起浩分别因受贿嫌疑辞职。在李起浩丑闻案中，总统妻侄李亨泽的不法行为成为事件的导火索。而最终体现金大中反腐败"成果"的，还是他的两个儿子。金大中三个儿子中有两个因为腐败而锒铛入狱。次子金弘业受贿 48 亿韩元和逃税，被判入狱 2 年；三子金弘杰被控受贿 35 亿韩元，也被判入狱 2 年。头发斑白的金大中在执政的末尾为儿子的受贿丑闻，不得不五次向国民发表公开道歉，其百折不挠的民主斗士的名声也因此受损。据 2003 年《东亚日报》与韩国调查中心进行民意调查显示，对金大中政府 5 年来的国政运营，回答"不佳"的占 53.9%，高出"很好"的评价（41.8%）。特别是，应答者所指出的金大中政府的错误是"权力周围的腐败"（32.7%）。

> **卢武铉时期（2003—2008）（第 16 届）政府反腐败的措施、特点分析**

经过前两届的反腐风暴，卢武铉的反腐败进入持续稳定的阶段。卢武铉修订了《政治资金法》（2004）和《公职伦理法》（2005），设立国家清廉委员会（2005），还设置了反腐败关系机关协议会（2004）。他还计划在国家清廉委员会设置不正当行为调查处，但引起司法机关的反对并未能实现。

2003 年以来韩国政坛动荡不断，一大批涉嫌贪污受贿的官员和大企业主锒铛入狱：从国际奥委会副主席金云龙的辞职，到巨型跨国企业 SK 集团董事长孙吉丞的被捕，到上吊自杀的釜山市市长安相英。3 月，在调查 SK 集团的诈骗案时，检察机关不仅发现 SK 集团在总统选举前曾向新千年民主党和大国家党提供了大约 100 亿韩元的"政治资金"，而且还揭露出卢武铉亲信、青瓦台前总务秘书崔道术从 SK 集团收取 11 亿韩元的受贿问题。多宗非法政治献金案的曝光，说明腐败在韩国社会中仍是普遍存在的，同时又是有着深层原因的痼疾。据 2004 年国际透明组织发表的"全球腐败尺度调查"结果显示，韩国人（1500 多名）给立法部评了 4.5分，政党 4.4 分（最腐败状态被设定为 5 分），将韩国政治圈评价为腐败最严重的集团。

卢武铉对腐败有新的理解和认识。他除了一再强调身为公职者清廉的重要性,还指出:落后政治的核心就是金钱;如果收黑钱就会搞黑色政治。卢武铉认识到韩国的腐败有着浓厚的文化土壤,2002年12月,在刚当选总统后的新闻发布会上,他宣称要与滋长腐败的文化进行针锋相对的斗争,"至今请托(涉嫌受贿帮人在经济或人事方面获利)文化依旧盛行,不过日后一旦发现了非法请托,我一定要让他身败名裂。"2003年2月,他在就职仪式上慷慨激昂,"容纳违规和腐败的时代已经结束"。

卢武铉主张从清理结构性腐败入手,将腐败"连根拔起"。2004年6月8日,卢武铉在新一届国会开幕式上说:"治理腐败要从结构性腐败入手,并彻底清除腐败的根源。政府改革公务员要成为主体,把政府建设成能为民众办事的政府。"他表示,在腐败问题上,要对实际情况进行详细的调查和分析,从严重的结构性腐败开始进行清理,不仅要斩断其枝叶,还要连根拔起。治理腐败不要采取一次性扫清的方式,而是要按原则持续开展下去。卢武铉在政府改革问题上进一步强调公务员要成为政府改革的主体,并带动改革,从而把政府建设成能为民众办事的政府、受到国民信任的政府。

2004年8月,卢武铉主持第三次反腐败机构协调会议时宣布了自己的改革目标,"任期内将努力使全国性的反腐计划取得成功,使政府的透明度提高一个层次。在国际机构评比中,使韩国的透明度排位从第40位提高至20位以内"。

2005年4月,韩国修订了《所得税法》,规定政治界人士和公务员受贿被查,不但要退回赃款和赃物,接受法律制裁,还要按照受贿额缴纳所得税。

2005年7月26日,卢武铉政府成立了国家清廉委员会,代替原腐败防止委员会的工作。委员会以提高国家清廉度和防止腐败为目标,要求在所有公共机关中设立自律性反腐小组,并制定腐败影响评价制度、告发人保护和补偿制度等一系列新制度,使反腐败机构的职能范围不断细化。国会通过了《腐败防止法修正案》,将举报腐败的奖赏金上限从2亿韩元提高到20亿韩元。该法还规定,对报复内部举报人,不仅会被处以罚款,还将被追究刑事责任,加大了对举报人的保护力度。卢武铉政府严格实行了金融实名制,并大力倡导电子政务和电子商务,增加政府工作的透明度，大大压缩商业贿赂的空间。

2006年，卢武铉政府提出了更为明确的反腐败目标和推进方向，韩国制定了反腐三大目标和五大推进方向。三大目标是廉洁的公务员、透明的政府，以及通过建设健康社会提高国家竞争力；五大方向包括：推进定期反腐败活动并改善制度，促进反腐败实践活动，鼓励国民参与协商，保证举报、处罚的实效性，努力制定高效的实质性对策。2006年3月9日，韩国政府、政党、工商界和市民团体等各界代表签订了《反腐败—透明社会协议》，其目标是建立没有腐败的先进型透明社会。协议内容主要包括：非法政治资金上缴国库，修改国会议员不受拘捕的特权制度，严格管理腐败公职人员的再就业，清除账务欺诈惯例及加强会计透明度，引入股票全权信托制度，鼓励居民参与立法等。期间惩处了首尔市副市长、前总统卢泰愚女婿等重要人物。

根据韩国公务员年收入明显增加的现象，卢武铉政府于2007年还出台了加强对贪污腐败公务员惩戒力度的《腐败公务员处罚强化对策》，延长了对犯下收受钱财、接受宴请、挪用公款和贪污等腐败行为的公务员的处罚刑期。

在执政5年中，卢武铉一直扛着"变化与改革"的大旗，以"改革、道德性、国民参与政府"为目标，努力实践他的政治理想。尽管改革过程中充满坎坷，但成果有目共睹。2004年的第17届国会选举和次年的总统选举，是有史以来"最干净的选举"。金钱政治减少到相当低的水平，以至于一些政界人士抱怨经费紧张。在清算权威主义、恢复权力机构的独立地位等方面，卢武铉也取得不小成就。他致力于摒弃总统享有的帝王式特权，致力于打造国民共同参与的民主主义，以此推动廉洁政府建设。

根据国际透明性机构（TI）2008年发表的"国家清廉度"报告，韩国的腐败指数为5.6分（满分10分），在经济合作与发展组织30个成员国中排在了第22位，成为韩国历史上成绩最好的一次。

通过各届政府的努力，韩国的反腐败工作已实现了从人治向法治的转型。韩国逐步建立起一整套法律严格、制度完善的比较有效的反腐制约机制。尽管腐败不能被杜绝，但是预防与惩治都初步实现了在法制轨道上运营。

然而令人唏嘘的是卢武铉本人，他以清廉干净的"庶民政治家"、"道德先生"形象入主青瓦台，宣称自己与腐败"绝缘"，执政期间也在自我革命，削减总统的权限，并坚持对任何腐败行为作斗争，包括制定公务员接受"招待"的标准最高限定为3万元（折合人民币时价不到200元），超出则立即被停职甚至免职等近乎不合情理的细节。然而在他下台后，他也从道德政权圣坛上跌落，面对腐败指控颜面尽失，无地自容，留在人们印象深处最后一个镜头，是他2009年4月30日在前往最高法庭接受贿赂事件调查前，含着泪向民众鞠躬道歉，5月23日，他从老家峰下村的山崖上纵身一跳，魂断故里。

第五章 保守主义复归,反腐败任重道远

韩国人向来为他们的民主运动所取得的成就感到骄傲。他们把金大中等民主领袖领导的激进左翼政党称为"进步阵营",将右翼政党称为"保守阵营",足见他们的道德天平更倾向于左翼,这也是进步阵营在1998年到2007年10年时间里能够连续执政的重要原因之一。然而在2007年底的总统大选中,右翼"保守阵营"的李明博以绝对优势当选总统,他一举获得48.7%的选票,而得票率居第二位的左翼候选人郑东泳仅获26%的选票,得票率第一和第二位候选人之间拉开如此大的差距在韩国总统选举的历史上还是第一次。不仅如此,保守的大国家党也以绝对优势成为国会中的第一大党。

是什么因素促使韩国政治发生了如此巨大的转向?在我们看来,这次转向绝非偶然。早在2007年夏天本课题组的成员在访问韩国时,当时的包括韩国左翼议员在内的政治家一致认为,进步阵营大势已去,韩国必将迎来保守势力的全面复辟。当时多位左翼人士甚至用"朴正熙回来了"这样惊人的语言表达即将到来的政治转变。只是当时还没有预料到当年年底的大选进步阵营"全军覆没"式的失败。现在看来,"进步阵营"的失败和"保守阵营"的复归,是韩国民主化进程中的矛盾与问题长期积累的结果,是韩国财阀势力膨胀、财阀价值观渐渐渗透社会而产生的结果。政治改革的缺憾、经济改革的失败以及财阀势力膨胀三者之间联系紧密,互为因果。这些因素结合在一起促成了保守阵营的复归。有韩国学者将进步阵营的治国理念与朴正熙时期的现代化政策做了对比,指出朴正熙以国家利益为先的富国强兵政策体现的是朴素而强健的建国之梦,而民主化所容许的社会多元化则被有名无实的力量所笼络,特别是1987年以后的民主化用民主、自由、平等、人权名义来掩饰地区利益、个人利益、党派利益之争,其结果是政府低效,国家利益受到损害。相比民主派所鼓吹的民

主神话,朴正熙解决了韩国人民的"温饱"问题,在最大程度上维护了韩国人民的人权。①

诚然,正如古希腊哲学家赫拉克利特所指出的,人不可能两次走进同一条河流。历史翻过一页后,民主化后的韩国不可能再回到军人统治,韩国人民对于新的领导人的选择,是在对其功过比较的过程中思索与考量后进行的取舍,而各个政治势力也在不断调整着政策思路以吸引民众的支持。

仅从政府反腐败的视角来讲,在韩国每年评选的韩国国内十大新闻,腐败事件几乎是年年榜上有名。2005年,有韩国学者就2004年的CPI指数发表评论,认为韩国在反映社会腐败程度的得分和排名上与经济发展水平、人均国民收入水平都"极不相称"。韩国在2004年人均GDP超过1万美元,而腐败程度却与人均GDP 5000美元的国家不相上下。尽管前几届政府的反腐败犹如雷霆万钧,然而韩国腐败的根基之深,不是轻易就能撼动的,尤其从进步阵营与财阀的几次较量来看,虽然各有攻守,但财阀统治根深蒂固,直接对其开刀所进行的改革以失败告终。民意由于对进步阵营也逐渐不满,民众对民主的期望过高,然而美好的许诺一次次落空,反腐败者常常最终却被腐败丑闻缠身,民众感到受到了欺骗和愚弄,期望有多高,失望也有多大。

保守阵营对于腐败问题的认识同进步阵营有着明显不同。保守势力的大规模卷土重来,是经济界影响力控制全局的重要表现,而从李明博到朴槿惠的政权交接,使财阀集团拥有了至少十年政治翻盘的时间。政经黏连的"韩国病"远未终结,仍将长期困扰着韩国的政治发展。

一 民主改革并未动摇产生腐败的根基

(一) 雷声大雨点小,妥协的民主改革

尽管金泳三、金大中、卢武铉三届政府都宣称通过推动韩国的政治改革,巩固和发展韩国的民主制度,建设清明政府,消除腐败滋长的根基,但民主改革口号好提,起步却十分艰难,实际改革过程中充满了妥协,多

---

① [韩]赵甲济:《总统——朴正熙传》第1卷,李圣权译,江苏文艺出版社2013年版,译者序,第5页。

数改革结果都令国民感到失望。

　　金泳三上台之初就雄心勃勃地宣布要切断"政经黏着"的纽带，彻底解决根深蒂固的腐败问题。他力推金融实名制、征收金融资产所得税、打击偷税漏税以及房地产投机行为，试图建立起一个公正透明的社会，为企业发展构建一个公平竞争的经营环境。然而金泳三政府的改革因"既缺乏民众的参与又缺乏民众认同"[①] 而备受批判。这项由精英集团主导的"排除式的民主化"（exclusive democracy）的改革因缺乏民众的参与而成为光鲜的口惠而实不至的空心改革。有分析认为，金泳三是与卢泰愚政府执政党妥协后作为执政党的候选人当上了总统，财阀正是这个政党的支持者，金泳三本人也与财阀集团有着密切的私人关系，这些都促使金泳三与财阀很快达成妥协，使改革停滞不前。金泳三政府在执政中期改革偷梁换柱，改为追求"世界化"，强调提高韩国经济的竞争力，实现了重点和民众注意力的空间大转移。同时，政府还迫于财阀企业的压力，撤换了对工人运动较为友好的劳动部部长，并一度通过了遭到工会和在野党反对的劳动法。金泳三政府的反腐败斗争也被认为是针对其他政治势力进行的，执政集团内部的腐败没有明显改善，首当其冲的就是金泳三的儿子和亲近人士贪污和滥用职权，成为反对党握在手中的把柄。

　　金大中是韩国民主斗士的象征，在长达四十多年的时间里处于专制政权监控之下，有过六年的牢狱经历，无数次遭到软禁、流放，多次险些丧命，被誉为"亚洲的曼德拉"。他在获得诺贝尔和平奖获奖演说词中曾提出：一个缺乏民主基础的国民经济是一座建在沙堆上的城堡。并且致力于把民主和市场经济的共同发展作为政府的基本任务。

　　为了赢得总统大选，金大中吸取了前两届总统选举各自为战导致失败的教训，通过将自己领导的"新政治国民议会"与金钟泌的保守政党"自由民主联盟"结成竞选同盟的形式，推出以金大中为候选人迎战执政党候选人李会昌，由此最终以微弱优势胜出才取得了政权。金大中上台后，他所推行的改革也必然会受到其联合的保守阵营的牵制。政府主导下建立的"劳资政委员会"没能达成让劳动者感到满意的协商结果，劳动

---

① ［韩］宋虎根:《排除式的民主化与有所保留的双重转换：韩国民主化的社会成果和局限性》，载［韩］崔章集、［韩］林玄镇编《韩国社会和民主主义：对韩国民主化10年的评价和反省》，Nanam 出版社1997年版，第61—94页。

者的经营参与权没有明显提升,金融危机的压力迫使工会接受了"整理解雇"制度,企业开始大规模雇佣"非正规职",①雇佣稳定性从此被打破。金大中没能通过经济民主化改革获取更广泛的支持基础,只能更深地陷入地域派别的争斗之中,政坛上上演了派别之间的消耗战,政党之间以及国会内部的协商变得更加困难,这都使改革变得举步维艰。②总统周围的亲随的腐败风气没有大的变化,和金泳三一样,金大中总统的儿子和亲近人士又发生了收受贿赂和滥用职权的现象。

出身卑微、没有任何政治背景的卢武铉当选为总统,为军人时代之后的三金时代画上了句号,是韩国民主化的一个重大成果。卢武铉一改过去总统帝王式的统治做派,树立起了普通总统的形象。

这一时期在韩国经济中占垄断地位的财阀的势力愈发膨胀,对政府的牵制能力越来越强。人们把三星集团称为"三星共和国",夹杂着人们对国家权力"转向"三星的担忧。而韩国一些中小企业更是对财阀势力爱恨交加,许多中小企业不得不依附于大企业,但同时,大企业又明显挤压着中小企业的发展空间。财团经济的更大的问题在于政治和经济活动很大程度上是依靠非正式的个人关系,而不是制度化的市场交易,中小企业们不得不顺从于大财阀们制定的游戏规则。为了缓解中小企业的压力,卢武铉在总统竞选时承诺照顾弱势群体,要重新加强对大企业的出资限制,削弱超大规模的财团的影响力,为中小企业提供机会,他提出分散经济力量,使韩国经济"更具竞争力和透明度",同时禁止个人通过私人基金会将财富转移给自己的亲戚和后代等,表达了他决心要改变韩国工商业由财团说了算的现状。

然而卢武铉一上台就遭到了保守阵营的猛烈攻击,成为韩国政治史上第一位受到弹劾的在任总统。政府的很多政策都遭到保守阵营媒体的攻击,使卢武铉的改革四面楚歌,舆论环境十分被动。卢武铉政府虽然强调公平、分配和社会福利,但是面临经济全球化的浪潮也不得不器重具有强

---

① 韩国把两年以下的短期合同雇佣、以日为单位的雇佣、计时雇佣以及外包劳务雇佣统称为"非正规职雇佣"。韩国企业具有终身雇佣和年功序列的传统企业文化,"正规雇佣"的劳动合同上不写明雇佣时间,在工会的压力下,企业没充分的理由无法与其解除雇佣合同。"非正规职"除了工作岗位不稳定之外,比"正规职"的工资水平低、享受到的保障和福利也少。
② [韩]林炅勳:《向着未来的退步:金大中政府的政治改革》,载《季刊思想》2000年夏季号,第96页。

大竞争力的财阀。与保守阵营相比，不掌握经济资源、缺乏经济管理经验的进步阵营甚至对财阀更加依赖。卢武铉以"原则与信任、公正与透明、对话与妥协、分权和自律"四大原则推行政府行政改革。但是，在提高政府在经济、社会生活中的应对能力上收效甚微。相反，在打击房地产投机和教育不平等等方面越打击越严重，越治理越混乱。民众对政府"重病乱下药"的行政能力意见颇大。

卢武铉政府所进行的一系列分散总统权力的改革有益于政治的民主化建设，但总统的力量被削弱后，行政力量变弱，改革更加寸步难行。

一系列挫折与打击下，原本雄心勃勃的卢武铉政府最终被媒体称作"无能的政府"而黯然失色。

（二）"地域主义"对韩国民主政治的伤害

韩国民主改革的障碍不但来自既得利益集团的反对和阻挠，还有一部分来自特殊的文化与心理。在韩国政治生活中，"地域主义"的影响力很大，许多政治家热衷于利用地域感情煽动权力争夺，常常出现"地域主义"决定选举结果，决定政府公职人员任用的奇特景象。

凡是选举制的国家，各候选人都有自己的票源和票仓，特别是候选人家乡往往会热衷于支持出生于本地的候选人，以期他当选后为本地服务。一般而言，人们都热爱自己的故乡，对故乡有归属感，这本来就无可厚非，但是如果这种感情演变为对其他地区的排斥和轻蔑，并因此发生地域之间的矛盾，就不再是单纯的"故土情怀"。如果地域感情成为选举中的决定性因素，选民只考虑候选人的籍贯而不考虑其政治主张，那么地域感情就成为民主政治的阻力了。通常在选举中，不同年龄、教育水平、收入水平的选民会支持不同政策主张的候选人，然而在韩国，选民们会首先考虑选择与自己籍贯相同的候选人。考虑到自己所在地域的发展而支持相同地域出身的候选人原本也是一种合理的选择，但韩国的选民即使从未在籍贯地生活过，也会支持与自己籍贯相同的候选人。决定他们选票去向的不仅是籍贯地的发展前途，更重要的是对于特定地域出身的权力分割与独占的扭曲心态。

韩国"地域主义"影响力巨大，对于选举民主的破坏性使许多学者不得不加以重视，对于其成因有多种解释，比如认为是历史上对于统治阶级的不信任，而更加重视相邻近的人，从而形成的一种共同体意识。但政治家们为了个人私利在选举中多次利用出身地域划分势力范围,是"地域主义"不断深化的重要原因。1987年韩国民主革命刚刚胜利,紧接其后的总统选举中就出现了"地域主义"。当时韩国几名最有竞争力的候选人恰好出自不同地域。选举结果是四名候选人各自在自己的故乡获得了最高支持率,在其他地区获得的支持率都微不足道。当时民众曾经希望金泳三和金大中在选举中联手,战胜军部推出的候选人卢泰愚。但"二金"都不愿放弃对政权的挑战,以各自的故乡为根据地进行选举大战,"民主对军部"的局面没有出现,取而代之的是地域之间的对立。卢泰愚当选总统后,金大中、金泳三和金钟泌所领导的三大在野党议席之和超过执政党,能够起到牵制政府的作用。卢泰愚向金泳三和金钟泌提出"三党合并",金泳三考虑到"地域主义"的威力接受了邀请。因为如果三党不合并,执政党很可能在下届选举中推出岭南(庆尚南道、庆尚北道地区)出身的候选人,这会分散同样出身岭南的金泳三的选票。号称民主斗士的金泳三与军部出身的卢泰愚以及保守政党的代表金钟泌进行了政党合并,最终赢得了1991年的总统选举。在这次选举中,唯有湖南(全罗南道、全罗北道地区)的金大中被排除在政治联盟之外,出现了"非湖南联盟对湖南"的格局,更加刺激了湖南地区民众的受害意识。接下来在1996年的总统选举中,金大中利用了地域性煽动言论,宣传"全罗道人比较淳朴,但容易被骗,一直受到庆尚道人压制"等。金大中借助"地域主义",领导其进步政党与金钟泌的保守政党结盟。两党结盟后形成了非岭南联盟对抗岭南的格局,从而推动了金大中在1996年的选举中获胜。

"地域主义"在韩国引发了社会的分裂,破坏了民主制度,这种带有地域私党性质的政府人事文化也是腐败滋生的温床。"地域主义选举"使候选人之间的政治观点以及政策差异不再重要,阶层之间的利益差异不能被政党所代表。结果,韩国政党的建立、分裂、合并与消亡非常频繁,政治人的入党和脱党也非常频繁,政党成了选举的工具,对国家政策的研究欠缺。候选人在当选后,其政府人事构成中也往往带有"地域主义"的特点,形成地域盟主为中心的政治系统,促进了帮派式的斗争,破坏了社会公正。"地域主义"选举还使韩国人渐渐对标榜民主与道德的进步阵营感到失望,对选举的公平与公正性产生质疑,造成国民对领导人能力的不信任,和对政治和社会问题总是持冷嘲热讽的态度。

卢武铉当选总统后,有学者乐观地认为韩国的"地域主义"有所缓和。卢武铉从政以来一直呼吁消灭地方主义，他是岭南出身，却加入了以湖南为根据地的金大中的进步政党，在国会议员选举时又以湖南政党候选人的身份在岭南地区参加竞选，因此被称为"挑战地域主义的斗士"。但卢武铉所参加的2002年的总统选举结果仍然带有地域主义的特征，甚至有人认为卢武铉作为岭南出身投身湖南政党的做法正是对地域主义的另一种巧妙利用，再加上紧接其后的2004年的国会选举结果又带有明显的"地域主义"选举特征，韩国"地域主义"仍然有一定的影响力。

(三) 松散的政党成为民主政治发展的掣肘

辛苦遭逢起一经，干戈寥落四周星。韩国自半岛光复以来，政坛一直是变幻莫测，不同的政治势力粉墨登场，形形色色的党派合合分分，聚散倏忽，各种各样的政治人物也如走马灯一般浮浮沉沉，令人眼花缭乱目不暇接。这其中最为明显的就是韩国政党的异常频繁的变动。可以说，韩国政党的不成熟是韩国近代以来政治运动屡战屡败的一个重要因素。

有学者指出，韩国政党的不稳定性，归因于长期传统思想的影响、特殊的政治文化因素以及南北分裂的现实，可归纳为环境因素、政治文化因素和制度因素等方面。环境因素既包括国内外环境，又有民族性格和思维模式、意识形态的影响；政治文化因素包括传统政治文化中的威权主义影响，以及宗派主义、地域主义的因素等；制度因素包括了政党内部的松散结构、非正常的政治变动以及选举、"执政官"主义等因素的影响。[①]

自美军登陆半岛起，韩国几乎每个时期都有多个党派在进行分裂与重组，政党围绕某个政治家为核心不断组合又分化，其中宗派主义、帮派政治的特征十分明显。

韩国自1963年制定政党法以来，先后出现过110多个政党，每个政党平均寿命只有3年多，最长的只有17年，最短的竟只有20余天。韩国自建国以来各种政治势力围绕着某个核心人物或某种政治主张聚散离合非常频繁，特别是面临大选时，党派的分分合合更加炽热。有学者认为，由于长期以来韩国分裂的事实和敌对的历史，政治矛盾和社会对立突出，而缺乏合作与和解，社会各个方面各种力量非常容易陷入互相敌对、互不理解的对立状态。政权内斗，朝野互攻，反对党内部也在斗，政党政局长期

---

① 参见郑继永《韩国政党与政党体系变迁动因初探》，《当代亚太》2007年第2期。

混乱不堪,和解与合作对于极端性格的韩国来讲无异于缘木求鱼。

不成熟的政党又容易成为腐败滋长的温床。由于政党运作离不开资金,使得韩国各政党存在与发展都要为政治资金募集作盘算。尽管韩国对政治资金的来源有明确的规定,渠道也是主要通过政府财政补贴、党员缴纳的党费、社会募集款等,但是一个党能否迅速吸引人气、凝聚力量,丰富的运作资金是不可或缺的。秘密的政治资金来源,主要渠道还是依靠财团。政治资金的多少对于韩国这样政党分化组合尤其迅速的国家来讲,其意义更加重大,选举不是政党之间竞争,更主要的是候选人之间的竞争,而对于候选人来说,要赢得选举,任何行动都是需要雄厚的资金支持的,这些开支又不能单纯依靠本党所能提供的资金,所以只能不断开辟新财路,竭尽全力筹款。政党和候选人筹集政治资金往往是腐败案件的高发区。所以就有韩国学者痛斥政党的畸形发展是韩国政治过程中滋生腐败的一个重要原因。

二 失败的经济改革

文民体制建立和巩固以后,经济利益分配和社会福利的增进成为韩国社会最关注的层面。韩国进步阵营在民主运动中提出的经济民主化要求亟待付诸实践,劳工集团要求提高工资、改善生活,财阀集团要求实现经济自由化。但韩国民主运动毕竟是一场政治色彩浓厚的变革,民主运动并没有触及军政集团的同盟者、支持者——财阀集团,劳动者与资本家一同迎来了民主运动的胜利。新的宪政民主制度保障了工人运动的合法性,但同时财阀集团也得到了对自身权益的制度保证。新政权新制度究竟应该为哪个阶级与集团服务,改革从何处入手?这是摆在获得执政地位的进步阵营面前的重要问题。

(一) 财阀经济的弊端

韩国在工业化进程中形成了典型的"小国家、大企业"的体制特征。韩国财阀数量并不多,特别是排名前五位的财阀家族尤为强大。韩国财阀一般为家族企业,所有权和经营决策权都集中于家族的少数核心成员手中,世代传承。韩国财阀经济弊端重重,主要表现在以下三个方面:

首先,财阀以家族统治的形式独占企业的所有权和经营权,损害了股东的正常权益。韩国自20世纪80年代起就不断督促财阀家族减持股份以分散企业的经营权。但财阀家族通过在集团企业之间建立复杂的相互出资关系，反而以更少资金掌控了更大企业集团。以2004年的四大财阀为例，财阀与其亲属所持股份仅占其掌控企业集团股份的1%到3%，但企业集团总裁以及核心企业的总裁却一律由财阀家族成员担任。财阀通过设立直接向总裁负责的核心部门建立了中央集权式的管理体系，总裁与高级管理层之间的关系犹如帝王与家臣，高级管理层的任免权则实际上完全掌握在家族核心人物手中。在这种经营体系下，广大股东的权益被漠视。2006年现代起亚汽车集团总裁郑梦久涉嫌贪污和渎职被拘捕，郑氏父子通过"两次倒手"来消除债务的秘密被公之于众：郑氏父子2001年设立了一家物流公司——Glovis公司，负责现代和起亚汽车的专有出口运输。通过对该公司资金流的调查，发现郑氏父子钻了韩国公司法现存的漏洞的空子，利用Glovis公司篡夺了本属于现代集团的赢利机会，为己获利数亿美元，大大损害了现代汽车的股东及集团本身的利益。为掩人耳目，郑氏父子利用"金融中间人"游说政、官界来消除现代起亚的债务。韩国大检察厅搜查Glovis的金库时，就发现了大量贿赂政界人士所专用的现金、可转让存单及美元等秘密资金和账本。

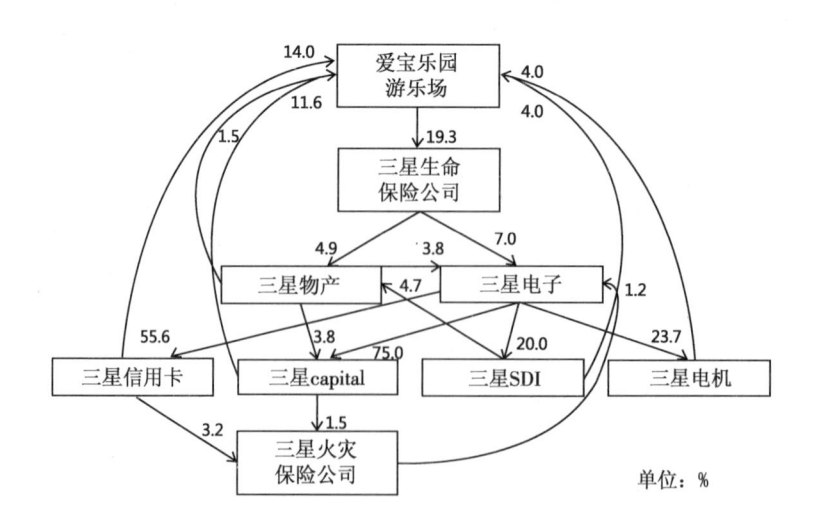

图1　三星集团北部公司的循环出资关系（2003年底）

注：图中数据为各个公司向箭头所指公司的出资比例。

资料来源：[韩]김진방《财阀的所有结构》，Nanam出版社，2005年7月。

在这种家族统治模式下,企业集团的投资方向往往因总裁个人的意志和好恶而决定,财阀旗下的企业虽然都是独立法人,但却经常被要求牺牲自身利益帮助集团内的其他家族企业。企业在进行采购等经济活动时还不得不优先考虑与总裁亲近所经营的企业合作。当财阀家族内部选定新的继承人,整个集团还会因为财阀家族的家务事而陷入混乱。例如现代集团创始人的儿子们围绕企业继承而发生的"王子之乱"就引发了整个集团的分离重组以及股价震荡。三星集团为了躲避继承税,有意对旗下"爱宝乐园"的"可转换债券"进行低估,使继承人能够低价拥有"爱宝乐园",再通过"爱宝乐园"控股其他企业。在这一过程中,"爱宝乐园"以及三星内部多家公司的股东利益受损。

表1　　　　2004年四大财阀总裁对整个集团的持股情况　　　　单位:%

	总裁	财阀亲属	集团内其他公司	其他关联人	内部股份比例总和
三星	0.44	0.89	37.8	2.32	41.45
LG	0.83	3.9	34.58	3.4	42.71
现代汽车	2.85	0.26	48.95	0.44	52.5
SK	0.73	0.32	50	0.97	52.02

注:以上为根据2004年4月1日的普通股和优先股所有情况计算结果。

资料来源:金东云等:《韩国的财阀》第4本《财阀的所有结构》。

其次,财阀家族压制工人运动,阻止员工参与经营,妨碍劳资协商,使工人在经济利益分配中渐渐失去了协商权。在非家族企业里,随着企业规模的扩大以及股东的分散,会发生所有权与经营权的分离,员工会被看作是内部顾客,企业管理层一般倾向于愿意承认工会并建立起劳资协商机制。但这种劳资关系转换在家族企业里却难以实现,财阀不愿让工会真正参与自己家族企业的经营和管理。韩国的财阀通过"新经营战略"应对工人运动:实施岗位评价,为工人提供优厚的公司福利,通过提高生产自动化程度提高劳动效率,使用更多的非正规职,通过媒体营造批评工人运动的社会氛围,在企业内培养团队精神和家庭氛围,培养职员对企业的忠诚心等多种措施与手段,瓦解工人对于企业经营管理的参与。财阀总裁们还成立了"全国经济团体联合",向因劳动纠纷而陷入经营困境的企业提供帮助,阻止个别企业向工会妥协。财阀企业积极进行海外投资，导致国内雇佣规模进一步缩小，失业率上升。经过一系列改革，财阀企业的劳动所得分配率虽然变得比中小企业低，但其工资水平却高于中小企业，韩国还在短时间内成了经合组织中"非正规职"比例最高的国家，失业率也居高不下。如此一来，劳动阶层发生了分化：失业者与就业者、正规职与非正规职、大企业职员与中小企业职员之间的生存环境相差悬殊。这种分裂与日益加深的雇佣不稳定使工人在劳资对抗中失去了力量。

最后，财阀垄断市场，扭曲竞争，使中小企业难以成长。据韩国产业通商资源部材料，目前韩国360万家企业，除了3000余家超大型、大型和较大型企业外，99%都是中小企业。尽管中小型企业产值约占47%，提供全国80%的就业岗位，但是由于政府把扶持重点放在大企业身上，中小企业缺乏良好的成长环境，整体上处于被大企业挤压的困境中，企业利润每况愈下，给韩国经济投下了抹不去的阴影。大企业都是在家族控制下，经营透明度低，且与政府及权贵关系暧昧，一直是滋生腐败的温床。

财阀经济影响着和左右着整个国家经济的状况，定制了百姓生活，凭借市场垄断地位，财阀在原材料市场上有强大的议价权，在销售中有强大的定价权，导致新兴企业很难进入已经被财阀垄断的行业与之形成竞争。而财阀如果决定进入某一新的产业，则可以动用其强大的资本和行销网络很容易地击败这一产业中的中小企业。财阀是一种多元化的巨大资本，它可以靠在某些产业领域的高收益进军新产业。在进入新产业的初期有足够的经济实力展开恶性竞争，在逼迫竞争对手倒闭后再抬高价格，最终使中小企业与消费者均受其害。另外财阀集团内部有足够大的交易市场，集团内部企业之间相互购买，从而使其他企业无法与之竞争。财阀的存在极大地扭曲了市场竞争，使市场不能够充分发挥其使效率最大化功能的作用。

大财团"绑架"了韩国经济，甚至会带来剧烈的社会变动和政治理念的对立，国家所依赖的产业与财团一旦有风吹草动，整个国家都会处于风雨飘摇之中。尤其以三星对于韩国的影响最为显著，因此韩国素有"三星一感冒，韩国就发烧"的说法。

（二）遏制财阀失利

军政体制结束后，文民政府开始采取措施遏制财阀，试图消除或减轻财阀经济的弊端。从20世纪80年代后期开始，以限制财阀扩张的"出资限制政策"、督促财阀家族分散其集团所有权的"所有权分散改革"两项重大改革为切入，韩国政府开始了与财阀集团的博弈。

此时正是韩国财阀展开新一轮扩张的年代，财阀开始从占有优势的传统产业不断向新的产业领域进军。有的财阀通过从国家金融机构获得的低息贷款开辟新领域，通过旗下公司贷款再进行转投资，通过"加工资本"在不追加投资的条件下实现快速扩张。这种新的投资方式给中小企业造成极大压力，导致中小企业生存条件进一步恶化，也使韩国经济变得更加脆弱，向风而动。为了遏制财阀的压迫性扩张，卢泰愚政府在1987年就出台了"出资总额限制"制度，控制金融机构向财阀提供的资金总量。后来金泳三政府把受限制企业范围明确地确定为30家大财阀，规定企业出资比例上限不得超过出资企业自身净资产的25%。但后来在财阀集团的压力下，这一制度增添加了许多例外条款，受限制对象范围渐渐缩小。[1]

为了改变财阀的家族企业性质，卢泰愚政府在1987年通过《公正交易法》，规定企业集团中不允许存在全资公司，目标指向那些只控股其他公司，不从事生产经营活动财阀，以避免财阀家族通过控制一家完全控股公司而控制整个集团。然而在1997年金融危机爆发后，财阀们以进行结构调整为由，纷纷要求政府放松管制，重新允许建立全资的控股公司，政府迫于金融危机的压力同意了这一要求。财阀家族重新获得了通过全资控股公司控制集团子公司的权利，财阀家族可用更少的资本支配整个集团，企业集团所有权在财阀家族内部的传承变得更加容易，这一项改革也落空了。

金融危机发生后，为了限制企业过度负债给国家经济带来损害，1999年的《公正交易法》规定控股公司的负债比率不得超过100%，并且必须拥有子公司50%以上（上市企业30%以上）的股份。然而这一规定在财阀们的要求下不断后退，2007年卢武铉政府修改了《公正交易法》，控股公司的负债率被允许达到200%，股东公司可以只拥有子公司40%以上的股份；而且子公司如果是"上市法人"、"登记法人"、"共同出资法人"或者是科技公司，则控股公司只需拥有其20%以上的股份[2]，从而这一改革也子虚乌有了。

---

[1] 参见崔正杓《失败的财阀政策》，Hainam 出版社2007年版，第51—61页。
[2] 同上书，第62—71页。

为了遏制财阀家族掌握企业集团,《公正交易法》规定大企业集团内部的金融公司即便拥有非金融类公司的股票也不能对其行使议决权,财阀们对这一法规也不断提出异议和采取消极执行的态度。到1997年这一法律修改为:当公司面临高级管理层任免或者兼并等重大问题时,集团内的金融公司可以对非金融公司行使15%的议决权①,政府在博弈中继续处于劣势。卢武铉时期还提出由腐败专案组负责处理财阀犯罪等措施,也收效甚微。

总之,尽管已经洞察到财阀经济的危害,然而其地位是难以撼动的,加之年亚洲金融危机的影响,韩国几届政府不得不向财阀低头,遏制韩国财阀的措施最终以失利告终。

财阀集团在文民体制下,不仅没有受到削弱,反而进一步发展壮大,在韩国社会中的地位更加稳固,影响更加广泛。

三 神通广大的"财阀帝国"

几届政府遏制财阀的措施均以失败告终。财阀集团利用1997年亚洲金融危机后的形势急剧膨胀起来,形成了具有全面影响控制韩国社会能力的"财阀帝国"。财阀膨胀表现在两个方面:一方面,财阀经济在韩国经济中所占比例提升,成为韩国经济不可动摇的支柱;另一方面,财阀对韩国社会的影响开始超越经济领域,全面向政治、行政、法律、媒体、市民社会、学术、教育、文化娱乐等几乎所有社会领域渗透。财阀力量不断壮大对政府形成巨大压力,直接影响到政府政策的制定和执行。文民政府试图推进的经济民主改革举步维艰,甚至影响到了政治领域,成为最终导致文民政府失败的重要因素。

有韩国学者指出:"抛开财阀难以理解韩国经济",财阀在韩国起着左右韩国经济,决定韩国国家兴衰的关键性作用。资料显示,1983年50家大企业集团的营业额约为532247亿韩元,与同年韩国国民生产总值582800亿韩元相接近,到1987年,前者已超过后者7.3%。它们的附加值总额占国民生产总值的比重,1983年和1985年分别高达23%和20.8%,1987年为15.7%。同时,大企业集团还是出口的主力军,1984年它们下属的10家最

---

① 参见崔正杓《失败的财阀政策》,Hainam出版社2007年版,第62—71页。

大贸易商社的出口额占同年韩国出口总额的48%。而大企业集团的职工人数也很集中,1986年占韩国企业总数1.2%的大企业集团所雇佣的职工,占了韩国企业职工总数的40.2%。财阀影响力的膨胀与对财阀约束的失控,是现在韩国一系列问题难以彻底解决的重要原因。

(一) 借力经济全球化成为财富守门人

韩国的民主化运动打开了自由的大门,这扇大门不仅面向国民,也是面向资本的。从金泳三政府开始,新自由主义经济理念成为社会主流意识,政府完全放弃了朴正熙时期开始的国家主导式的经济发展模式,停止制定经济开发五年计划,企业渐渐不再受政府审批权的束缚。20世纪90年代以后,很多财阀企业已经成长为具有强大竞争力的全球性企业,早已不是原来那种从属于本国政府或是本国政府合作者的角色。政府在经济方面的职能由主导发展变成了单纯的为企业服务。[①] 金泳三政府把"世界化"作为国家发展目标,积极推动经济、政治、文化和社会等多领域的开放。1995年,韩国加入了世贸组织和经合组织。1997年的亚洲金融危机进一步迫使金大中政府加快了经济开放的步伐。国际货币基金组织要求韩国政府不再干预中央银行的货币政策,不再出台新的金融限制政策,不再发放政府辅助金,政府通过金融控制企业的能力减弱了。实际上,在1997年以后,韩国政府向财阀交出了经济的主导权。

在经济全球化的浪潮中,韩国财阀企业与一般中小企业之间的差距进一步扩大,财阀企业的竞争力实现了由量到质的飞跃。韩国国内市场狭小,能源依赖进口、劳动力价格较高,国际化程度高的财阀企业更具有竞争力。1997年国际货币基金组织打开了韩国金融业的大门,国外投资涌入韩国,外国资本不关心韩国的产业发展和经济结构,以短期获利为主要目的,因此统统涌向了实力雄厚、经营情况较好的财阀企业。财阀企业在外资支持下实现了更快的增长,而中小企业却在竞争中被大量淘汰,财阀在韩国经济中的垄断地位进一步升级。1995年,韩国前10大财阀的生产量已经占到了韩国国内生产总值的1/4。1996年,世界500强企业中韩国

[①] 政府很多研究机构都把帮助企业海外投资作为主要工作目标。政府还积极出面与国际金融机构沟通,帮助国内企业获得更多海外融资。政府帮助国内企业引进国外先进技术,并与企业合作进行研发,按照企业技术升级的需求配置教育资源。

有12家，而当时所有新兴工业国家所拥有的世界500强企业只有24家，韩国真正进入了"小国家，大企业"的时代。

在新一轮成长中，财阀内部的差异也在扩大，少数财阀成了财阀中的霸主。1998年，前5大财阀所拥有上市公司的股价总额占所有韩国上市公司的30%，经过金融危机的淘汰后，它们的股价总额上升至所有上市公司的49%，韩国经济的主角已经从前30大财阀变为前5大财阀。不仅如此，5大财阀中的最大财阀三星集团开始独占鳌头。三星的资产相当于5大财阀总资产的50.8%，销售额相当于5大财阀总销售额的39.5%，纯利润相当于5大财阀总利润额的46.2%。截至2009年9月的统计，三星集团18家上市公司的股价总额占韩国股票市场股价总额的21.2%，三星的经营情况决定着韩国股市的走向，三星会长李健熙被美国《新闻周刊》称作是韩国的"经济总统"、"幕后帝王"。2013年三星集团的营收超过韩国GDP的19%；2014年7月7日发布的《财富》500强名单中，三星电子上升到第13名，而利润则达到第9名，成为韩国企业有史以来在世界上最高的排名。

（二）财阀全面渗透权力

为了保障自身的经济地位和权益，财阀凭借其经济实力积极对各种社会权力进行全面渗透。

在政治权力及选举过程中，财阀加强了渗透与控制。选举是民主政治的风向标，而赢得选举的基本因素是资金。财阀通过向政党和候选人提供政治资金参与选举，并由此将影响力渗透进整个政治领域，与各种政治权力结盟，进而控制选举。

在军政体制下，政府一方面培养企业，同时严格控制着企业主，对企业和企业主实行严格的监视和规制，财阀向政界提供资金很大程度上出于被迫，实际上是一种被逼无奈的交"保护费"行为。但在文民体制下，财阀已经成为政治资金的主动提供者，而且明确地开列政治资金的附加条件，致使各个政党在选举公约中都加入亲财阀政策。财阀的政治资金起到了模糊"进步阵营"与"保守阵营"间政策倾向的作用。2005年，韩国"中央选举管理委员会"对国会选举中分别属于进步阵营和保守阵营的五个政党的37项选举公约进行了比较，发现其政策差别很小。选举结果表面上由选民决定，但实际上财阀与政治家的暗中交易早已把国民排除在外,这在韩国已是政治常识。

除了在竞选过程中出资支持政党和候选人,财阀还下大气力在日常的生活中发现和培养政治人物,将其扶植成亲近和听命于企业的政治新星。2005 年,卢武铉总统在青瓦台召开企业家座谈会,坦然承认"权力已经转移到了市场"。2007 年,一名前国家安全企划部的工作人员泄露了针对三星的秘密监听内容,录音资料表明三星集团对韩国的政界、法律界、媒体甚至市民团体广泛行贿和进行"长期管理"。这就是轰动一时的"三星 X 档案"事件。①其中有录音资料表明:1997 年总统选举之前,三星总裁李健熙通过其妻弟——韩国三大报纸之一的《中央日报》社长向保守阵营和进步阵营的多名候选人提供了政治资金,结果金大中当选后曾专门致谢三星。卢武铉的总统选举活动曾被认为是"最干净"竞选。卢武铉发起"小猪储蓄桶运动"向普通国民化缘筹集选举资金。但是,2003 年 7 月卢武铉的选举资金状况被公开后,人们发现其所筹集的来自国民的捐款共为 50 亿韩元,其中小额捐款仅为 7 亿 6 千万韩元,而从财阀那里得到的选举资金却高达 120 亿韩元。②财阀的政治资金不仅瞄准总统府,也瞄准所有政党和国会。财阀大范围大量提供选举资金的做法使韩国的选举变得越来越昂贵,越来越离不开财阀的政治资金,财阀是韩国政坛的幕后老板早已是路人皆知的常识。"选举资金"案即便被曝光,受到打击的往往是政界,在历次有关"选举资金案"的审判中财阀总裁们真正获刑的情况非常少见。由于"选举资金"早已成为公开的秘密,在 2007 年的总统选举中,大企业的俱乐部"自由企业院"甚至提议按照企业规模的大小比例公开提供政治资金,把政治资金制度合法化。

在行政领域,财阀对于行政系统和政策制定进行了广泛渗透施加强大影响。财阀渗透行政与政策制定的主要方式是通过财阀旗下的大规模政策咨询规划机构影响政府的政策形成过程,甚至影响最后的决策。韩国财阀组织的大企业联合会"全经联",对韩国经济政策具有巨大的影响力,被称为"经济青瓦台"。"全经联"由 20 多名财阀总裁组成的"会长团"控制,会长团所开的会议,议题涉及政治、经济、教育等诸多方面,俨然一个小

---

① 载《朝鲜民族报》2005 年 7 月 23 日。
② 沈相奵议员室:《2005 国情监察报道资料》,2005 年 10 月 11 日 (http: // www. minsim. or. kr)。

政府。有关投资、贸易、利息、汇率和税收等方面的政策，政府通常要与"全经联"共同召开会议讨论协商。"全经联"下设的专门委员会，其政策研究能力甚至比政府更强，它们与政府相应机构保持紧密接触。

雇佣离职政府官员也是财阀影响政府政策的重要手段，韩国政府委任有财阀企业工作经历者为政府高官的情况也越来越多。企业管理层与政府官员之间存在着相互流动的现象在许多西方国家也非常普遍，而在韩国，企业所雇佣的前政府官员很多直接来自政府的经济监管部门，他们不仅能够为企业出谋划策，而且可以充当企业与政府部门的中间人。如卢武铉执政时期青瓦台秘书官李勇澈曾指证，三星将500万韩元现金包成书直接宅配送到他家。韩国的一些民间研究机构发现，影响力大、与企业关系良好的官员在退休后更容易被财阀雇佣，财阀为其提供的优厚的薪酬，作为对其在政府任职期间"友好态度"的酬谢。在一些行贿案中，前任官员经常充任行贿角色。他们还会在相关部门内部继续物色有影响力和亲企业的人选，帮助财阀企业与政府部门建立起长期的"友好关系"。

韩国政府很长一段时间里为了避免"政经黏着"的指责，避免任用有财阀企业工作经历者为政府官员，但后来政府渐渐不再强力排斥，加之近年来"高效"与"先进"的财阀新形象渐渐树立起来，因此政府和政党也开始积极引入财阀企业高级管理层。从财阀向政府的人事流动增加了政府部门中"亲财阀"的声音。

随着财阀影响力的增长及其价值观越来越被韩国社会承认，财阀开始以政府"老师"的身份出现。例如：卢武铉政府就把三星作为政府改革的样本，从2004年开始，国务总理室、统一部、企划预算处、外交通商部、公正交易委员会、金融监督委员会以及财经部等政府核心部门的高级公务员都被送到"三星人力开发研究院"接受培训。

财阀对司法部门的影响也十分惊人。韩国民众在对政治家和政府监管机构感到失望后，寄希望于司法部门对于财阀的制约。在宪政民主的框架内，司法判决似乎成了一切有关财阀争议的最终结论。随着针对财阀的诉讼不断增加，财阀集团倾向于控制更多的法律资源，增强在司法界的影响力，以应对司法监管。

财阀在企业内部建立起强大的法律咨询部门。以三星集团为例，在其企业组织高层的"结构调整本部"内设有"法务室"。三星"法务室"由30多人组成，其中13人曾经在重要法院和检察院担任过法官和检察官。"法务室"带领着集团内100多名律师,加上公司外部的法律顾问,其规模过千人。这些前任法官和检察官们在司法机构就职期间大多办理过与三星相关的案件,他们把相关经验提供给三星。检察官和法官们之所以大量流入财阀企业,是因为在文民体制下,司法部门与政府冲突的情况日益增加,影响了大批司法官员的升迁之路,企业因此有机会大量聘用那些在司法系统内仕途不佳的官员。与此同时,财阀也十分注意在政府和司法部门内部物色培养年轻才俊,以备日后之用。曾经长期在三星"法务室"工作的金勇澈律师向媒体公开透露,三星有计划地与司法部门重要官员建立长期稳定的友好关系。三星密切关注通过司法考试的年轻人,从中选出成绩优秀者,借节假日或者红白喜事等机会向其赠送礼物和现金,甚至还动用财团的影响力帮助某些人在司法系统内晋升。[1]

财阀集团在政界、司法界做的"功课"没有白费,财阀对政界、司法界的渗透,使财阀集团在司法诉讼中经常立于不败之地。2005年7月"三星X档案"事发,韩国的市民团体要求启动"三星特别检查法案"彻查财、政、法、媒四大领域之间的黏着关系,三星利用爱宝乐园债券规避巨额继承税的案件也被一并提出。2007年总统选举之前,曾在三星法务室工作的金勇澈律师透露三星利用企业高管的名义储备了大量政治资金。市民组织再次结成联盟,要求韩国总统启动"三星特检法"对三星进行彻查。韩国政府启动了"三星特检",但结果并没能使"倒三星派"满意。关于"三星X档案"中涉及的非法选举资金案,特检组认为这一事件已过追诉期,因此对三星高层免除诉讼,三星行贿案却因证据不足被判无罪,三星政治资金也不予追究,三星逃避继承税案不予调查;同时,对最先报道三星录音带事件的MBC记者和韩国日报记者,则判定其触犯了通信秘密保护法,因非法收集证据,泄露窃听录音而被判有罪。对三星行贿政界丑闻事件的判决,很大程度上反映出了司法系统的倾向性。

财阀针对政府司法行动往往斩获颇丰,充分体现了金钱凌驾于法律之上的现实。2005年韩国政府酝酿出台"金产分离法",规定企业集团内部的金融公司不得拥有其他公司5%以上的股份。而此时三星生命拥有三星电子7.25%的股份,三星信用卡拥有三星爱宝乐园25.64%的股份。根据

---

[1] 参见李宗保《对民主主义体制下资本如何支配国家的研究:以三星集团为中心》,圣公会大学社会学博士论文,2010年,第213—227页。

法律规定，三星应该出售超出5%部分的股份，但三星拒绝执行，并反告政府违宪。而面对三星的告诉，政府方面的"公正交易委员会"竟组织不起律师团应诉，原因是众多律师事务所因为与三星的业务往来而不愿受理。韩国知名财经电台节目主持人吴硕勋曾评论道：三星董事长李健熙的权力比总统李明博还大，在韩国人看来，法律已不能节制三星。《三星内幕》一书则更露骨地批评韩国不是民主共和国，而是三星共和国；李健熙在三星集团内讲话的权威性，就如同朝鲜领导人金日成！其他因涉腐而遭到调查的财阀也有惊无险，往往会采取一系列补救措施成功脱身。比如捐款回报社会，捐出等值于涉嫌贪污或者逃税的款项用于社会公益事业等。如郑梦久捐出1万亿韩元，李健熙捐出4.5万亿家底，赢得从轻或免于牢狱之灾。

"言经黏着"。与政府、国会和司法机构相比，财阀遭到的挑战更多来自市民社会。面对媒体、学术界和市民组织的指责，财阀依然利用雄厚资本进行应对，通过进军媒体，也获得了很好的效果。

媒体号称民主政体下的"无冕之王"。"无冕之王"的威力在于它们的"嘴巴"，而韩国财阀却致力于控制着"无冕之王"的"饭碗"，财阀用"饭碗"管住了"无冕之王"的"嘴巴"。

财阀经营媒体的目的主要在于控制社会舆论，影响政治。以《中央日报》创建过程为例，三星在20世纪60年代初财富积累过程中，与其共同参与"分肥"的财团们为了与三星抢夺业务，对其进行舆论攻击，以《东亚日报》攻击最为猛烈，而三星的非法蓄财问题被《京乡新闻》揭发，给三星的形象造成极大的破坏。朴正熙时期，三星又卷入"三粉暴利事件"的旋涡中，被在野党和《京乡新闻》辱骂为"反民族企业"、"买办资本家"。三星在舆论批判下被动之极却毫无还手之力。切肤之痛让三星深知舆论的重要性，于是1964年5月起，三星就开始大规模进军新闻业，先从广播产业入手，12月又开设东洋TV，1965年9月创刊《中央日报》，开启了三星向媒体大举扩张的序幕。其他报纸情况亦然，现在占据韩国主流的大报纸《中央日报》、《东亚日报》、《朝鲜日报》等背后无不有财阀的影子。

本应具有公共性质的媒体在私有化下成为服务于财阀的工具，加剧了不公平竞争和秩序紊乱，言论自由在财阀经济垄断下流为一句口号。媒体在财阀控制下极力美化企业形象、引导国家经济政策的走向，同时，利用民主政治的运行模式宣传造势，蛊惑民众，制造政治舆论，进而转化为政治影响力，为其所支持的政党或集团服务。这样原本以金钱为纽带的利益集团，形象得以包装塑造，成为高举社会公平正义，塑造国家意识形态的社会政治势力。"韩国的'精神政治的秘密'便是民族主义和国家资本主义，强调'国产'，对百姓进行'政治催眠'，一方面服务于大企业的市场垄断，一方面又建构政体的合法性。"[①]

进入文民体制之后，国家权力不再干涉媒体自由，媒体进入了市场竞争时代。在激烈的市场竞争中金钱的重要性凸显出来，得到巨大资本支持的媒体的市场占有率迅速攀升。财阀资本不仅直接掌控媒体，而且还通过广告费影响各个媒体的报道方向。韩国"报纸发展委员会"对137家报纸的财务结构进行分析发现，全国性综合报纸的销售收入只占广告费收入的0.7%至37.8%。而韩国的广告公司实际上掌握在三星、现代和LG三家大财阀手中。在"三星X档案"事件发生后，三星曾经停止向那些报道内容不利于三星的"进步媒体"投放广告，致使这些媒体的财务状况恶化。

财阀还影响着韩国的教育以及学术研究领域。文民体制下，政府不再控制和监视学术机构。韩国大学的学费迅速上涨，大学数量迅速增加，大学也进入了市场竞争时代。国家对大学的财政支援在2004年以后只占学校运营费用的1%，这些因素都迫使校方积极寻求企业资金的支援。[②]财阀成了优秀大学的经济后援，帮助大学改建校舍、为学生提供奖学金、为教授提供研究经费。企业的效率竞争机制也被引入学校，越来越多的企业高管被聘为大学校长。随着企业与学校的不断结合，学校的教育和研究越来越以企业需求为指挥棒，变得越来越迎合企业的需求与价值观。财阀也直接投资学术研究，开办研究机构，研究涉及经济、社会、政治以及国际关系等诸多领域，财阀开办的研究机构在人员、预算、薪酬等各个方面超过政府研究机构。财阀巨大的研究投入换来了强大的话语权。例如金大中政府时期的"强小国论"和卢武铉政府时期的"人均收入两万美金论"都是由三星首先提出来的，后被政府采纳，成为重要政策目标。卢武铉当选总统后，三星和"全经联"的研究所也都为其提供过政策规划报告。[③]

---

① 金香花：《韩国国家反腐败系统的建构过程及其经验反思》，《北京行政学院学报》2013年第5期。

② 参见[韩]李宗保《对民主主义体制下资本如何支配国家的研究：以三星集团为中心》，圣功会大学社会学博士论文，2010年，第251—266页。

③ [韩]苏宗燮：《卢武铉与李健熙的"蜜月"》，《时事杂志》2003年5月15日。

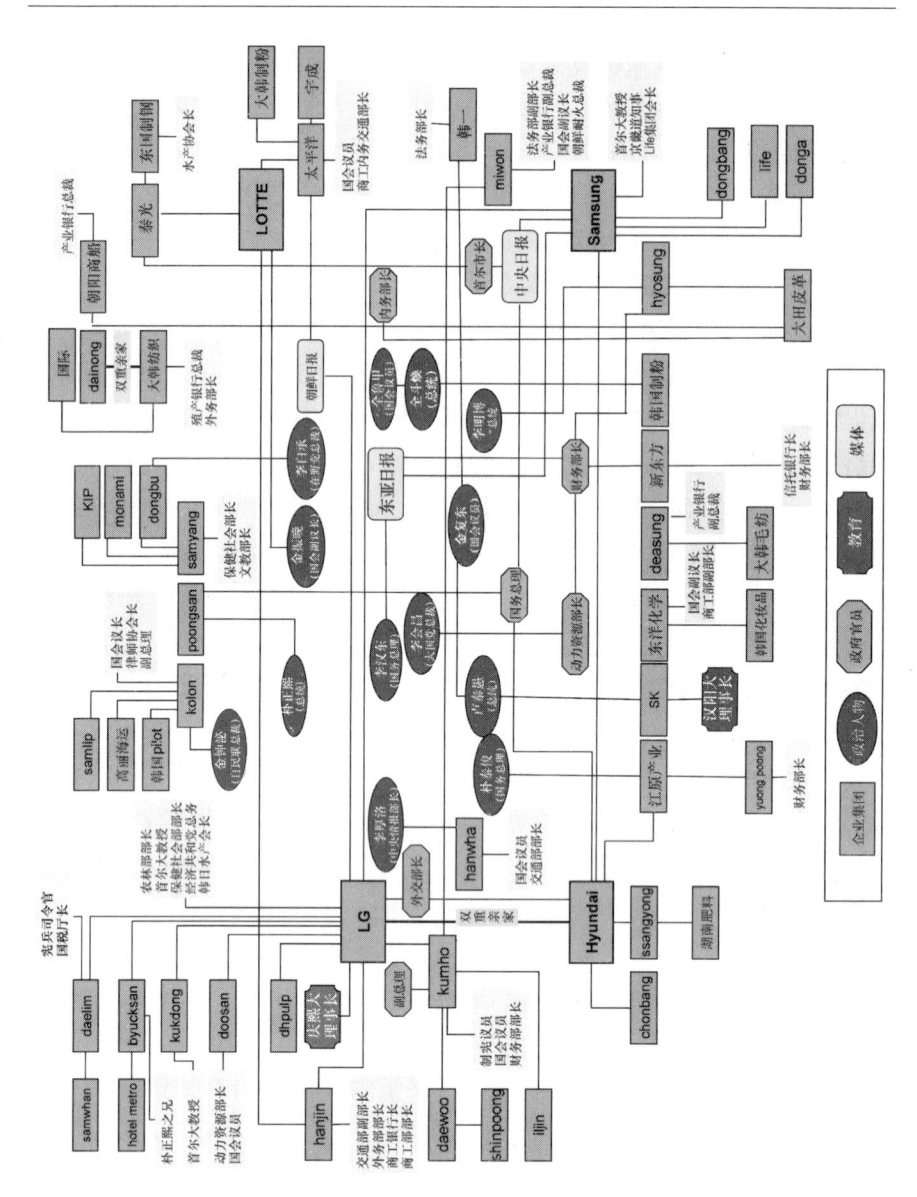

图2 以韩国30大财阀为中心看韩国精英集团的婚脉连接网

* 为现任职，其余职位均为曾任职。

资料来源：韩国参与社会研究所财阀项目组2004年研究结果。

(三) 财阀编织社会精英网络

在韩国的文化中,"学缘"(同校生)、"地缘"(同乡)和"血缘"(同姓)是十分重要的社会资源。在"三缘"中,"血缘"关系最为牢固持久,韩国财阀十分注重利用这一社会关系,建立起与社会各个领域的"强强联姻"。韩国30家财阀早在军政时代就刻意通过与政治人物、政府高官、媒体总裁、法律高层、大学校长、教授以及其他财阀家族的联姻,形成紧密的利益共同体。财阀的婚脉网络有两方面的功能:首先,它可以化解财阀集团之间的矛盾,加固财阀帝国内部的联盟。财阀企业之间存在着市场竞争关系,而建立婚姻关系有利于缓解矛盾,促进妥协。其次,以婚脉关系构筑社会上层精英集团内部不同资源之间进行交流、交换和转化的平台。

以婚脉连接的精英集团更加私人化,更加稳固。从这一意义上,可以说韩国通过民主运动推翻了军政体制后又进入了财阀统治的时代。韩国财阀集团内部这种权力构建和传承极其家庭化、私人化。以三星电子为例,虽然三星电子作为韩国第一大企业,也是大型的跨国公司,在全球也是营收最高的科技公司之一,但是其家族企业的特性仍然十分明显,李氏家族通过交叉持股的复杂网络牢牢控制着企业。在企业中家长的文化就是企业的文化,企业是家族的"私产",具有鲜明的家族特色。尽管政府曾进行了十年改革以遏制财阀过度借贷和扩张,但对于三星而言,与政府之间的关系仍然是"太舒适了"。拥有庞大资金和雄伟的扩张计划,在排挤小企业上也仍然不遗余力,三星高层坦言:韩国的鸡蛋太多而鸡蛋篓太少了。

如今在韩国,矗立在自由民主主义国家背后的是一个强大的财阀帝国。

四 文民体制的无奈

军政体制曾经被韩国人视为专制独裁而遭到激烈反对,韩国的民主化运动几经波折,终于获得成功。告别军人统治后,经过20年文民体制的实践,韩国的民主在宪政体制的层面逐步巩固,韩国人不会再允许军人对于政权的染指。但是表现在权力结构层面,人们似乎逐渐理解和怀念起军人统治时期的发展战略,导致保守主义势力裹携着财阀实现了全面的复归。应当说,这是韩国民主政治发展历史中十分暗淡的一页,也是经过无数人流血牺牲奋斗换来的文民体制的失败。为什么一向渴望民主、热衷于追求民主的韩国人转而支持保守阵营？为什么即使在极其艰难困苦条件下能够坚持不懈的民主进步运动，到了文民体制下反而每况愈下，在保守主义复归面前束手无策？

（一）福利主义成为新主流

韩国文民体制建立和巩固后，民众对于政治问题，对于民主的热情和注意力明显减退了，其注意力更多地转移到了经济领域。在反对军政体制时，韩国学生运动、工人运动、市民运动的确具有超越性，为了理想信念而不惜流血牺牲。但军政体制被推翻后，民主运动失去了对象和目标。人民开始思考民主政治以及各种社会运动的实际意义和价值。这时，人们意识到，民主政治属于上层建筑，实际上是远离人们的日常生活的。或者按许多韩国人所说，民主并非目的，而是一种手段。那么民主政治是什么目的的"手段"呢？大多数韩国人，特别是韩国年轻一代的回答是高质量的生活水平与福利。而民主与不断的政治斗争是不能导致财富与福利增加的。在文民体制实现后，社会注意力转向了自身生活质量的提升。

根据韩国政府公布的经济社会统计数据显示：2002年韩国关于经济相关的预算占到22.6%，2007年下降到18.4%；相比之下，社会福利预算则由19.9%上升到了27.9%，社会福利方面的预算以压倒性优势超过经济与国防预算。韩国逐渐由开发国家模式向近现代的福利国家模式转变。[①]

完成工业化任务后的韩国经济结束了高速增长的势头，社会流动性降低、贫富分化、雇佣不稳定、中产阶层沦为贫困阶层等趋势使韩国人的生存压力骤增，韩国人居然日益怀念起曾经辉煌的汉江奇迹时代了。90年代以后，韩国数家调查公司和电视台的调查结果都显示，当前韩国人最尊敬的人是他们曾坚决反对的军事强人朴正熙，而且对朴正熙的尊敬几乎来自韩国社会各个阶层。出自保守阵营的李明博出身贫寒，在汉江奇迹的时代成长为现代集团的CEO，他的成功神话触发了韩国人对汉江奇迹时代的再思考。李明博领导风格强硬，人称"推土机"。李明博参加总统竞选时提出的"大运河工程"等方案，实际上是仿照朴正熙时期的经济开发政策，有

[①] 牛林杰、刘宝全主编：《2007—2008年韩国发展报告》，社会科学文献出版社2008年版，第250页。

媒体甚至称李明博为"朴正熙第二"、"经济朴正熙"。韩国人将扩大就业、改善经济不景气的希望寄托于李明博这位"非军人的朴正熙"。

(二) 政治的失败和民主的讽刺

进步阵营在改革中的失败,尤其是在实行民主政治过程中以及执政期间道德上的缺陷,令韩国人民失望。民主,在意识形态层面意味着权利意识的增长。韩国的以追求民主为目标的进步阵营,高扬人民主权的旗帜,以启发、动员人民的权利意识为基本手段,向军政精英的统治发动进攻。而不可否认,进步阵营的领导者、代表人物本身的自我意识、权利意识自然也是十分突出的。他们在重重压制下坚持自己的信念,不屈不挠,也表明他们的坚强的意志与个性。但在推翻军政体制后,在享有民主进步运动的果实,建设文民体制的过程中,当年的进步阵营的领袖展现在人民面前的却是他们的道德与性格的缺陷。在经过"6月抗争"推翻全斗焕军政府后,实行的第一次自由竞选中,进步阵营的两位偶像级领袖金泳三和金大中就分道扬镳,从为民主自由并肩战斗的战友,变成追逐权力的竞争对手,结果使进步阵营痛失第一次竞选的胜利。在此后金泳三和金大中分别竞选成功担任总统的背后,都有重大的政治交易,甚至是不惜与保守阵营做交易。这大大损害了进步阵营的道德声望。加之在执政后,昔日民主斗士纷纷沾上腐败丑闻,论及个人道德操守远不如当年的"独裁者"朴正熙,这些不仅使进步阵营人物声誉受损,甚至也影响了文民政府的公信力。我们采访过一位曾积极参加过民主运动的韩国高校教授,他在解释保守主义抬头的原因时,对于自己所属的进步阵营的所作所为非常失望,讲自己常常反思:难道这就是我们前仆后继奋斗所追求的"民主"吗?

应当说,进步阵营的道德问题有主客观两方面的原因。从主观上看,民主进步人士强烈的权利意识以及自由主义的意识形态导致他们的个人主义的价值观,导致在政治活动、公共生活领域显现出狭隘与自私,上司政治、密室政治、心腹政治、帮派主义、乱用地域感情等旧的政治统治方式仍然盛行,国家和社会在分裂和纷争中倒退,而民众对于民主阵营的道德完美期望值过高。从客观原因看,市场经济条件和财阀经济的压力,迫使文民体制下的政治家也不得不接受并按照金钱政治的规则活动,导致他们的道德失败。反对军政体制,追求民主自由的一代英雄人物,在文民体制下不约而同地经历了由英雄变俗人,甚至变成道德可疑者的过程,对韩国民众而言不得不说是一种民主的讽刺。

对现状不满，往往会促使人们主动反思历史。近年来，对于军政体制，特别是对朴正熙的历史功过的研究在韩国正悄然兴起。针对原来人们普遍认可的朴正熙"在经济建设上是成功了，可在民主主义建设上却失败了"的观点，人们也逐渐改变了认识，肯定了维新体制在特定历史环境下的必要性，认同要对国家整体性地推进产业构造的改造与转型，比如推进重化学工业基础化，为工业化奠定基础，政治体制上建立强制性的国家主义体制是非常有必要的等观点。以时任韩国第二经济顾问职务的吴源哲的观点为例，他认为"重化工业就是维新，维新就是重化工业，这是不可否认的历史事实。维新和工业化，这两者是相辅相成的统一体，缺一不可。谁否认这个事实，谁就是昧着良心说话"[1]。

(三) 企业家精神渗透社会

韩国由于国家规模比较小，在经济全球化中尤其是面对全球性经济危机时受到的冲击和破坏面就更大。在文民体制实行后不久，韩国就经历了严重金融危机、经济危机的冲击，这种局面再一次使经济发展成为压倒性的问题。蛋糕只有做大了才有考虑公平分配的意义，面对空空的盘子，一切都是奢谈。因此在一定意义上可以说，保守阵营的复归体现出来的是发展主义对于民主主义的胜利。在巨大的经济压力面前，韩国社会出现了价值转移，经济发展再次成为最重要的价值标准。在这种情况下，民主、自由等比较抽象、空泛的权利与理念让位于社会生产力的增长以及就业、薪金、福利等这些更加"实际"的物质利益需求。

在这种思想背景下，作为生产力发展象征的企业，特别是韩国的那些国际性、垄断性的大财阀的企业集团，它们作为社会财富的集中代表者，成为新时代的效率、卓越、成功的象征，企业家自然成为新的社会偶像、社会榜样，实用主义、唯利是图的企业精神也随之向社会蔓延和渗透，逐步侵蚀了社会平等、正义等自由民主价值。

此外，许多财阀也在努力改善着自身的形象，财阀每年拿出一定数量的资金回馈社会，已经成为社会公共基金的重要来源。比如三星集团宣布

---

[1] [韩]朴槿惠研究会编：《朴槿惠日记》，陈冰冰译，上海译文出版社2014年版，第46页。

把价值8.28亿美元的家族财产无偿捐献给社会，现代汽车集团也表示要捐出10亿美元巨款给慈善机构。这种"感恩社会"的行为，为财阀形象的改善起到一定"补救"的作用。国际化竞争形势下大型企业的生存环境压力也令人们对这些代表国家形象的品牌企业有一定的同情心。揭发三星官商勾结黑幕的金勇澈不仅受到三星公司的监视、跟踪、窃听等不公正对待，特赦三星领导人的李明博政府却抓住揭发者不放，还有来自普通民众和亲友对他的"背叛行为"的唾弃与责骂。在许多韩国人的心目中，"三星"不仅是成功与时尚流行的同义语，也是国家形象的代言人，是韩民族的骄傲。三星如同韩国的圣牛，是神圣而不容亵渎的。对金勇澈揭发三星违法乱纪的行为，一部分民众选择了对三星的敢怒而不敢言，还有一部分则对揭发者产生背叛的愤怒。从金勇澈的遭遇，可以看到像三星这样的大财阀在韩国不可撼动的地位。

在这样的社会意识和心理条件下，进步阵营的失败和保守阵营的复归是完全可以预期的，也是不难理解的。

现代韩国在国内外一系列因素的影响作用下，经过反复探索和艰苦奋斗实现了国家的工业化、现代化；其间在政治上经历了自由、威权和多元等三种政治体制。在这些过程中，韩国社会结构也随之变化，形成了军政集团、财阀集团和劳工集团等三大社会群体。正是这三大群体的冲突、斗争、妥协，导致了韩国政治与社会的发展，建构了不同的体制。纵观韩国现代政治发展的历史，从效仿西方的自由民主宪政到威权体制，从威权体制过渡到多元体制，再从进步阵营主导的多元体制向保守阵营主导的发展主义、保守主义政治复归，韩国的政治发展既有线性的历史进步，又有反复，呈现出一定的历史循环。这大大丰富了我们对于政治发展的复杂性的认识，帮助我们从更加宽广的视野里去观察和思考政治发展问题。

同时，在这个历史洪流中，人们看多了权力与金钱交织的大戏，"政治商务循环"周而复始，冰山一角浮出水面，历史渊源痼疾难以去除。那些通过反腐风暴就能彻底改变韩国的观点在现实的政治生活中破灭了，许多人把更多希望寄托于现实主义的理念上。

（四）层出不穷的腐败

与这一时期的社会政治情况相应的是，韩国的腐败问题仍然是民众深恶痛绝的痼疾。据韩国精神文化研究院的调查显示，当前腐败不仅包括公务员收受贿赂，还有官商勾结、人际关系、企业招待、学校贿赂、征兵检查、教授职称评定、营业许可等社会的方方面面。腐败的根深蒂固说明了与之作战的长期性和艰巨性，期待毕其功于一役是不现实的。

韩国自从1996年加入国际经合组织后，各项指标都喜欢放在OECD成员国中进行排名比较。国际透明性机构每年发布的"国际透明性机构腐败认识指数"韩国的得分和排名在OECD成员中总是属于腐败程度相对很高的国家行列，其清廉度的国际排名远远低于在东亚的经济竞争对手。

2002年9月，韩国市民组织"反腐败国民联带"在汉城等12个城市的3017名中学生中进行的关于社会腐败的调查，其结果令韩国震惊：被调查的青少年中，92%认为韩国是"腐败的国家"。对于腐败的主要原因，有53%的被调查者认为是政界的不正之风，19%认为是基于地缘和学缘因素。调查中，有28%的学生认同"如果贿赂能够解决问题，就要爽快地送礼"。调查组织者在其评论中痛心疾首："我们的社会泛滥着有钱能使鬼推磨的极端拜金主义"，"韩国社会原先的道德、信义、礼节、友情、尊敬、孝道、忠诚等精神支柱"，现在都"开始土崩瓦解"。

韩国青少年的反腐败意识十分薄弱，大大低于其他国家的同龄人。据韩联社报道，一家韩国透明性机构2008年9月5日到23日对韩国1100名初高中生进行了"反腐意识"调查，结果显示，17.7%的受访学生表示："就算蹲十年牢，如果能赚10亿韩元，可以贪污腐败"；对于"只要能解决问题，行贿也不是不可以"的问题，20%的青少年表示肯定；对"不能为了当选学生会主席，送零食或礼物"的问题，只有42.6%的学生表示肯定。另外，对"我的家人靠滥用职权或触犯法律来成为富翁也无所谓"的问题，有17.2%的学生表示肯定，而有43.9%的学生表示认同"只要能让我们过得更富裕，国家领导人违反法律也无所谓"；此外，对"成为富翁比活得正直更重要"的问题，只有45.8%的青少年表示否定，而对"即使在网上抄袭作业，也没有必要标明出处"的问题，35.3%的学生表示同意。调查结果让许多韩国民众为腐败的未来表示了担忧。

2003年6月，直属于韩国总统府的反腐败委员会以1400多名普通人进行民意调查，其结果有16.1%被调查者认为公务员"非常腐败"，42.1%人认为"比较腐败"，共有58.2%的受调者认为公务员腐败。在最腐败的行政领域内，受调者回答：建筑75.3%，税务61%，法律事务58%，警察55.4%，国防及兵役48%。2002年反腐败委员会发表的

"2001年71个公共机构清廉度"报告,中央检察厅竟排名垫底。

2005年,韩国透明社会协议实践协议会针对韩国16个地区2000余名20岁以上成年人和501名大学教授及律师等专家为对象,就国民意识进行了调查,结果,普通国民的78.9%,相关专家的77.6%认为,韩国的腐败程度达到了"严重",特别是,普通民众的30.9%认为已经达到了"非常严重"的程度,对"以先进国家的廉洁度分数为100分的情况下,我国的廉洁度是多少分?"的问题,无论是普通民众还是相关专家都给出了60分以下的低分。

韩国长期背负着"最恶劣的行贿国家"的恶名。1995年三星总裁李健熙直指韩国政治是四流,行政是三流,企业是二流水平。也有韩国商人不客气地指出,韩国其实就是靠不到100个家族支撑着运转的,官僚结构就是管理他们的事务的经理人而已。二流的企业也并不自谦,韩国企业也屡屡被曝光缺乏社会公德心和责任感。据2011年韩联社所报道的一份社会调查,显示了86%的韩国国内上市企业并未尽到社会责任。该调查主要就社会领域和环境领域两方面与企业治理水平进行对比,就雇佣条件、劳资关系、与合作企业的交易公正程度、对消费者的安全考量等,以及就企业经营人的环保意识、是否设立环境经营计划等,进行了评价。

政治是为大财阀服务的,只是不同时期主导力量不同。比如,在威权体制下,政府是主导;多元民主体制下,财阀占据主动。在竞争选举的压力下,政治家要想在选举中取得胜利,就需要企业的资金支持,上台之后也需要企业发展带动的经济增长和市场繁荣以保持其政权的稳固,所以政治家们都会自觉扶持支持自己的财阀,而财阀们也希望获取更多的政策优惠和政府支持。这种权钱合作、互相利用的共生关系,是韩国政治性腐败最基本的表现。因此,一届届政府轰轰烈烈的反腐败未能消灭腐败的传统,只是腐败的手段越来越隐蔽。只要有利益存在,政界与经济界的联系永远是剪不断,理还乱。

失望与期望并行,韩国反腐败之路任重而道远。

2007年12月,李明博以"经济总统"的名义,夺取了总统宝座。韩国媒体分析他当选主要有以下几个因素,第一是卢武铉政权的失败,第二则是民众对经济的期待。由于对进步阵营政权政绩经济成绩不满,民众甚至提出"政权更迭第一"、"相比无能,腐败更好一些"等情绪化言论,把希望寄托于新的政府,寄托于李明博全新的形象和建立"道德上完美的政权"的誓言,希望"经济总统"能为国家带来可持续的经济增长,合理的分配,以及生产福利等改变。2008年2月25日,李明博总统在授权仪式上称:"我将建立即使贫困,也有希望;即使摔倒,也能站起来;只要努力,一切皆有可能的国家。"李明博提出政府将创建精简高效的政府,创造经济实惠的国度作为主攻课题。

2008年4月24日,李明博总统就任前一天,韩国政府公务员伦理委员会公开了包括总统李明博在内的103名政府高级官员的财产申报明细。2008年7月28日,韩国国会公职人员伦理委员会公开了新当选的161名第18届国会议员的财产申报清单。

李明博就任总统后曾多次表示要铲除权力性、公务员、亲属等不正之风的决心。在其政府100项国情任务中"铲除公务员贪污腐败"名列第12位。李明博将"公正社会"作为执政后期的重要任务,在为此而举办的第五次课题开展中将经营公正法律制度和根除贪污腐败视为头号话题。

尽管李明博三番五次就加强公务员腐败惩治进行了细节性的推进,各种精确到一顿快餐的钱数的行为都予以规范的规章制度不可谓不细致绵密,但是,韩国公务员收受贿赂、挥霍公款等犯罪现象并未减少。一批批新的"贪污之手"陆续登上政治舞台,民众只有相信总统的反贪决心又不过是一场纸上谈兵。

据韩国刑事政策研究院发布的《韩国犯罪现象与刑事政策》报告显示,李明博执政期间,公务员腐败犯罪年平均2099.6件,涉案公务员1613.6名,比2001年至2007年期间(案件1712件,涉案人员792名)有明显增长的趋势。该院研究员洪英梧表示:"李明博政府尽管把根除公职社会的贪腐问题作为政府100大施政课题之一,但与上任政府相比,公务员犯罪却大幅增加。2008年12月,国民权益委员会对居住在国内的外国人进行了民意调查,结果表明,50.5%的应答者认为公务员的腐败现象严重,58%的应答者则表示因腐败等原因而在企业活动中受到了极大的限制。国民权益委员会于2009年所进行的调查结果则表明,10名企业人中有2人在近一年内向公务员提供了金银首饰及对方要求的物品,进行贿赂的原因主要包括"维持与公务员的关系"(34.8%)、"遵照惯例"(25.9%)、"对业务处理表示感谢"(15.6%)等。

"道德上完美的政权"终究只能是一句口号。实际上,李明博还没上台就纠缠到"BBK公司股票案"中。在任期间,他的儿子、哥哥及亲信相继被曝光腐败而被捕。李明博的哥哥李尚德前议员，涉嫌收到所罗门储蓄银行会长仁石的赃款被刑事拘留。手握总统经济"钥匙"的青瓦台第一附属室长金喜忠也涉嫌收到仁会长的赃款。反对党立即抓住这一炒作点，大加攻击总统亲属腐败。其他如总统内兄金在宏涉嫌拿到第一储蓄银行钱财，青瓦台前宣传首席秘书长金斗雨、青瓦台前政务秘书长金海秀，以及前检察院检察委员恩进秀等都涉嫌收到釜山储蓄银行的钱财，从而为该银行在提供非法贷款和其他违规行为方面提供便利。金融腐败进一步把政坛搞得乌烟瘴气。李明博下台后至今仍官司缠身。

李明博政府反腐败的一个重大事件即是对前任总统卢武铉的腐败调查，并由此直接导致了卢武铉的自杀。卢以"综合受贿罪嫌疑人"的身份，接受了中央调查部的司法调查。主要内容涉及三点：被认为在青瓦台接受的100万美元现钞、汇至卢侄女婿账户上的500万美元及与前总务秘书官郑相文涉嫌贪污巨额特殊活动费（12.5亿韩元）案件的关联等问题。

权钱交易的怪圈和政治报复的恶性循环继续在这个国家上演着。

案例：卢武铉之死[①]

曾坚信自己"与腐败绝缘"却沦为了腐败的导体。卢武铉被指控违反"政治资金法"，接收企业家的贿赂，腐败成了对这位高调反腐败的前总统最大的嘲弄，也成为韩国人难以接受的讽刺剧。

2009年4月7日至21日，卢武铉在个人网站"人活着的世界"连续发表5篇声明，向民众"道歉"。"（不管是受贿）500万美元，100万美元，这种说法出来以后，我处于什么话都无法说的地步。无论我知不知道，但我还是说了，'是夫人干的，我不知道'这句话只能让我自己更加难堪，但我还是说了。"4月22日，卢武铉注明那是最后一篇博客，其中透露了强烈的绝望情绪，"我已经陷在无法出来的深渊，大家不能跟着掉进这个陷阱里，大家应该放弃我，现在只剩下低着头，向国民请罪的事了。事情发展到某种程度，我会做的。"4月30日，卢武铉以嫌疑人身份前往最高检察机关大检察厅，就所涉受贿案件接受了检方问询。5月23

[①] 参见唐学鹏《卢武铉之死与悲剧的左翼》，《21世纪经济报道》2009年5月26日；姚冬琴：《卢武铉：一身光环一身伤痕》，《中国经济周刊》2011年11月7日等。

日清晨，卢武铉选择以跳崖自杀的方式结束了自己的一生，这一天，正是检察机关再次传唤他的妻子，并决定如何处理他本人的日子。

"廉洁先生"

2002年韩国总统选举，出身贫民的卢武铉成为韩国历史上学历最低的"草根总统"。许多民众亲切地称他为"傻瓜卢武铉"，其支持者发起"爱卢会"力挺他。有韩国学者分析认为，卢武铉之所以能赢得总统选举，一方面得益于他的政治敏锐性；另一方面得益于当时韩国国民对政治的堕落和贪渎腐败充满愤怒和失望，而"平民总统"卢武铉恰好旗帜鲜明地反对这一社会弊端，顺应了民众心理。卢武铉宣称他的目标是"要建立一个充满正气、清廉的政府"，在卢武铉的努力下，其5年政权期间被定义为"清净时代"，他也被尊称为"廉洁先生"。卢武铉届满卸任时还志得意满地声称，在他的任期，"韩国的政经勾结现象已经消除"。

卢武铉在其就职演说中还曾承诺要结束地区政治、遏制飙升的房地产价格、增强韩国的竞争力。但出身法律界，对经济没有经验的卢武铉，在实际执行中显然有些力不从心。在他执政期间，韩国经济增长逐渐放缓，房价却飞速上涨。无力兑现其承诺的卢武铉支持率直线下降。2007年，一本韩国词典甚至收录了一个新的词汇——"很卢武铉"，等同含义是"很令人失望"。尽管社会上对于卢武铉施政能力批评很多，民众对"至少还很清廉"还是给予许多宽容。而卢武铉也很注重打好他的草根和廉洁两张牌，遇到对其执政能力的质疑和打击时，也总会以自身廉洁来回击。

腐败"基因"

卢武铉以反腐败上台，提出要刷新政治，扩大国民参与，反对贪腐的政客和各类腐败分子。但在他执政后，那些财团马上向他靠拢，用各种办法很快把他身边一些人拉下水，他的心腹、亲信屡屡被指有违法行为。这从一个侧面体现着韩国政治的重大弊端，即贪腐、门阀和政商交易的根深蒂固、盘根错节。

综观韩国政治史，可以发现，韩国的卸任总统悉数卷入各种各样的案件中，大多与贪腐有关，离任高官被调查、被追究、被判刑已经成为韩国政治难解的"政治魔咒"，下台总统被传唤、被拘押甚至自杀更是韩国的"国家性不幸"。许多民众期待卢武铉能够打破这一惯性模式，因为卢武铉清廉、草根的形象，加之并非出身门阀世家，远离政商传统圈子，用"小猪存钱罐"式参选，号召民众跟随他与过去的政治"划清界限"，从而给民众一种耳目一新的感觉。然而也有学者批评卢武铉有典型的当代亚洲地区一些左翼政治家的"通病"：夸大自我变革的激情和能力而忽略政治社会结构塑造的微妙与广阔、善于抢占道德制高点但却匮乏将其整合为理性改革政治形态的驱动力、因平民出身体恤民生提倡"参与式行政"，但却容易创造出更多的政府规制和失灵、强调社会诉求民众互动但有时却草率地接纳"最乌合之众"的见解……

究其根源，政经勾结是所谓韩国式国之不幸的根本源泉。依照韩国宪法规定，总统享有"帝王"般不受制约的权力，在这个特权光环下，加之重视"血缘、地缘、学缘、人缘"的社会文化氛围，企业家的政治情结浓厚，依附权贵，请托文化盛行，总统本人、家属、心腹、亲友们出现贪腐行为就不足为奇了。

2004年3月11日韩国大宇建设公司前社长南相国投江自杀。韩国检察机关宣布，南相国之死与涉嫌向总统卢武铉的胞兄卢建平行贿有关。南相国2003年9月向卢建平行贿3000万韩元，以谋求连任大宇建设公司社长。检察机关指控卢建平违反《律师法》和犯有斡旋受贿罪，对他进行了不拘留起诉。

卢李交恶

卢武铉和李明博的交恶可以追究到很久之前。卢武铉在早年任律师和议员期间，曾因控诉全斗焕独裁，支持民主人士而声名鹊起，同时他也曾对商业大亨郑周永揪住不放，而后者则被李明博视为自己的精神导师。2004年和2007年卢武铉以总统身份多次攻击李明博所在的大国家党。

卢武铉在任上时，韩国政坛以在野党大国家党为中心，形成"朝小野大"的局面，在野党把持的国会处处与政府为难，政府所提交的法案常常被以各种借口搁置，国会的日常工作也常常被中断，形成所谓的"植物国会"现象。保守的李明博一直对卢武铉的执政方式和执政能力表示厌恶和不屑。大国家党为首的保守势力和保守媒体猛烈攻击卢武铉政权，国会甚至发起总统弹劾案，让卢武铉狼狈不堪。卢武铉卸任后，朴渊次行贿调查案件让他身败名裂，彻底抬不起头来。

"朴渊次门"

2009年，卢武铉和夫人权良淑，儿子卢建昊卷入受贿丑闻案。同年4月初，卢武铉承认妻子权良淑2007年收受韩国制鞋企业泰光实业公司会长朴渊次100万美元用于在国外为子女买房。检方认为这100万美元与朴渊次收购农协子公司 Huchems（2006 年）和 2007 年推进收购友利金融控股公司的子公司——庆南银行有关联。卢武铉的侄女婿延哲浩也被揭发出收受朴渊次 500 万美元，该款是朴渊次用以答谢当时政府积极支持朴渊次获得 30 亿美元规模的越南火力发电站建设项目。此外朴渊次供诉另汇 40 万美元给卢武铉用以购买美国纽约州价格 160 万美元的豪华公寓，朴渊次声称钱是卢武铉先开口向他要的。卢武铉 60 岁大寿时，曾收受朴渊次赠送的两支价格超过 2 亿韩元的瑞士钻表。

卢武铉的亲信也纷纷被查有问题。朴渊次给前青瓦台总务秘书官郑相文送去 3 亿韩元；郑相文从总统特殊活动费中贪污 12.5 亿韩元。卢武铉的赞助人、创新纤维公司总裁姜锦远向前青瓦台秘书室室长李炳浣曾担任理事长的参与政府评价论坛提供了 6000 万韩元，向前青瓦台秘书室室长金雨植担任理事长的韩国未来发展研究院提供了 3.5 亿韩元。姜锦远还在尹太瀛当上青瓦台发言人之后的 2007 年 1 月向其提供了 1 亿韩元。此外，民主党最高委员安熙正和前青瓦台行政官吕泽寿也分别收受了姜锦远提供的 10 亿韩元和 7 亿多韩元。

韩国市民团体"经济正义市民联合"公布的一项研究报告揭示，三届韩国民选政府（金泳三政府、金大中政府和卢武铉政府）发生受贿案件 750 件，涉及金额 1975 亿韩元。卢武铉政府时期发生的受贿案件数虽低于金泳三政府，但涉案金额却占了三届政府的 61.6%，为 1217 亿韩元。该调查报告宣称卢武铉时期"韩国是个腐败国家"。

政治报复？

对卢武铉持同情的声音则认为，"朴渊次门"调查有着对卢武铉系政治势力政治报复的成分。

在韩国，总统卸任追究的事件轮番上演，反腐败则一直是政党政治中制服对方的撒手锏。卸任后，由于失去了权力保护，原来的权力集团就沦为政治攻击和调查的对象，原先在当政时期隐匿的各种贪渎案就会被揪出，成为存心报复的反对党们紧抓不放的小辫子。加上多党制下党争激烈，"非黑即白"的政治文化盛行不衰。在野即无力反对，一旦上台即不择手段报复几乎是韩国政治的重要特征，对前一届不同阵营的政府的政策进行无情的政治打击和报复，几乎成为惯例。

2004 年起，检察机关就对上届选举中李会昌阵营和卢武铉阵营收受的非法资金展开调查，揭露了"卢阵营"收受黑金的内幕。调查发现了卢武铉的亲信安熙正从三星集团收受了30亿韩元的非法资金,以及从韩国泰光实业公司收受了5亿韩元非法选举资金等证据。

而"朴渊次门"调查不仅几乎将前青瓦台高级幕僚一网打尽,还扩大到了卢武铉的家人。除了司法调查,韩国媒体也铺天盖地大肆报道渲染,有报纸将卢武铉到大检察厅接受质询说成是"韩国政治羞耻日"。人格尊严、案件调查、政治道德的多重压力终于压垮卢武铉。

进步势力也谴责正是李明博政府对前政府的过度调查与政治利用才导致了惨祸的发生,并要求对检察机关进行问责。在进步势力大本营光州及全罗南道等地,民众纷纷指责是李明博政府将卢武铉逼上了绝路。在吊唁处,亲卢民众以鸡蛋攻击了自由先进党总裁李会昌,骂走了总理韩升洙,并拒绝了朴槿惠、金炯旿等保守派政治领袖的吊唁。左右对峙的局面已现端倪。卢武铉自杀后,韩国法务部宣布结束对卢武铉贪渎案的调查,才使事态平息下来。

2013年,朴正熙的长女朴槿惠当选了韩国第18任总统,成为韩国历史上第一位女总统。她把推进国家政务改革作为政府重要施政纲领之一。与历届总统一样,她提出雄心勃勃的改革政策,声称要根治公职部门积弊,为韩国经济发展扫清障碍。

朴槿惠政府着力通过推进"经济民主化"实现其施政纲领。2013年5月,朴槿惠总统在青瓦台主持召开国务会议,在拟定的新一届政府的140项工作任务中,特别提出要推行"经济民主化"。"经济民主化"旨在营造公平的市场竞争环境,其内容包括保护经济活动中弱者的利益、保护消费者权益、认真贯彻《公平交易法》、防止大企业股东谋取私利、调整企业结构和确保金融服务业公平竞争等。朴槿惠把"实现经济民主化"的重点放在财阀改革上。朴槿惠一方面肯定财阀对韩国经济起到积极的作用,同时表示要对财阀滥用经济实力和不公正行为进行严厉打击。朴槿惠在一场讨论会上说,经济民主化并不是要解体或打击财阀,而是尽量保障正当的企业活动,废除不必要的管制,以向经济注入活力,同时要在极具影响力的企业承担社会责任上加大执法力度。

然而在其执政一周年之际,韩国发生了"岁月号"沉船事件,震惊了世界。这一灾难性事件发生后,政府的后续处理措施不力,被媒体痛斥为政府职能部门的无能与渎职。加之,在处理一起亿万富豪被杀案件过程中,也牵涉出国会议员、公务员、检察官等收受贿赂的丑闻,引起社会舆论哗然,"官手党"已成为韩国公职部门贪腐的代名词。在强大的舆论压力下,彻查公务员的贪腐问题已成为朴槿惠政府"应考的必答题"。针对"岁月号"沉船事件中暴露的一系列公职人员不当行为,朴槿惠政府工作重点转向加大国家政务改革的力度。

韩国虽然进入了民主社会,但社会文化并没有多少进步,社会中崇尚权威,强调等级,重视形式,讲人情,遵守所谓"潜规则"等现象仍然普遍存在,与民主所赖以建立的平等、自由基础是相悖的。所以有学者指出,韩国民主化只是建立了一套形式上的民主体制,但是作为观念上的民主却没有建立起来。官本位的传统观念仍然根深蒂固,当官发财仍然是许多人奋斗的目标和崇拜的对象。此外,韩国社会长期以来形成的官民依附体制以及空降式的官僚制度均是公职社会贪腐行为滋生蔓延的土壤,也是"官手党"现象屡禁不止的根本原因。

韩国政坛层出不穷的腐败也说明了,单纯建立起民主的政体并不一定能杜绝腐败。反腐败既离不开对权力的制度约束,又离不开廉政文化的构建。完善的政治制度、健全的法制环境,透明的社会监督、健康良好的社会文化氛围,都是根治腐败必不可少的基本因素。

反腐败的形式和内容要与社会背景相联系。一般都是形势要求使然,符合时代特征,反映当时的社会情况。不能割裂历史看问题。如朴正熙运动式反腐败,针对的是当时整个社会的腐败,用迅速动员暴风骤雨的方式,短期见效。在多元民主体制下,如何在政治上规范政治资金、建设成熟政党、壮大社会监督力量,有效的监督制约行政权力成为长期要坚持和着力的领域。

韩国反腐败仍然有一段漫长而艰难的路要走。

> **李明博时期(2008—2013)(第17届)政府反腐败的措施、特点分析**

李明博时期主要成就在于扩大了反腐内涵,提出了"国民权益"概念,设置了国民权益委员会(2008),将反腐败提升了一个层次。公布了《腐败公职人员处罚强化对策》(2008),《特定经济犯罪加重处罚法》(2008)等,对腐败的治理体现在具体而微的层面上,但在一定程度上却弱化了反腐的"可视效果"。

2008年2月29日,李明博主导下政府对国家清廉委员会、国民信访委员会、行政审判委员会进行了整合，并在整合的基础上成立了国民权益委员会，由国民权益委员会负责综合处理反腐败、信访、行政审判等业务。国民权益委员会以有效保护国民权益，迅速处理因行政处理不当导致的信访业务，一站式处理行政审判以及反腐败业务为工作目标，其职权主要包括调整清廉政策，构筑反腐败支援体系，改善增进国民权益的法律与制度，完善国民举报审查体系等。

2009年7月5日韩国首尔市教育厅当天公布《关于腐败行为举报奖励金支付的条例》立法预告，以杜绝教师和教育部门公务员腐败现象。首尔市教育厅公布新规定，举报首尔地区教师或教育部门公务员受贿行为，最高可获3000万韩元奖励。根据这项条例，普通市民和公务员都可举报教育部门公务员或教育厅派遣工作人员收受钱财行为。

李明博政府自2010年起规定，如果公务员接受钱物、吃请或者挥霍、挪用公款，一旦被发现，将以5倍基数的额度进行处罚、追偿。

> **朴槿惠时期（2013— ）（第18届）政府反腐败的措施、特点分析**

朴槿惠积极推进出台《金英兰法》（别名：《禁止不正当请托及公务员利害冲突防止法》）等惩治公务员腐败的法律，重点内容为防止收受财物、防止不正当请托及防止利害冲突。

政府组建"铲除腐败促进团"，由总理直接领导，作为政府实施国家政务改革的"先头部队"。该组织由总理直接领导，成员主要由从法务部、检察厅、国民权益委员会、公正交易委员会、国税厅、关税厅等部门选拔出的35名公务员组成，国务总理室国务第1次长洪润植、釜山地检第2副检察长裴成范分别担任团长与副团长，并根据职能与分工将他们分成4个小组进行活动。"铲除腐败促进团"主要任务是详细掌握公职社会及与公职相关的各领域存在的贪腐问题，及时分析原因，制定并采取相应措施，与相关部门协作处理贪腐问题，并对公职贪腐行为进行检查管理。

此外，为了方便国民及时提供揭发贪污腐败行为的情报，朴槿惠还专门设立了国民举报中心，希望借此收集情报，通过泛国民委员会与市民团体等民间部门通力合作，共同打击贪腐行为。

朴槿惠上台之初就提出她的施政纲要、国政目标定位在提升国民"幸福指数"上，力图通过"经济民主化"实现韩国的第二次"汉江奇迹"。

经济民主化概念原本是韩国进步阵营的理念,强调民主不简单等同一人一票,而是要渗透到社会的各个部门中,进入传统上被市场支配的经济部门,打破市场经济和民主政治的既定组合模式。朴槿惠巧妙地将之借用来重新诠释,提出建立公正的市场秩序,限制大企业的垄断、保护弱势群体、促进地区均衡发展等内容。核心仍然是促进财阀和中小企业共同成长,协调劳资关系,共同发展。再结合她在上任前多年为其父亲"正名"、"恢复名誉"的努力,显露出其与朴正熙推行的"祖国现代化"一脉相承的特点。由此,对于财阀的"规制"仅限于对于出现违法行为的惩治上。

案例:"最后的名单"使朴槿惠政府形象受损

"最后的名单"

据韩媒《京乡新闻》2015年4月14日爆料,现任韩国国务总理李完九曾秘密接受政治献金。

2015年4月9日,韩国建筑公司京南企业会长成完钟被发现在首尔近郊自缢身亡。成完钟是2014年10月被揭发出的"资源外交贪腐案"重要涉案人。

"资源外交贪腐案"始于李明博执政时期。李明博执政时曾推行"资源外交"政策,政府投入巨资积极参与海外石油、金属和稀土资源开发。然而,项目未取得理想成果,且主导落实项目的韩国矿物资源公社(矿物公社)亏损严重。

2008年,韩国矿物公社和韩国多家企业组成企业联合体,对马达加斯加的镍矿项目进行投资,韩国建筑公司京南企业出资10%参加该项目。后因京南企业财务状况恶化,矿物公社于2010年高价收购京南持有的项目股份,造成矿物公社亏损116亿韩元。在对"资源外交"相关项目的调查中发现,该项目牵涉各种贪腐行为,引起了韩国各界的关注。检方对涉案企业进行调查取证,成完钟成为头号调查对象。检方认为,成完钟涉嫌夸大京南企业对俄罗斯石油开采项目的投资利润预期,以此获得800亿韩元(7280万美元)政府贷款。

据对成完钟生前的采访内容显示,他曾于2013年4月韩国国会议员再选与补选期间向李完九提供3000万韩元的政治献金。成完钟自杀前曾接受韩国《京乡新闻》采访,透露他曾赠送洪文钟(洪文钟是朴槿惠2012年竞选总统时的竞选主管)2亿韩元(约合18.2万美元)现金,以及2006年9月在乐天酒店健身中心向金淇春行贿10万美元。此外,韩国"A频道"电视台12日报道称,与成完钟有20年关系的亲近人士表示,成完钟在上届总统大选中花费数十亿韩元。韩国SBS电视台报道称,在成完钟的八人名单上,现任庆尚南道道知事洪准杓将成为检方第一个调查的对象,此前成完钟曾明确表示通过某人向洪准杓转交1亿韩元。

据称,成完钟自杀时其裤兜留有一便条,上面记录着高官姓名和行贿金额。这份行贿名单显示,他所行贿的对象有:前任青瓦台秘书室室长金淇春和许泰烈、现任青瓦台秘书室室长李丙琪、国务总理李完九、庆尚南道道知事(相当于省长)洪准杓、仁川市市长刘正福、新世界党议员洪文钟等政府高官。这份"最后的名单",由于牵涉到朴槿惠政府的三任青瓦台秘书室室长以及现任国务总理李完九等政府高官,震动了韩国政坛。尽管朴槿惠于4月12日下令要求检方彻查案件,表示决不袒护,但此次丑闻仍给朴槿惠政府带来重创。

韩国的财阀们作为政客们争夺权力宝座的"提款机",并借此捞取好处的现象依然潜滋暗长、层出不穷。

求索与记录

韩国反腐败工作素描

腐败问题一直长期困扰着韩国,被韩国人痛斥为是最严重的社会痼疾之一。

回顾韩国历届政府的反腐之路,我们首先感受到的就是几任韩国总统强烈的反腐意愿和坚定的反腐决心。几乎每位韩国总统在上台之初都把反腐败作为执政的首要任务。朴正熙的六点誓言之一是"扫除国家的腐败与社会邪恶,重振颓废的国民道德与民族正气"。金泳三把腐败称为"韩国病",提出"无禁区整顿"。金大中在《防止腐败法案》提案理由中痛斥"国家已成为腐败共和国",立志与其斗争到底。每一位总统的反腐文告中可以看到"彻底"、"扫除"、"一切"、"坚决"、"根除"之类激烈决绝的言辞。每一位总统上任之初都无一例外地掀起反腐败的社会运动。然而,仔细分析各届政府的反腐败内容、形式和结果却大不相同。朴正熙为代表的军人强权反腐如暴风骤雨,带来强烈的社会震动。而以金泳三、金大中为代表的民主体制下的"阳光体制",则致力于制度层面建设。

一 韩国反腐败工作的推动力量

除了政府自上而下地开展廉政建设以外,韩国的反腐败工作也受到几个重要力量的影响。

(一)民主化进程对腐败的遏制

民主化进程是整个社会的历史一系列矛盾运动的结果,反映了社会发展的规律。韩国的反腐败斗争也是波澜壮阔的民主化运动进程的一个缩影。

韩国民众的推动是使韩国反腐败运动一浪高于一浪的重要推动力量。韩国的历次学生运动、民众的民主运动中，反腐败都是一个主要的口号。由于韩国历代政府都比较重视发展教育，韩国的学生逐渐成为社会中一支十分活跃的力量，而要求民主，反对独裁，反对腐败几乎是学生运动的天职。而这种学生运动的压力以及这种运动得到大众广泛的支持所形成的一种巨大的声势，有力地推动着各届政府的反腐败运动。

而随着经济的发展，韩国中产阶级的力量也日益壮大，并成为韩国政治民主化主要的领导力量。随着民主化的进程，韩国市民社会的力量又有进一步发展，国内的非政府组织在1998年达到1万多个，在2000年就达到2万多个，其中包括许多民间反腐败组织，在监督和预防腐败中也起到了良好的中介作用。各类非政府组织与透明国际等国际机构建立起了联系。

1999年由27个积极致力于反腐败的组织共同发起成立了"透明国际—韩国"。"透明国际—韩国"包括它的支部约有900多个组织，遍布于韩国各个城市和地区。其主要成员认为反腐败运动是民主运动的继续，致力于为社会正义、人权和民主而斗争。该组织的主要活动包括为公民参加反腐败提供门径，"为人民鸣鼓申冤"，每个人都可以到这里来举报腐败案件或咨询如何反腐败。为了方便市民，在每个地区设立中心，建立网页，开宣传车四处宣传；提供反腐败措施和提高反腐败的公共意识；向私营部门建议采纳经营伦理制度；配合透明国际，要求政府在公共采购中遵循透明国际推荐的"诚信公约"；对参加选举中的候选人进行评估，要求披露候选人的犯罪记录；举行反腐败展览；开发反腐败的教学材料；培养反腐败教育的师资；设立韩国反腐败奖励；登载反腐败广告和出版涉及反腐败书刊。他们还成立"透明国际—韩国政策委员会"，由专家学者、私营企业经理、政府官员和积极分子等组成，任务是提出反腐败政策和建立国家制度反腐败的途径；举办关于反腐败提案和反腐败指数的学术研讨会。

此外韩国经济界也在努力加强自我形象的提升和改善，推动社会消除腐败现象的努力。各种经济团体，特别是中小企业家们积极行动，致力于商业环境净化和改善，致力于公平公正的发展机会。他们呼吁打击和消除腐败，实行伦理经营、透明经营，限制不正当经营行为，为企业营造良好的发展空间。

颇具特色的民间反腐败组织与市民、企业、政府和透明国际已经开始形成一个反腐败网络。

随着民主的推进，韩国在权力的制衡、选举和总统任期制等方面取得进步，在野党和媒体舆论的监督，无疑对政府权力的腐败起到了重要遏制作用。

当然，关于韩国的民主化对反腐败的影响作用，我们可以看出，尽管实行民主制度有利于公开透明，监督力度增强，但作用不可过分夸大。环顾世界亦然，尽管许多发达国家民主制度完备，民主化程度很高，但是腐败现象仍然存在。并且民主化是一个过程，不是一劳永逸的，反腐败也要在政治文明建设进程中坚持不懈地进行。

（二）外部压力的作用

外部压力主要表现为来自美国的压力。在朝鲜半岛这样一个特殊的环境中，美国对韩国的影响举足轻重，韩国自建国以来，诸多政治制度、政策策略，都打有美国影响的烙印。

韩国是美国在亚洲努力打造的民主的样板。为了能在朝鲜半岛的南北对峙中获取优势，美国早在20世纪50年代初就督促韩国积极发展经济，打击各类腐败。

外国财团的监督与制约也对韩国政府打击腐败有一定影响力。借助外资的力量来引进技术和设备是韩国发展的一条重要经验，而外国的投资者对投资环境的要求，对投资项目的制度化监督和管理，对其所在地区和行业的正常运行等方面，以及对政府避免腐败等方面提出要求，客观上对腐败也起到了一定的制约作用。

另外，美国、日本等发达国家的经验与示范，也是韩国在政治文明和社会进步方面迅速取得成果的重要推动因素。具体到反腐问题上，韩国反腐制度建设大力引进西方社会包括阳光法案等反腐经验，使廉政建设不断得以推进。

（三）国会的监督监察

国会是民主制国家政治精英最为集中的组织结构，也是政治精英迈向权力顶峰的重要平台。韩国的国会有"民主阵营的堡垒"的美称，根据韩国宪法，韩国国会是国民的代表机关和立法机关。国会有权监督政府的工作。国会通过每年对政府机关进行"国政监察",对政府各行政部门的工作情况进行监察和质询。

国会会议期间往往是各在野党议员对政府和执政党的政策和行政工作进行公开批评、质询并提出自己的政策主张的最佳机会,包括总理在内的政府内阁成员有义务对议员们的各种质询给以负责的答复,此时广播电视和报纸等新闻媒介也对这些质询和答复内容进行详细的报道,甚至对整个过程进行现场直播。国会对政府的监察对政府权力起到非常重要的监督制约作用。

二 韩国反腐败工作中存在的主要问题

(一)滋生腐败的文化土壤难以剔除

韩国的反腐败的历程显现了腐败与文化的深层关系。韩国是一个传统深厚的人情社会,重人情不重法律、重关系不重原则的社会文化和思维习惯,造成普遍存在的公私不分、权威至上、追名逐利等文化现象,成为腐蚀现代行政管理的合法性和公正性的深层诱因。这些生活现象和文化特征不仅导致了个人的腐败违法现象,还引起了集体性、组织性和结构性的腐败行为,成为滋生腐败的深层土壤。

韩国政治、经济的发展与传统文化,特别是儒家文化有着密切的关系。文化的作用是潜移默化的。儒家思想所倡导的崇尚"忠"、"孝"的社会秩序、"一君万民"的中央集权观念、积极"入世"的人生态度以及尊重教育的传统对韩国的经济发展产生了重要影响。金大中曾指出:"汉文化圈国家(地区)经济发展能取得如此成功,可能同儒教的许多特征有重大关系。"[1]

儒教文化主张民众认同仁政,强调国家权威和社会秩序,激励和动员人民为集体和国家利益不惜牺牲个人利益,宣扬集体主义、民族主义和爱国主义,这些都对韩国经济的高速发展起了重要的推动作用。韩国在传统儒教文化的基础上,通过对现代工业文明主要构成要素的采纳和吸收,初步跨入了现代化国家的"门槛"。

---

[1] [韩]金大中:《金大中哲学与对话集——建设和平与民主》(中文版序言),世界知识出版社1991年版,第1页。

儒家思想是韩国重要的秩序原理：儒家思想中的国家观和权威观在韩国转化为程序，成为国家建设的精神支柱，从而大大增强了社会的凝聚力，调节了各利益集团间的矛盾，促进了社会的整合。如韩国推行了30多年的国家威权主义模式，强化了政府职能，提高了政府的贯彻能力和整合能力。

同时，腐败作为一种社会文化现象，更是不良社会文化的直接反映。儒家文化熏陶下的国家和社会，人情、亲情和裙带关系更重，家天下官本位现象也表现得十分突出。有韩国学者痛斥，在韩国只要是权力能够达到的地方，就少不了任人唯亲现象。卢武铉也曾批评韩国广泛存在的官本位意识，"在韩国确实存在以权力和人为中心，而不是利用制度来处理事务的习惯和文化"，不管哪个政府部门都存在贪污腐败现象，甚至连司法警察监察部门也不例外。尽管韩国有细致的法律约束，如选举法规定，国会议员和市长郡守不得向相关地区人员邀请的宴会送1.5万韩元以上的财物，但对于国家公职人员来说，遵循传统的家庭礼节文化同时也是其作为一个韩国人的本分，不能忘本就要遵循诸如红包文化等传统。据有关人士透露，每位韩国国会议员每月送出的礼金都要达到几千万韩元。

在韩国，小至办事得找熟人拉关系，请客送礼拿红包等不良文化，大至涉及天文数字的黑金政治，腐败在社会生活中根深蒂固，成为现代韩国走不出的腐败怪圈。

（二）政经黏连的"韩国病"难以治理

政经黏连难以根除，对财阀的改革举步维艰是制约反腐败的瓶颈。从社会政治层面上看，韩国模式的成功在于其政府的主导，而腐败也正是由于这种发展的模式而产生的。正所谓成也萧何，败也萧何，政经黏连造就了"腐败共和国"，同时它的存在有着一定的必然性。政府的大权独揽推动了经济的发展，同样，政府的大权独揽对市场机制的扭曲也给腐败创造了机会。

韩国经济发展模式的最大特点就是政府对经济的强大干预，从文化和历史的角度讲，受儒家文化影响的国家的政府都有一种家长作风，他们总是自觉地将社会经济的发展视为自己应尽的责任。可以说，没有韩国政府强大的干预，韩国的经济奇迹不可能出现。然而，在政府垄断了资源的情况下，为得到政府的贷款、补助和各种优惠政策，上至各大财团，下至中小公司，都使出各种手段争相向国会议员和官员行贿，官商勾结案件时有发生。有政治上的优惠就会存在政治上的裙带关系。大到竞选资金，小到打高尔夫球、喝酒、唱卡拉OK，政界人士都可以从经济界人士手里拿到钱。尤其是总统选举或国会议员选举期间，各政党为了把自己的候选人推上总统宝座，纷纷向大企业伸手索要政治献金。各大财团为了获得政府的扶植也纷纷掏腰包，而在不知哪个政党能够获胜的情况下，为了防备投机失误，企业财团不惜投入血本，每个有可能获胜的党都送钱。韩国人常常讽刺朝野各党"没有一个是干净的"。

金大中时期制定的"反腐败大纲"通过对韩国的深入研究，指出了增长主导的经济政策所造成的后遗症——政府给予某些公司特权，作为特殊支持的回报，公司向政党提供非法政治基金，试图影响、制定出对他们有利的政府政策和政府行为；另外表现在社会与文化方面，命令主义的作风，强调地区主义和学术小团体内部之间的联络，部门主义与家长主义等因素，都助长了腐败风气在全社会的盛行。

冰冻三尺，非一日之寒。尽管历届政府都致力于反腐败工作，像朴正熙、金泳三、金大中、卢武铉等政权在初期都努力采取了具体而有效的防止腐败的措施，并大张旗鼓地向外界展示自己的"清廉"形象，在韩国国民面前充当改革先锋。但令人深感遗憾的是，其家属和亲信却不断从各个领域收受黑金，直接卷入权力斗争之中。即使号称"与腐败无缘"的卢武铉，下台后最终没有摆脱与腐败的干系。卢武铉之死凸显了韩国政商勾结的顽疾对于韩国的危害之深。扎根在韩国社会的非法政治资金和适合腐败生存的政治结构与文化特征，是侵蚀政权的深刻根源。

三 当前韩国廉政建设的基本情况和成就

（一）健全公务员制度，规范公职人员行为

一个国家的政府是否廉洁高效，一个关键因素在于是否有一支遵纪守法的公务员队伍。对公务人员反腐倡廉必须予以高度重视。韩国的立法机构和相关部门制订了较为完善的《公务员法》、金融实名制和公职人员财产申报和公开制度，以此加强对公务人员的行为的监管和约束。

韩国现代的公务员制度是从1949年韩国国会通过了《公务员法》以后开始的。随着形势发展，《公务员法》在1950年、1961年和1963年进行了修改。1963年，韩国颁布《国家公务员法》以替代旧法。此后根据

实际需要和为了适应迅速的社会变迁，国家公务员法又经历过多次修改和调整，但其主要精神并没有变。

1981年，韩国国会通过了《公职人员伦理法》，规定了公职财产登记制度、礼物申报制度与就业制度三大主要制度。1993年金泳三执政时期，又通过了以高级公务员财产公开为主要内容的《公职人员伦理法》修正案，为国家公务员行为规范作了制度化规定。

韩国建立实行了公务员义务履行和权益保障制度。法律上明确要求公务员作为对全体人民服务的人员，要以自豪和意志来肩负国家和人民的义务和责任。公务员的义务包括：宣誓义务、诚实义务、禁止从事营利业务义务、禁止兼职义务、禁止政治运动义务、禁止集体行动义务、保守机密义务、廉洁义务等。伦理法上还规定了其他公职人员财产登记义务、就业限制义务、礼物申报义务等。此外，电子政府法和公共记录物管理法等法律法规也对公职人员新形势下的行为做出具体的规定。

（二）逐渐完善的廉政制度建设

凡国无法则众不知所为，无度则事无仪。① 制度建设是带有根本性的措施。随着民主体制的逐步完备，韩国的反腐败的制度建设也逐步建立健全。为了加强行政伦理和廉政建设，韩国非常重视廉政和反腐败立法，多年来制定了一系列有关的法律法规，并且适应社会的发展和反腐败斗争的需要，不断加以完善和创新。这些法律法规确认了韩国的廉政和反腐败法律制度，为正确规范公职人员的从政行为，预防和惩治腐败，提供了法制保证。

1. 建立健全反腐倡廉的相关法律和制度

韩国首先制定并多次修订了《特定经济犯罪加重处罚法》，具体规范了对受贿公务员、不正当利益获得者、非法敛财者、公职人员渎职行为的处罚。韩国还制定了《透明社会实践市民参与宪章》，鼓励国民参与反腐败社会行动等。2006年3月9日，韩国政府、政党、工商界和市民团体等各界代表签订了《反腐败——透明社会协议》，其目标是建立没有腐败的先进型透明社会，协议内容主要包括：非法政治资金上缴国库，修改国会议员不受拘捕的特权制度，严格管理腐败公职人员的再就业，清除账务

---

① 《管子·版法解》。

欺诈惯例及加强会计透明度，引入股票全权信托制度，鼓励居民参与立法，等等。《腐败防止法》、《公职腐败调查处罚法》、《非法政治资金上缴国库特别法》、《所得税法》、《公益举报保护法》、《公职人员伦理法》等反腐败法律的实施，构成了韩国预防职务犯罪的法律体系，有助于从法治上遏制腐败的发展势头。

韩国重要的反腐败法律法规简介：

(1)《公职人员伦理法》

1981年12月31日韩国以总统令的形式颁布了《公职人员伦理法》，从1981年到1994年期间共进行了6次修订。这一法律对公职人员的财产申报、公务活动中接受礼物申报、公职人员退职后就业等三大制度作了法律规定。该法律规定：4级以上的公务员和税务、警察、监察等部分职别中的5级、6级以上公务员均需进行财产申报；职务在A1级以上公务员和地方自治团体长官及地方国会议员本人、配偶以及直系亲属的财产申报要在政府公报上刊登，并由公职人员伦理委员会负责对财产申报等事项的审查监督。

(2)《公共机关信息公开法》

《公共机关信息公开法》于1996年12月由韩国国会通过并开始生效。信息公开法旨在促进和保障普通公民的知情权，促进公民参与监督，改变由政府占有公共信息的情况，提高行政的透明度，接受公众对政府工作的监督。法律要求，除了涉及国家安全的机密信息外，各级政府机关应使所有书面信息都能为公众获得，并规定了作为个体的公众信息请求的法律程序。

(3)《腐败防止法》

2001年，韩国出台《腐败防止法》预防发生和有效控制腐败行为。该法律规定，任何人发现腐败行为都可以举报，公职人员有举报腐败行为的义务。

《腐败防止法》以法律的形式规定了公共机关、政党、企业、国民和公职人员必须对旨在改善制度、防止腐败的各种政策提供积极合作的行为与义务。它对公共机构、政党、私营企业、公民和公职官员等各责任主体的责任作了详细、具体的规定。该法规定，按《政党登记法》登记的各政党及其党员，应努力建设廉洁、透明的政治文化；政党及其所属党员应按《政治资金法》的规定，筹集和使用政治资金，实现选举的正当化。

它还规定，私营企业必须恪守商业道德和秩序，采取措施防止腐败行为的发生；每个公民都有义务配合公共机构采取的预防腐败的对策措施。《腐败防止法》还规定，如果公职人员在职期间因为腐败行为被免职，那么3年内不得从事原所属部门工作，否则将被勒令辞退。法律还规定，进行虚假举报的人将被处以7年以上10年以下监禁，利用工作谋取私利，将被处以7年以下监禁和5000万韩元罚款，并没收全部非法所得。如果在反腐败委员会工作过中泄露相关秘密，将被处以5年以下监禁和3000万韩元以下罚款。谁如果违反规定，录用因腐败而被免职者，将被处以2年以下监禁和2000万韩元以下罚款。除此以外，对不履行举报义分的公职人员和违反保护举报人规定的人，将分别处以高额罚款。

除以上重要法律之外，韩国政府还根据当时的需要，制定了一些具体的法律法规。如2003年2月，韩国政府公布了《公务员保持清廉行动纲领》，该纲领的主要目的是保证公务员公正地执行任务，营造健康的公务员风气，并对禁止公务员收受当事人钱物和监督公务员的履行情况的机制作出了相应的明确规定。

2008年韩国国务会议通过的《特定经济犯罪加重处罚法》，规定对利用职务便利贪污公款或收受贿赂的公务员、国企干部、金融机构的干部职员，在进行刑事处罚的同时，还将追缴相当于其贪污受贿金额2倍到5倍的罚金。

2. 重视和加强反腐败组织机构建设

当前韩国搭建的预防和反腐败的机构平台主要有国民权益委员会、检察厅、监察院、警察厅等行政部门，以及公职人员伦理委员会等中立组织。

韩国主要的反腐败机构简介：

（1）公职人员伦理委员会

公职人员伦理委员会是包括政府在内的韩国各权力机关内部的专项监督系统。韩国公职人员伦理委员会的职责包括负责对公务员的财产登记事项实施审查、处理以及《公职人员伦理法》和其他法令赋予它的相关权限的事宜。

（2）检察机关

韩国各级检察机关是反腐败的重要机构之一。

韩国检察机关隶属法务部，属于行政系统。韩国检察机关共设大检察厅、高等检察厅、地方检察厅、地方检察厅支厅四个级别。大检察厅除受中央政府、法务部行政领导外，自成体系，其分支机构均不受地方政府管辖。

各级检察机关拥有搜查权和起诉权，可以对所有的案件进行侦查或者指挥警察机关进行侦查（与我国不同，韩国的司法警察不是独立的侦查机关，而是辅助检察官从事侦查活动的辅助机关）。对于预防和惩治腐败方面，各级检察厅大都设有特别搜查部，专门追查公职人员贪污受贿的腐败行为，贪污贿赂和渎职侵权等重大案件均由检察机关负责立案侦查。

大检察厅内部设有中央侦查部，主要对政府高级官员进行侦查，监控政治高层权力人员贪污贿赂以及介入的重大经济犯罪案。

（3）监察院

韩国实行监审合一的行政监察体制。韩国设立了监察院，负责审计、监察和纪检三重责任。监察院由包括院长在内的5名以上10名以下的监察委员组成，院长经国会同意由总统任命。监察委员会的职责是监查年度收入和支出的决算，然后向总统和下一年度的国会作出年度报告。监察院独立于政府事务之外，只受总统管辖，以保证在工作中免受其他部门或人员的干涉。

监察院依据《监察院法》开展审计监察工作。监察和审计对象包括中央政府、地方政府各级自治团体、政府投资机构及依法规定的其他机关。

职责包括：一是财政监察职责。即复核检查财政预算的执行情况。二是行使职务监查。即对政府机构及其官员履行职责的情况进行监察。此外，监察院认为必要或应总理的要求，还可对国家公共财政投入、支出和使用的情况实施监察。监察院可以对监察对象的账簿、记录等有关文件进行检查，冻结有关仓库、金库、物品，必要时也可以派出专门职员进行巡回监察。妨碍监察院工作、拒绝接受监察或拒绝提供有关资料的人员，将受到判刑或罚金的处罚。

对于行政机关等的违法或不当行政行为，受侵害的单位和个人有权提请监察院进行审计监察，称为"审查请求权"。任何单位和个人均可动用"审查请求权"，要求对政府部门、政府投资机关和地方政府的行政行为进行审计监督。监察院还设立了"188"举报电话，随时接受审计举报，使政府部门、政府投资机关和地方政府受到社会监督。

监察院在对被监督机构的会计检查和职务监察中，具有赔偿决定权、惩治权、限期改正权、向司法报告权和纠正改善权，对防止被监督机构腐败行为起着震慑作用。

(4) 腐败防止委员会

根据韩国《腐败防止法》于2002年1月成立的韩国腐败防止委员会，是韩国反腐败最高执法机构。

《腐败防止法》规定，反腐败委员会的职责是：①研究制定防止腐败行为的政策方案。委员会负责修订或建议修订反腐败的法律、法规、制度和政策措施，以预防公共机构的腐败。调查和评估为预防公共机构的腐败行为而采取的法律和政策性措施的实施情况。②进行防止腐败的教育、宣传及国际合作。委员会制订和执行预防腐败的教育和透明度计划，支持社会民间组织预防腐败的活动，开展和促进反腐败的国际交流与合作。③接受对公务人员腐败行为的举报，进行案件的调查，而后在法定期限内将案件分别移交检察院、监察院等部门处理。保护举报人的安全并酌情给予奖励。④对高级公务人员的腐败案件进行起诉。对高级公务人员的腐败案件，检察机关不予起诉时，委员会经调查和审查后，有权直接向上级法院起诉，请求予以裁定。⑤总统交办的其他反腐败工作事宜。

反腐败委员会由资深的政治家、法律专家和具有丰富的反腐败学识和经验的9名人士组成，包括1名主席和2名常委，成员分别来自不同政党。主席和常委均由总统任命，其他委员分别由国会和最高法院首席大法官推荐，由总统任命或委派。委员会的主席为内阁部长级。直属于总统领导，对总统负责，向总统汇报工作。反腐败委员会在韩国的政治架构中位置很高，有利于独立、公正和有效地行使职权。韩国反腐败委员会的建立，标志着韩国反腐败工作的专职化，表明了韩国反腐败机制的进一步健全。

韩国反腐败委员会在反腐败工作中扮演了多重角色，担任多项职能。首先，它是反腐败的"立法者"，为了制定和修订防止腐败的措施，委员会要进行必要的调查、研究和政策评估，并提供有关咨询；其次，它是《腐败防止法》和反腐败措施的执行者，负责法律规定和依法制定的反腐败措施的具体实施工作；再次，它还是反腐败的监督者，肩负着各公共机构和整个社会的反腐败政策、措施实施情况的审查、监督和检查任务。

自2003年起反腐败委员会开始对各级政府和公共机关进行一年一度

的清廉度调查。通过面向社会全面调查资金账户往来、不法收入证据和民间举报等情况，以摸清全国 325 个政府和公共机关是否存在接受商业贿赂、谋取不法利益、接受民间宴请、受礼、免费参加高档娱乐、不法介入有偿经济活动等行为，根据调查结果最后得出各机关的清廉指数进行排名。这一做法受到经济合作与发展组织的高度关注和肯定，被推荐给经合组织其他成员国效仿。①

2008 年 2 月，韩国政府通过了《防止腐败和成立国民权益委员会相关法律》，将惩治腐败的监察委员会②、国家清廉委员会、行政审判委员会合并，成立"反腐败与国民权益委员会"（ACRC），直属国务总理领导。该委员会共有 15 名委员，包括主席 1 名（部长级），副主席 3 名（副部长级），常务委员 3 名和非常务委员 8 名。所有委员的地位和独立工作的权力受法律保护。

除了继续评估政府部门的清廉等级、监控并发现腐败行为等工作外，反腐败与国民权益委员会还加强了对国家的反腐政策的补充完善，不断发现和修补现有体制和政策的漏洞，为政府部门和地方政府提供反腐的制度建设建议，并定期检查这些建议的实施情况。在受理投诉方面，开设了专门的网站和 110 呼叫中心，受理公民的投诉，任何人都可以报告公职人员的腐败行为，并接受调查的结果。

根据反腐败形势的进展，韩国正在酝酿成立由 ACRC、监察院、检察机关、警察机关和国税厅参与的"反腐败五机关联席会议"。

另外，政府还鼓励各级行政机构因地制宜地制定本地区本部门的行动规范。譬如首尔特别市的一些做法：

首尔市作为韩国的政治文化中心，作为拥有全国 1/4 人口的城市，其地位和意义是其他城市无与伦比的。首尔市的一些反腐败措施，是韩国各地方政治先进与典型的集中体现。首尔市采取了一系列有效的反腐败的做法，如在网上开设公开系统，建立电子政府，开展电子政务和电子商务，提供电子化的公共服务。对于公共采购等腐败易发领域，政府将所有招标信息都在网站上公布，所有企业都可以在网站和报纸上获得信息和相关文

---

① 参见孙晓莉《国外廉政文化概略》，中国方正出版社 2007 年版。
② 韩国政府内部的行政监察事务原先由监察委员会负责，中央政府各部门和地方政府设有监察委员会，它们由中央监察委员会的领导。中央监察委员会是政府内部的最高监察机关，由政府总理直接领导。

件，将重大招标事项公开透明地对外公布，接受民众监督，有效压缩商业贿赂的滋生空间。首尔市政府于1999年建立了OPEN在线民事申请审批程序，服务种类包括许可、注册、采购、合同、审批等。该管理系统把民政申请的透明性和公信度放在核心地位。它使任何人在任何时间、任何地点都可以在线实时递交申请，监督评审和审批过程，有关部门必须把处理的每个过程直至结果在网上公布，并在该网页公开有关反腐败的法案及相关信息，并通过互联网收集公众对反腐败计划和运动的反馈信息。为了保证政务公开工作的成效，首尔市在1999年7月还制定了《诚实公约》，按照该公约，一旦发现公务员和商人有行贿受贿行为，就将接受严厉惩罚。

二是组织协调全市的民愿委员会，对与市民生活紧密相关且容易出现腐败问题的领域以及一些便民项目予以公开并进行监督，以提高政务的透明度，密切政府与市民的关系，防止滥用权力。

三是调查公布反腐败指数。市监察局每年委托民意调查机构，采取电话调查与问卷调查的方式，对所属自治区，与市民关系密切的卫生、税务、住宅、建筑、建设工程、消防、交通、公园绿地和环境等八大部门进行调查，并于每年6月公布所调查单位的反腐败指数，作为评价本年度工作、制定政策的参考依据。

四是受理举报制度。市监察局设立两个举报中心，一个是廉洁举报中心；另一个是公职人员腐败举报中心。

为了让市民更广泛地加入到反腐工作中来，首尔市政府允许市民对酒吧和餐厅进行监督。此外还包括招募志愿者等。

李明博当首尔市长时，在建立OPEN的同时，还致力于全面系统地反腐。首尔市设计了"廉洁合同系统"（Clean Contract System），用以预防公共合同处理中的违规现象；还设立了"公众监查系统"（Civil Auditor System），用以鼓励非政府机构代表和公众社团直接参与到市政府的监督过程中来。

（三）当前治理腐败的主要措施

1. 加强公务员管理——财产公示、任前检查、行为制约

高级公务员在就任职前，必须接受是否有腐败行为的调查。公职人员财产要进行公示，接受民众监督。公务员行为要接受公职人员伦理委员会

等机构的监督检查。

此外还有对公务员转岗就业或退休后工作的限制。如禁止因腐败而被处罚免职的公务员到相关企业就业。对正常退休或转岗的高层公务员和国会议员任期结束后，到相关领域的企业任职和就业也有限制。例如，曾任检察官和法官的人士退休后，一定年限内不得到律师事务所任职，不得受理自己在司法部门时曾分管领域的刑事案件；对因违法违纪而被撤职的公务员，5年内限制其到包括私人企业在内的有关机构任职。

2. 严惩腐败

对公务员贪腐行为依法进行严惩。根据2008年颁布的《腐败公职人员处罚强化对策》，规定对惩戒公务员的种类有罢免、解任、降级、停职、减薪、训斥。对犯下收受钱财、接受宴请、挪用公款、贪污和腐败的公务员，惩戒的追溯时效由过去的3年延长到5年。

3. 举报保护

为了提高公众反腐的积极性，政府对举报腐败公职人员者设立高额的奖金，并对举报人进行保护。《防止腐败法》规定，国民举报公职人员腐败行为，因此增加了国家财政的收入，可获得最高达2亿韩元的奖励和彻底的安全保障。对举报腐败的奖励上限超过了举报敌谍（1.5亿韩元）和逃税犯（1亿韩元）的奖励。2008年首尔市政府为鼓励首尔市民和内部人士积极揭发受贿现象，将腐败举报奖金从1000万韩元提高到5000万韩元。还实施"内部受贿揭发者身份保护宣誓制"，一旦调查人员泄露举报人身份，就会受到严罚。

4. 加强廉政文化建设

重视建设清廉的人文氛围，是韩国反腐败实践中一项重要经验。韩国整体社会形成了为社会所接受认可的反腐败文化，深入影响到广大公务员和社会民众，并成为人们所遵循的主流道德观念和伦理准则。这在整体反腐败方面的立法、执法、社会监督、公务自律、社会教育发挥的作用是潜在的、但却是有根本影响力的。

首先，表现在廉政文化观念层面上，政府重视公务员的道德操守，在选拔、任用上严格要求，提倡诚实、正直的道德观念。对政府官员和公务员，从开始任职时，就有宣誓的义务、诚实义务、禁止从事营利业务义务、禁止兼职义务等具体的行为规范的要求，通过打造公务员的廉洁自律，在全社会培养廉洁从政的良好风气。

廉政文化制度层面上，制定和颁布了要求政府官员申报财产的法律，实行政治公开、政务透明，充分发挥公众的监督作用；提高公务员的工资待遇及社会地位。韩国的公务员稳定而体面的工作性质，使多数国家的公务人员不愿意冒险去做因贪图小利而丢掉"铁饭碗"的事。

廉政文化行为层面上，通过规范国家公职人员的工作方式和生活行为，增强其廉洁自律的意识。

除了对国家公职人员的严格要求之外，韩国政府高层还深刻认识到建设清廉的社会文化环境的重要作用。金泳三在就职演说中满怀信心地宣布要"建设新韩国"，建设一个"洋溢着高尚品德和正义的国家"，一个"充满自由和平的国家"，一个"富强和繁荣的国家"，为了新韩国的建设，金泳三政府提出了三大任务，其中第一条就是清除腐败。随后他掀起了史无前例的廉政风暴。金大中认为：清除腐败不仅要依靠执法机关和政府部门，民间也应当协助并监督政府清除腐败。不仅要揭露腐败行为，还要改革容易滋生腐败的制度和社会环境。国民在批判公职人员腐败行为的同时，也要改变遇有和自己利益相冲事宜时则不顾法律的思想意识。卢武铉曾多次表示，"对于清理腐败问题，将对实际情况进行详细的调查和分析，从严重的结构性腐败开始进行清理，不仅要斩断其枝叶，还要连根拔起"。

为了加强对普通公民的教育，在全社会树立廉政意识，韩国积极利用传统教育、传统观念等开展多渠道宣传教育，将培养文化自豪感与廉政文化建设结合起来。在韩国各主要城市都设有廉政历史文化遗址景观景点、民俗博物馆等，对广大市民进行忆苦思甜式的廉政思想教育。

在中、小学教学课程中设置反腐败内容，图文并茂，深入浅出，通俗易懂，以加深未来一代对腐败的危害和影响的认识；韩国教育人力资源部于2001年3月委托全国道德教师聚会开发反腐败教材，而教师聚会则在2001年12月发行了《关于有效进行反腐败教育的教授程序研究》这一报告书，进行反腐败及相关教育。反腐败的教育也在妇女学校、老年大学和其他文化教育及培训机构进行；此外，开发和支持一些反腐败的教材和项目，通过多渠道组织的各种社会团体，对团体成员进行爱国主义和反腐倡廉教育。

韩国政府还通过组织公民参与具体的社会生活，如参与选举、竞争，共同参与决策、管理、监督等民主活动，在实践中形成和巩固反腐败意识。

政府重视新闻媒体的作用，积极利用电视、广播等舆论工具对普通公民进行反腐败宣传，对腐败及时揭发、报道；出版反腐败资料以分析和评估政府的反腐败活动的成效，引导公民树立正确的道德行为标准，提高监督意识。针对各种选举中存在的买卖选票的贿选行为，2004年韩国检察机关规定，如果选民接受了30万韩元（时合2100元人民币）以上的财物，就会被拘留。选举委员会还通过媒体公开接受财物的选民名单，通过这些手段，来确立"在选举时接受钱财或向别人要钱，就会被社会抛弃"的法律意识。

韩国还广泛参与国际范围内的反腐败斗争。韩国曾举办了"关于根治亚太地区腐败的汉城会议"和"反腐败世界论坛"，注重建立一个对腐败现象不能容忍的社会和文化环境。

韩国国家清廉委员会从2006年起将"改善重视人情和关系的社会文化"作为反腐政策的核心战略，更加重视推进透明公正的组织文化和国民生活文化实践运动，旨在建设清廉的社会。同年，韩国政府提出了反腐三大目标和五大推进方向，三大目标是：廉洁的公务员、透明的政府，以及通过建设健康社会提高国家竞争力；五大方向包括：推进定期反腐败活动并改善制度，促进反腐败实践活动，鼓励国民参与协商，保证举报、处罚的实效性，努力制定高效的实质性对策。

四 韩国反腐败措施对我国廉政建设的启示

他山之石，可以攻玉。韩国在建立反腐倡廉机制与法制建设方面取得了丰富的经验和显著的成就。转型国家所面临的问题大致是相同的，积极吸收和借鉴外国的有益经验，取长补短，为我所用，对于我国政治发展有着重要意义。特别是中韩两国在历史渊源、文化传统、社会思维以及人民意识等多方面有着极其相似之处，总结归纳韩国廉政文化方面的建设成就，研究、学习、比较中韩两国在反腐败方面的理论与实践探索，对我国丰富和完善防腐与廉政文化建设也将有积极的促进意义。

中韩两国在文化上具有同源性。古代朝鲜的政治传统与中国非常相似，也是通过科举考试来选拔官员，官场的等级制度，权力争夺，裙带关系，官僚的贪污受贿，崇尚道德空谈而不务实际，讲人情而不讲原则等，也与中国几乎一模一样。

韩国是一个传统的人情社会，重视血缘、地缘、学缘和职缘等人际关系和社会交往，这种社会文化和生活习惯对商业交易规则产生了很大影响，贿赂被视为见怪不怪的正常行为。

在中韩两国历史上的腐败，有这样几个明显的特点：其一，腐败是制度性的。因为政治权力笼罩了社会生活的方方面面，而对权力的制约乏力，腐败低成本、低风险、高收益。腐败具有半公开性，升官发财、光宗耀祖是两国共同的历史传统。其二，腐败被掩藏在冠冕堂皇的道德口号之下。官员面对腐败时少有道德负担，而老百姓对"正常"的腐败也并不痛恨，遇到困难时自然而然地会使用行贿的手段，整个社会风气和民众心理对"正常范围内的腐败"的宽容度和承受力非常强。其三，历代反腐措施都只能治标不能治本。由于有着太沉重的历史积淀，腐败传统已经深入到社会精神深处，成了社会成员的集体潜意识，成为官员们"公仆"外表下的一种本能。

通过回顾历史，我们可以看到，中韩两国现代社会的腐败现象从一定意义上说是旧社会古老贪渎文化的一种延续。进入现代社会以来，中韩两国虽然社会制度不同，但是由于相同的文化背景，在经济发展过程中出现了诸多共同的特点：如政府把经济增长作为首要目标，对经济实行强大的干预政策。市场机制发育不完全，国家在微观经济中具有强大的干预作用。政府不仅利用自己在各个产业中所占有的主导地位来实现自己的意图，而且还可以对私营企业进行直接的干预，比如通过价格控制，可以轻而易举地操纵和主导市场竞争态势，政府官员的一句话可以直接影响一个私营企业的生死。所以，政府官员与企业的紧密联系和勾结就不可避免。这些现象多数正是中韩两国腐败问题的深刻社会背景。

反腐倡廉是一项系统工程，与社会环境相关联，涵盖经济、政治、文化等各个方面，需要标本兼治、综合治理、多管齐下。反腐败离不开法制，制度化建设稳定而持久。有法可依，执法必严，违法必究，对于预防和惩治腐败至关重要。制度也不是万能的，韩国各届政府层出不穷的反腐败措施并不能遏制住腐败的势头也说明了不能迷信法制和制度。

韩国反腐败工作中一些好的措施和经验值得我们学习和借鉴。

比如在制度建设上，反腐败的制度建设应该是一个系统的制度体系，需要有基本的政治制度和法律制度的框定、约束和规范，也需要通过结合实际情况不断进行完善与改进，使公共权力能够得到有效的监督与制约，同时严厉的惩治措施对于腐败起到震慑作用。韩国建立起预防腐败、监督监察、侦查起诉三个层面的反腐败制度框架形式，分别由韩国公民权益委员会、监察院和检察机关承担，三方机构权威又独立，在保障公民合法权益、监督权力、惩治腐败行为等方面发挥着重要作用。同时，韩国在反腐败上注重从细节处入手，鼓励公民和社会组织的参与，通过电子政务等新形式的探索，营造透明行政、清廉文化的社会风气，都是对廉政文化建设的可贵探索。

此外，关于借鉴国际经验方面，一个基本立足点是本国的国情，不能脱离本国的实际对他国经验生搬硬套，也不能盲目自大，闭塞视听。

以历史的、世界的角度来看，一个国家的工业化、现代化进程既是经济领域的变革，同时也必然伴随着政治层面的变动，引发社会的巨大变化甚至转型，在这一巨变过程中，腐败往往呈现出集中、高发的现象。最为典型的就是黑心商人道德败坏、唯利是图，贪腐官员以权谋私，贪得无厌。这些现象在各国工业化中都有相似表现，近乎成为一种"通病"。而鉴于腐败等丑恶现象对社会发展的严重破坏，各国也都在探索行之有效的预防和惩治措施。因此，如何在实现现代化进程中遏制腐败高发频发的势头，是处于转型时期的国家最应密切关注的课题。而其中最基础的，也是最核心的问题依然集中在对公共权力的有效监督上，需要进一步明确公共权力与公职人员的责任意识，做到权责分明，通过健全的制度来制约权力，最大可能地缩小通过权力为私人谋取利益的空间和可能性。

韩国发展与腐败问题新探：行政性腐败与政治性腐败

对韩国政治发展的研究是我们近几年的一项重要工作。在对韩国国会、学者、企业家等调研中发现，他们常提及韩国在军人政权时期和进入民主体制后，腐败现象发生了明显的变化。这给我们以很大启发。从政治学角度反思不同体制下的腐败问题，我们发现用"行政性腐败"与"政治性腐败"两个概念，可以很好地揭示出韩国民主转型前后腐败的变化特征。

行政性腐败主要是掌握公权力者的个体性的谋取私利行为，主要表现为贪污、受贿等；政治性腐败主要是由政党政治尤其是竞争性选举而产生的腐败现象，主要表现为因选举等政治需要，政治精英与经济界结成利益联盟，一方提供资金，一方利用政治权力，通过政策、法律等形式回报政治支持。

依据韩国的经验，行政性腐败多表现在实现民主化以前，特别是向多元民主转型时期，在民主体制下有所缓解；而政治性腐败主要发生于多元民主体制下，其隐蔽性强、破坏力大并且难以治理。

文民体制创建以来，韩国建立起比较完备的法律体系和比较健全的反腐败制度，也建立起由国会、监察院与宪法裁判所对行政人员的多角度的监督机制，有效地遏制了曾经甚嚣尘上的"政经黏着"即赤裸裸的权钱交易现象。然而，腐败在韩国并没有因为民主的到来而彻底消失。相对于基层腐败有所收敛，高层腐败却愈演愈烈。迄今为止历届政权都因腐败而蒙羞，即使是雷厉风行的反腐斗士金泳三、号称与腐败无缘的卢武铉，最终也没有摆脱与腐败的渊薮。

一 理论初探

行政性腐败，主要是公务人员利用公共权力和其他公共资源为个人及小集团谋取私利的行为，表现为贪污、受贿等贪腐行为。由于政府等公共权力机关拥有较多公共资源的分配和管理职能，这就为利欲熏心者利用公共权力，特别是行政权力谋取私利的腐败行为提供了较多客观条件。由于行政性腐败大多发生于公务人员，常见于政府官员与企业和民众打交道的过程中，因此易于为社会感知，造成的社会印象特别深刻，引发的社会反感亦十分强烈。随着民主化的推进，政治生活的公开化，社会监督特别是媒体的监督下，以及监察与调查制度制约下，行政性腐败得到明显的遏制。

所谓政治性腐败则是指与政治行为有关的腐败，特别是与选举相关的政治行为所引发的腐败现象。政治性腐败主要表现是：因选举等政治需要，政治家、政党等政治精英与经济界结成的利益联盟，经济界向政治精英提供资金，政治精英利用政治权力，通过有偏好的政策、法律回报政治支持。相对于行政性腐败，政治性腐败主要发生于政、商两界之间，其手段大多是通过政策、法律制定，以特许经营以及垄断利润等形式进行"权钱交易"，因与公众距离较远，不易引起社会关注，是更加隐蔽的腐败。但由于政治性腐败涉及的利益巨大，一旦严重发展并经暴露，也会形成巨大的社会危机。

政党轮替使政治性腐败行为趋于短期化、严重化。一个政党或政党联盟经选举上台，马上要进行政治回报，否则手中的权力也是"过期作废"。另一方面，政治性腐败因其政治性而更加难以防治。政治性腐败涉及政党乃至执政党的利益，因此往往会得到政治保护，即相关政党和利益集团对本方成员提供政治庇护。人们经常看到这种现象：相互竞争的政党经常以反腐败为政治斗争武器攻击政治对手，而同时又以政治迫害为由，将腐败问题政治化，抵御对手以反腐败为武器对己方的攻击。最终以反腐败为政治斗争工具的各方又会以政治妥协代替和避免法律制裁，以政治交易结束利用反腐败名义进行的相互伤害。

二 对韩国学者的访谈

关于行政性腐败与政治性腐败问题，当年"6·10"运动领袖之一、时任首尔大学学生会主席、韩国全国学生民主阵线主席的李南周的看法和观点很有代表性，他谈道，腐败是一个敏感的政治问题，当年学生运动反对军政体制和军人政权，把腐败问题作为一个重要口实，在这个问题上谴责军政府打压民主、专制腐败。但是，20多年过去，回头再看腐败问题，一个社会腐败问题的发生恐怕更多的是和经济收入水平与文化因素密切联系在一起的。他分析发现，当年军政权时期的腐败多是与行政权力有关的，主要表现为不给钱不办事。然而，韩国实现民主化以后，随着媒体监督的加强，行政管理体制的进步，包括政务公开等手段的实行，这种类型的腐败已大大减少了。由于这种类型的腐败与老百姓的关系更加直接一些，所以现在韩国社会普通民众感觉腐败现象得到了有效控制。

问题是，现在还有另一类腐败在严重侵蚀着国家和社会，即政治性腐败。政治性腐败是与选举有关的腐败。政治家要选举，选举需要钱，合法渠道筹集不够，就会与大企业秘密勾结，搞权钱交易。韩国大财团与政客关系十分密切，存在着金钱与权力的交换关系，这在韩国已是路人皆知的秘密。民主政体下的腐败主要是政治性腐败。关于民众对于政治性腐败的感受与痛恨程度，李南周认为，因为这类腐败主要涉及议员和政客，与一般老百姓有一定距离，所以更加隐蔽，社会感受不会特别强烈。然而，由于政治性腐败涉及的是权力的最高层，有可能影响到国家政策的制定与执行，其影响更为深远和深刻。

总的看，民主化后，由于行政性腐败受到抑制，"下面基层的腐败好一点了，而上面高层的腐败（多是隐蔽性强的政治性腐败）更严重一些"。

三 政商界对韩国腐败问题的看法

在调研中，许多韩国的政治家、企业家的意见也能佐证李南周的看法，他们也用几乎一样的语言描述政治家与企业家的关系、权力与金钱的关系。

韩国 18 届国会议员洪准杓认为，韩国实现民主化前，由于权力集中，只有几个人有权，腐败相对少；而实现民主化后，权力分散，腐败反而多了。朴正熙受人民敬重，也因为他很清廉。

崔尚明：民主与反腐败有关。专制时期，大企业与官员勾结，官商勾结，大财阀与官员勾结而导致腐败。民主时期，官商勾结垄断减少，透明选拔，高级官员的腐败少了，公务员公正了。民主化后，韩国是新自由主义的倾向，美国式的思考。经济民主与政治民主不同，虽有政治民主，但经济民主、社会民主还是另一回事。韩国也对"民主化后退"开展了讨论，应把政治民主、经济民主、社会民主一起推动。

金总[①]：资本主义是以钱为媒介的社会模式。这可以是资本主义的定义。所以在资本主义社会钱会带来许多问题。

在目前社会运行模式下，企业没钱当然不能搞经营活动，政治家如果没钱也不能搞政治活动。这就是问题所在。我们开玩笑说，韩国政治家走的是"建监狱之墙"的道路。政治家要选举，选举需要钱。靠合法的资金来源远远不够，无法开展正常的政治活动，所以就要和企业家结成联盟。现在韩国选举在社会生活中地位举足轻重，很受关注，政治家表面上风度翩翩，从内部看他们或多或少都有腐败。

搞政治需要钱，政治家自己没钱，所以不得不与企业家进行幕后交易。政治家拿了企业家的钱，就要与企业家共享政治、经济利益。为了坐上国会议员的位子，政治家要先与企业家坐在一起。在军政时期，联系是比较单纯的，现在变得复杂化了。在资本主义情况下不能完全消除腐败现象。但是随着经济社会获得一定程度上的发展，腐败现象还是会在很大程度上自然减少的。

社会多元化了，腐败也变得多元化了，从表面上看腐败消除了，实际上腐败隐藏得更深了。通过透明方式得到企业资金的捐钱来进行政治活动，但是这样是不够的。

当了国会议员，不能真诚地面对自己的人生，真诚地走自己的路。韩国有个笑话：国会议员要跟别人见面的话，一定要有所得，如果不能得到钱，不能得到选票，那就会选择不见的。

没有钱不能搞政治，政治家家里不印钱，要到处募捐。光靠包装、宣

---

① 金总为化名，本人为韩国著名企业家。

传是没用的，再好的宣传也只能得到一半的选票，那一半实际上是用钱买来的。

腐败不是个人问题，竞争性制度需要很多钱。

民主与腐败：威权体制下的腐败与多元体制下的腐败在性质、类型、范围、民众感知度、隐蔽性等方面都有所不同。

四　关于韩国财阀经济的政治影响的初步思考

1. 分类的必要性：不同体制下腐败是不同的

有一种看法是，不同时期都有腐败现象，包括朴正熙时期。那时的腐败也是官员与企业家的交换，因为那种体制下官商距离很近。但那时有两种制约，第一制约因素是真正掌握实权的人并不多，所以腐败现象并不像现在这么普遍，因为监督少一点的人相对容易一些。对比民主体制，现在政治家很多，甚至所有想当政治家的人都要搞钱，结果腐败更加普遍了。第二个因素是，那时有一个强有力的自上而下的监督。具体说就是朴正熙，他本人非常清廉，这一点已经被历史证明了，在韩国也得到了公认。朴正熙严厉打击军权内部的腐败，在一定程度上制约了腐败。而在多元民主体制下，腐败的表现、特点都发生了明显改变。

2. 行政性腐败多发区域：威权体制借助行政权谋利

政府不仅利用自己在各个产业中所占有的主导地位来实行自己的意图，而且还可以对私营企业进行直接的干预，比如通过价格控制，可以轻而易举地操纵和主导市场竞争态势，政府官员的一句话可以直接影响一个私营企业的生死。这导致公司间的竞争实际上是在非市场的不公平条件下进行的。从1961年至1992年，韩国以"军人政治"和"财阀经济"为突出特征，推动国家迅速实现了工业化。"军人政治"用强制手段摧毁了一切阻碍经济发展的因素，扶持财阀为首的工业企业，集中力量来快速发展经济。这种发展模式，虽然在一个时期内保持了高效的发展，但却助长了政经勾结、贪污腐化。由于政府对大财阀的扶植，造成国家有限的资金几乎全部被几大财阀所占据。同时财阀为了更多地吸收贷款金、争取建设项目，必定给予官员巨额贿赂。这些巨款有的成为执政党的活动经费，有的直接被收入私囊。韩国政界流行的一个说法："有钱才能搞政治，搞政治就会生钱。"行政审批的"特权"和工商界的"红包"紧密地联结了政企双方，造就了根深蒂固的腐败。正如卢泰愚所承认的那样，"从经济界收取资金已是最高当权者的惯例"。

韩国威权体制下，政府有明确而执着的经济现代化取向，领导人有坚定的决心和献身精神；官僚机构高效运作，政府官员相对廉洁奉公；但是政府主导易导致政治生活中权钱交易，从而使腐败日渐猖獗。政府过多地介入经济生活，企业家不得不依靠政府来谋求自身利益。政府掌握税收、金融等所有政策，企业的生存只能顺从政府政治权力，如不参与政府给予优惠政策的项目，企业可能迅速在市场竞争中被淘汰。六七十年代企业间围绕贷款而展开激烈竞争，政府在各个领域控制力的增强，拓展了官员个人决策权的范围，过多的控制和更大的行政权力为官员利用职权腐败提供了机会，可以将控制力当作讨价还价的工具，诱使人向其行贿。政府垄断资源和控制企业，企业为求发展被迫行贿以求保护。

行政性腐败的产生关键是政商间的关系的处理问题。政商一致，关键核心是政府与企业家的合作。这种合作是从对"非法敛财"问题的处理开始形成的。严厉打击这些企业家对国家经济发展并无益处，政府与涉嫌非法敛财的企业家达成妥协。政商合作往往退化成政商勾结，大肆进行权钱交易。结果，财阀膨胀，成为韩国经济发展的支柱性力量。

威权体制下，反腐败主要依靠自上而下的方式，这种方式主要问题在于权力的随意性和无约束性，使权力缺乏监督与制约。表现为：

其一，非制度化、非规范化的政治过程是引起政治权力膨胀、政府官员腐败的直接原因。韩国的威权体制只注重强化政府功能，而无视政治活动的制度化建设，致使腐败现象能够从权力的顶点向底层不断渗透。近年来，韩国总统及政府要员的受贿丑闻频频曝光，这种高层领导腐化的状况意味着政治的制度化程度很低，因为本应不受任何外来影响的最高政治机构事实上已经最容易受到外来因素的影响。在威权体制下，政治活动处于非制度化、非规范化状态，使得国家权力结构单向度地向强化行政系统发展，给政府官员提供了大量的"寻租"空间。韩国的经济政策主要是由总统及其秘书班子制定的，议会在多数情况下有名无实，而缺乏制约机制的总统及政府官僚自然能够毫无顾忌地贪污腐化。

其二，"政府主导型"的经济发展模式是导致政经勾结、官商一体等腐败现象的结构性因素。韩国的经济发展走的是一条政府主导的资本主义工业化道路，其主要特征是政府凭借国家的力量制订经济计划，确立发展目标和发展方向，使国家力量与市场力量高度融合，从而推动经济高速发展。对企业来说，政府的扶植与支持是不可缺少的，一旦失去了政府的支持，企业就难以生存和发展。政府与企业在这样一种关系下，大量的"寻租"机会不可避免地随之产生，企业堂而皇之地成了"政治家的采邑"。大企业为了获取进口配额、生产许可、低息贷款、优惠项目等竞相向政府行贿，提供非法政治资金。而政府官员也积极利用其政治权力贪污受贿，非法敛财。所以，只要政府过多干预经济的模式不加改变，韩国的政治腐败就始终具有生长的空间，腐败现象也就无法彻底消除。

其三，低度的政治参与是促使政府机构失去民主监督，陷入"越反越腐败"困境的根本原因。韩国的威权体制虽然有效地防止了社会的动荡，增强了政治的稳定性，使政府能够全面、高效地致力于经济的发展，但由于其对政党活动和大众政治参与的压制和排斥，使得政府机构缺乏来自外部的监督与制约，最终导致腐败现象不断滋生蔓延。

3. 政治性腐败隐蔽而又无处不在无时不在

民主体制下，行政性腐败受到很大制约，然而政治性腐败却逐渐发展起来。由于韩国政治界存在各类大大小小的选举，如总统大选、国会议员选举、市和道地方首长选举、地方议员选举等，不一而足。而选举自然离不开各种花销和开支费用，并且竞选费用大有水涨船高之势，为应付选举而募集资金是各政治力量不得不面对的一个重要问题，事关其在政界的生存与发展。尽管韩国早出台了《政治资金法》，防止政治家向企业伸手要钱，事后回报等恶性循环，但是单凭政府财政拨款远不能满足竞选所需。以金大中竞选1997年第十五届总统为例，根据《政治资金法》规定，金大中作为民主党候选人有310亿韩元的经费限额，然而据《朝鲜日报》报道，实际上他的花销高达5000亿—6000亿韩元。其中的巨大资金缺口只能从各个企业中筹集。《政治资金法》规定企业给候选人提供部分竞选经费是有限额的，而且捐资方与接受方都需要有明确的资金往来账户记录在案，如果企业提供的经费超出了限额就属于非法政治献金。对此企业会想方设法规避检查，非法献金往来账目极为模糊，甚至通过直接向候选人送现金等形式进行操作。

企业财团提供政治献金，其目的主要还是寻求日后候选人上台后对其企业给予特殊关照，比如减免税务、提供优惠贷款等获利方式。政客和企业之间有了一条割舍不断的金钱脐带。财团拿金钱给政客去收买选票，以竞选总统或议员；胜选者又用官位、优惠政策和项目承包等回报财团金主。所以对于企业来说选举资金相当于买保险，保日后平安。为了防止押错了宝，就得买双保险，或者给当选方送上"祝贺当选金"挽回局面。韩国民众将那些拿钱买路、心怀鬼胎、趋炎附势之徒称为"追赶新太阳的人"。这些投机分子往往是历届政府政策失败和重大腐败事件的罪魁或同谋。

据韩媒报道（《公选交易，从根本上打击腐败现象》，《东亚日报》2010年4月23日），每到选举前后，全国范围内贿赂风潮就开始肆虐。基础团体团长的公选甚至有"7当6落"（出资7亿韩元可获得公选，出资6亿韩元绝对不可以当选）、"广域议员公选3亿韩元"之说。3亿韩元相当于广域议员4年的总工资。因为公选交易进行得较为隐蔽，目前被揭发的也仅仅是冰山一角。媒体还揭露，尽管韩国地方团体自治的全面实施已经有15年的历史，但是行贿受贿现象仍然严重，其规模甚至在逐步发展。花钱买到管制的地方团体团长与地方议员将会向行业人员出售自己可以控制的官职，以此回收之前自己投资的资金。10名基础团体团长中有4人会因涉嫌行贿受贿而提前离职。因此，地方团体的政治行为被批评是"烂草根民主主义"。

财阀的帝国时代[①]

托克维尔指出民主制度稳定后会向两个方向发展：一是人们不仅追求形式上的机会平等，还会追求实际利益分配上的平等；二是人们在很多私人性质的社会制度中也会要求权利保障，这就是民主主义的社会化。然而民主主义与资本主义二者之间存在着天然悖论，资本占有的不平等使经济民主难以实现。韩国的民主革命也提出过经济民主化的要求，工人运动要求分得更多的发展成果，资本家要求实现经济自由化。但韩国民主革命的主要敌人是军政府，是一场政治民主化革命，而非经济民主化革命。民主革命并没有触及军政府的经济后援人也就是大资本，劳动者与资本一同迎来了革命的胜利。民主制度保障了工人运动的合法性，但同时资本也可以用民主制度保障自身的自由和权利。劳动者们希望民主制度能够保障其获得实际经济利益，但大资本却更快地适应了新的政治制度，找到了在民主制度框架内巩固自身利益、增强自身权力的途径。

宪政民主体制得到巩固后，经济民主化成为民主发展的重要课题，这次斗争的敌人由军政府变成了垄断资本。经济民主化的改革符合大多数人的利益，但这个"大多数"的力量是分散的，而被改革的"少数"早在韩国经济发展初期就形成了联盟，而且这个联盟覆盖了韩国各个领域的精英。政府在选民面前自然承诺要对垄断资本进行改革，但垄断资本是经济的支柱，政府也需要为其服务，而且政界与政府也都或公开或隐蔽地依赖着这根支柱。随着经济全球化的深入，随着产业升级和研发投资的增加，垄断资本与中小资本之间的差距不断扩大。垄断资本的地位进一步提升，其对韩国的影响力早已经超出经济领域，延伸到了政治、行政、法律、媒体、学术、文化娱乐等所有角落。

---

① 本章由王晓玲、陈海莹合写。

或许所有资本主义国家都存在着大资本暗中支配国家的情况，但这一问题在韩国却有不同的表现。韩国是典型的"小国家、大企业"，而且韩国的大企业集团是由少数家族控制的财阀集团。财阀集团的数量不多，其中前5大财阀尤其强大。这些财阀企业的所有权和经营决策权都在几个家族的核心成员手中，而且世代传承。财阀企业强调"忠诚"的企业文化，财阀总裁俨然是整个集团的帝王，其他股东参与决策的空间非常小。借着企业的影响力，财阀家族的影响力也遍布韩国的各个领域。在韩国，与其说是大资本家支配国家，不如说是财阀帝国支配国家。财阀帝国的存在使韩国的经济民主化程度比欧美资本主义国家更低下。财阀帝国的膨胀不仅损害了民主公正的经济环境，也威胁着政府的权力。因此，韩国自军政府时期就开始限制财阀，民主革命成功后，政府更是把财阀改革作为经济民主改革的核心，市民运动也把监督和限制财阀作为重要课题。但这些努力至今未见理想效果，财阀的经济垄断程度反而不断上升，财阀家族仍然凭借极少数股份把持着整个集团，财阀集团在与政府和国民的对弈中越来越得心应手。

要分析韩国经济领域里的权力结构变化、了解韩国的经济民主建设，一个很好的线索就是观察财阀的成长、财阀与政府关系的变化以及财阀对韩国各个领域影响力的变化。

一 "汉江奇迹"中财阀的成长

韩国财阀集团的历史大多可以上溯至20世纪五六十年代，而真正成长为财阀则是朴正熙政府时期。朴正熙政府主导的快速工业化不但造就了"汉江奇迹"，也造就了韩国的财阀。少数企业之所以能成长为财阀，凭借的不仅是企业主的经营能力，还有政府的特别优待。因此，财阀自从其诞生之日起就带有道德缺陷。

（一）战后依靠政治资本起家

直至1997年金融危机之前，韩国的30大财阀中有21个都创业于李承晚政权时期。当时，长期的战乱与动荡使韩国经济成为废墟，工业凋零、资本和原材料匮乏、失业人口庞大，政府运作和人民生活都依赖美国的援助以及进口产品。另外，日本殖民者建立的一些工厂遗留下来，战后重建事业、以轻工业为主的进口替代产业为企业家们提供了丰富的商机，在物资严重不足的情况下，进口贸易的利润也非常丰厚。

李承晚政府完全掌握了为数不多的经济资源，包括援助物资、援助贷款、进口配额以及国家重大重建项目等。李承晚政府选择了自由市场经济，把从日本殖民者手中接管的工厂民营化，后期还推动了银行的民营化。李承晚政府又是一个面临民主力量、军部力量等各种势力挑战的政府，也是一个腐败的政府，这就决定了政府在扶持私人企业的同时也对企业进行经济掠夺，作为其稳定政权的政治资本。

李承晚政府把从日本殖民者手中接管的工厂以非常优惠的条件卖给了私人。这些工厂不但估价低于市场价值，而且购买时只需支付估价总额的10%，其余90%在之后的15年内分期支付。考虑到1945年到1950年韩国的通货膨胀率高达600%，这种"收购"可谓一本万利。获得购买机会的企业家都与政府官员或者执政党中的重要人物有着良好的私人关系[①]，这些企业家还得到了政府特批的国内外长期低息贷款，分得了美国提供的援助物资，这些物资往往稍作加工就能制成生活必需品，在当时物资匮乏的情况下常常被一抢而光。企业家们积极地为自由党提供政治资金，并向重要的政党和政府人物行贿。

获得政府庇佑的企业很容易完成资本积累，一批具有优秀经营才能和企业扩张意志的企业家很快走上了产业多元化和集团化发展的道路，甚至成为商业银行的大股东。但经济发展成果都被大企业和政府分享，广大国民未能获利。李承晚政府时期经济增长率也达到4%—5%，但国内储蓄迅速减少，财政赤字持续增加。财阀们捞到了第一桶金，但也背上了道德的十字架。时至今日，"不正当发家"的原罪仍然是财阀遭韩国人指责的重要原因。

（二）"国家主导"下迅速成长

在朴正熙政府的主导下，韩国在工业化的道路上创造了"汉江奇迹"，而汉江奇迹的排头兵则是被政府选定的财阀。财阀在领跑韩国工业化的同时不断聚集经济力量，渐渐走向韩国经济的主宰地位。

1. 国家为主导、财阀为先锋的经济发展模式

[①] ［韩］金允泰：《财阀与权力》，新人出版社，2000年3月。

后发资本主义国家走向成功的一条道路就是政府主导经济。由于存在着追赶先进国家的压力，同时也有产业发展经验可以借鉴，后发资本主义国家的政府有可能动员全国力量、自上而下地制订经济发展计划并引导企业进行贯彻实施。但这样的发展模式需要一个"强政府"。而1961年通过军事政变上台的朴正熙政府正是一个强硬的政府，而且朴正熙政府与之前的政府不同，他踌躇满志，急于发展经济。在资本势力仍然羽翼未丰、政府掌握经济社会资源的情况下，这个政府选择走国家主导经济发展道路是顺理成章的。

对于依靠与前政府友好关系起家，并且羽翼未丰的财阀们而言，政权交替是一个巨大考验。军政府上台后致力于扫除腐败，不再依附于资本家，把当时最大的13家企业的创业主认定为"不正当蓄财者"①，并将其逮捕。但朴正熙政府急需发展经济，而当时韩国缺乏经济人才。三星创始人李秉喆等人抓住军政府的这一需求，向朴正熙表明了愿意为新政府的"现代化"目标奋斗的意愿。如果说李承晚政府与资本家们共享经济利益的话，朴正熙政府则与资本家们共有经济发展目标。在共同目标的指引下，政府释放了这些企业主，让他们在政府的领导和监督下为实现"经济开发5年计划"冲锋陷阵。韩国走上了政府主导并与大企业紧密合作发展经济的道路。

朴正熙政府时期，青瓦台、财政部和经济企划院是韩国经济的导演。政府通过颁发产业许可决定什么企业能够进入什么产业，把银行收归国有，企业的海外融资也需要政府担保。政府在70年代后期开始推动重化工业的发展，由于重化工业投资大、风险大，财阀们刚开始心存顾虑。财阀创始人们在回忆录中经常写到总统或者重要高级政府官员直接要求他们投资某项产业，并经常去工厂视察。除了这些强制性的指导之外，政府通过一系列优惠待遇引导企业进入政府计划优先发展的行业，例如贷款优惠、税收优惠，帮助企业选择工业用地等，有时候甚至直接向企业提供各种支援金。政府通过高关税、限制外资流入等政策阻挡外国商品和资本的流入，保护国内企业不受国外企业的竞争威胁。政府还对工会进行严密监

---

① 所谓"不正当蓄财者"，是指这些企业主中有人在日本殖民地时期有过亲日行为，大部分人在李承晚政府时期通过行贿获取了巨额利润，利用物资紧缺而抬高物价获巨额利润，以及偷税漏税。

控和镇压,降低了企业的用工成本。可以说在朴正熙时代,政府是整个大韩民国株式会社的总裁①。

在经济资源有限的情况下,政府集中力量支援了少数经营能力强的企业。当时的韩国政府把外国的大企业作为假想敌,希望能够赶快培育出能与国际大企业抗衡的韩国企业。1960年至1969年,当时的10大财阀得到的国外贷款总量占到了韩国国外贷款总额的21%。这些被政府选作经济发展先锋的财阀企业得到了迅速成长的机会。

2. 财阀的迅速成长

在韩国发展重化工业期间,财阀的发展速度远远高于整体国民经济。在1973年至1978年间,国民生产总值的平均增长率为9.9%,而财阀的增长率达到了22.8%。韩国经济企划院的统计显示,1972年,30大财阀中每个财阀平均涉足7.7个不同产业,拥有7.5个公司。1979年,30大财阀中每个财阀平均涉足17.6个不同产业,拥有25.4个公司。财阀涉足的产业不再是起家时的轻工业和建筑业,而是扩展到了机械制造、造船、汽车、电子、半导体、第二金融等高技术产业,甚至还成为广播与报纸业的主力军。在财阀涉足的产业里普遍存在几家财阀瓜分市场的现象,新生企业和中小企业的成长环境从此恶化。

在朴正熙政府时期的政财权利结构中,政府明显处于强势。政府完全掌握了银行、进出口和外汇等重要经济资源,经常直接对企业的经营活动下命令,还可以代替司法机构对财阀总裁个人作出有罪或无罪判决。但尽管如此,随着财阀经济力量的增强,其对政府和社会的影响力也在不断增长,主要表现在以下几个方面:

首先,财阀成立了代表自身利益的组织。在朴正熙时代,工会、农业协会和中小企业联合会都受到政府的严密监控,但由财阀总裁主持的"韩国经营者总协议会"(以下简称"经总")和"全国经济人联合会"(以下简称"全经联")却得到了政府的许可。财阀们通过这两个协会共同商讨如何应对日益成长的工人运动,与政府展开协商。其次,财阀的意见能够影响政府的经济政策。研究结果表明,朴正熙时期"全经联"所

---

① Mason, Edword S. 1980. *The Economic and Social Modernization of the Republic of Korea*. Cambridge, MA: Harvard University Press.

建议的经济政策中大约有70%被政府采纳①。随着财阀在国家经济中所占比重不断增长，"全经联"的协商能力不断增强。例如"全经联"反复要求政府向私人企业放开金融业，政府就做出了妥协，允许私人企业进入第二金融领域。政府还曾经计划制定"限制垄断以及公正交易法"以防止财阀的过大膨胀，也因为"全经联"的顽强反对而未果。伴随着快速扩张，财阀企业的高负债越来越对企业构成威胁，"全经联"又提议政府对利率进行调整。1972年，朴正熙颁布了"8.3措施"，降低了金融机构的利率，等于是牺牲银行以及私人借贷者的利益帮助大企业减轻了债务。朴正熙政府也从此失去了阶层中立性。最后，财阀们通过投资媒体产业影响了社会舆论。60年代，财阀们掀起了一股舆论产业投资热。例如三星出资创办了汉城电视台、东洋电视台和《中央日报》，成为国内最大的媒体企业，LG收购了《国际新报》，现代与"全经联"合作收购了《韩国经济新闻》等。韩国的重要报纸都归入财阀旗下。媒体业除了产生利润之外还为财阀提供了三方面的帮助：首先，企业可以通过掌握舆论得到政府的重视；其次，韩国社会对财阀的发家史非议颇多，掌握舆论有利于创造更友好的社会环境；最后，财阀之间经常会发生利益冲突，掌握舆论的财阀更容易获得支持。

二 "政经黏着"以及政府与财阀间权力结构的变化

如果说朴正熙时期政府完全主宰韩国经济，那么在全斗焕与卢泰愚时期，财阀与政府不再是单纯的上下级关系，而是相互利用又存在矛盾。与政府关系密切的财阀继续迅速成长，政府则从这些财阀身上获取了大量政治资金。财阀羽翼渐丰，开始明确要求经济自由化，政府受到民主革命力量的牵制，需要财阀提供政治资金，却渐渐不能像从前那样为财阀镇压工人运动。相比朴正熙时期，政财力量对比发生了此消彼长的变化。

（一）经济自由化以及财阀规模的膨胀

全斗焕政府时期韩国发生了民主革命，军政府向民主革命妥协，确立了宪政民主制度。卢泰愚虽然在民主革命胜利后上台，但仍然努力维持政

---

① [韩]金允泰：《财阀与权力》，新人出版社2000年版。

府的权力，对工人运动依然采取高压管制。但在经济领域里，这两届政府主动放权的限度却大得多。这两届政府开始推行经济自由主义，主要表现为推动国有企业民营化和韩国经济的对外开放。

促使其作出如此改变的因素来自两方面：其一是韩国经济经过十几年的发展后已经成为一个成熟而复杂的体系，简单的政府干预不再高效，经济官员与学者开始主张经济自由主义理念；其二是美国等先进国家看到韩国经济发展后要求韩国开放市场。在1979年到1981年之间，韩国的一系列经济政策完成了从"重商主义"向重视市场原理的国际化体系的转变。特别是从80年代中期到90年代初，韩国市场在国际社会的压力下迅速开放。1988年汉城奥运会前后，卢泰愚为了展示经济发展成果更容易地接受了市场开放的要求。1981年韩国的进口自由化率为74.7%，1989年达到了94.7%，关税则从24.9%降到了12.7%。1988年韩国废除了对自由进口商品的"进口动向监督"制度。1989年美国动用"超级301条款"强行要求韩国开放农产品、知识产权、服务业等几乎所有产业市场，结果到1991年，韩国工业产品的99.9%与农畜产品的88.5%都开放了。80年代韩国金融业也开始向外资开放，相关政策包括：减少限制外资直接投资的产业数量，把外资最低投资限额从50万美元降低到10万美元，外国资本可占投资比例从50%上升到100%；实行外汇自由化与利息自由化；减少对外国银行的业务限制。

在这样的环境下，财阀们都争相利用政府信贷收购企业、投资新产业和进行海外投资。1979年到1987年之间，10大财阀的资产从9兆韩元增加到了54.5兆韩元，增长了6倍。1979年至1985年，30大财阀的年平均销售增长率为34.5%，大大高于国民总生产年平均5.4%的增长率，财阀对韩国经济的垄断进一步加深。以1985年为例，30大财阀的销售额占韩国企业总销售额的53.2%，总资产占韩国企业总资产的49.7%，其生产的附加价值占韩国企业总附加价值的21.9%。[1]也就是说财阀企业所生产的附加价值虽然低于平均水平，但其规模却在80年代继续迅速膨胀。

经济自由化措施原本有利于促进市场的更充分竞争，但是在当时财阀已经形成垄断的局面下，这样的措施却反而促进了财阀企业的垄断。财阀在80年代竞争性地投资尖端技术产业，很快占领了汽车、电子、半导体、

---

[1] 韩国银行，《企业经营分析》1985年卷。

信息产业等高附加值产业的垄断地位。这一轮投资结束后,财阀真正掌握了韩国经济的命脉。

(二)"政经黏着"造就腐败的王国

全斗焕和卢泰愚政府被韩国人称为"政客与财阀的宴会"。全斗焕政府从企业界收取的"秘密资金"至今并未彻底查清,但估计达到9500多亿韩元,1997年韩国大法院判定这些"秘密资金"中的2259.5亿韩元属于贿赂。卢泰愚的"秘密资金"约5000亿韩元,其中有2838.92亿韩元被认定为贿赂。这些"秘密资金"是总统及其亲信利用总统职务向企业收取的,交换条件是向企业提供优惠贷款、为其经营提供便利或者免除税务调查,财务部长、国防部长和国税厅长等重要高官都曾参与其中。[①]在权钱交易盛行的这段时期,政坛不断爆出贪污丑闻,金融业成为重灾区,"李哲熙、张玲子金融欺诈案"所引起的巨大政治动荡成为最具代表性的案件。全斗焕的亲戚经常在很多组织里任职,例如"新世代培养会"、"大韩老人会"、"新农村运动本部"等,通过这些组织收受贿赂。全斗焕下台后,其家族中有20多人被送入监狱。通过这些权钱交易,总统及其亲信得到了巨额资金,企业换来了优惠的银行贷款和拓展经营领域的许可。

在这场"政府与财阀的盛宴"中,执政党与政要以及财阀各取所需,整个韩国经济却要为其埋单。企业交纳巨额政治献金造成了巨大的税收漏洞,本属于国民的财富大量流失。企业"买"到政府的支持后忙于扩大经营规模、拓宽经营领域、投资房地产,忽视了技术与经营的革新,导致一些企业因为负债率过高、竞争力低下而很快破产,当时轰动一时的"明星集团破产事件"就是一个典型案例。即便大多数财阀当时并未破产,但也都因为不合理扩张变得外强中干,最终在1997年的金融危机中遭受重创。

(三) 财阀与政府间力量对比的变化

全斗焕和卢泰愚时期,财阀与政府之间的力量对比出现了此长彼消的变化,主要表现在以下两个方面:

其一,随着财阀经济实力的增长以及经济自由化的深入,财阀开始正

---

① [韩] 林荣泰:《大韩民国50年史》,deulnyeok 出版社,1998年8月。

面对抗政府。

在经济自由化理念的影响下,第二金融圈进一步向私人资本开放,虽然政府仍然规定单一股东对银行股份的占有率不能超过8%,规定主要银行高管的任命权都在政府,但是与朴正熙时代相比,政府对银行借贷的控制力有所减弱。企业全球化也引发国家权力的弱化,外国贷款与外国投资使政府金融对财阀的控制能力进一步减弱,80年代末企业开始大举走向海外之后,国际化的性质使其越发拥有了独立于政府的立场。

在这样的背景下,全斗焕政府曾经希望对财阀的产业结构进行调整,减少财阀对同一产业的重复投资,具体做法是让财阀明确各自的核心产业,卖掉非核心产业。全斗焕政府用强硬的手段将现代与大宇的总裁软禁在宾馆里,要求他们选择某一产业出让给对方。但两位总裁虽然写下了保证,大宇却没有履行,原因是这时候的大宇已经不是纯粹的韩国企业,通用拥有其9%的股份,否决了大宇撤出汽车产业的决定。全斗焕的财阀产业调整政策因此而不了了之。民主革命成功后,财阀对政府的对抗变得更加直接。卢泰愚政府曾希望遏制财阀投机房地产,颁布了"应对房地产投机特别措施",结果"全经联"等多个经济团体立刻指责政府侵害了私有财产权,乐天和现代把政府告上法庭,最终在诉讼中获胜。卢泰愚政府也曾试图推动财阀间的产业结构调整,不允许现代投资化工业,不允许三星投资汽车产业,但最终还是向财阀妥协。卢泰愚政府还要求财阀进行所有权与经营权的分离,财阀们对此充耳不闻,还迫使政府更换了掌管经济的副总理。

其二,在民主化运动的浪潮中,财阀开始提出政治主张,甚至直接进入政治领域。

在民主革命的压力下,政府不得不顾及中小企业以及民众的要求,改变对待财阀一味袒护的态度。全斗焕政府颁布了"限制垄断以及公正交易相关法",以缓解财阀垄断国民经济、特定家族控制巨大企业集团的现象。卢泰愚政府一上台就宣布停止向财阀提供特惠金融,并增收土地税。民主革命成功后,政府也不再动用警察力量镇压工人运动,韩国的工人运动出现了井喷现象。政府能够向财阀提供的优惠和保护减少了,但为了维持政权从财阀处索取的政治资金却增加了,财阀对政府的不满自然会随之增加,并很快运用民主制度来对抗甚至操纵政府权力。

财阀开始公开批评政府的经济政策,并积极参与到政党之间的权力斗争中，甚至尝试掌握政权。现代创始人郑周永组建了政党，参与了国会和总统选举，还参加了1992年的总统选举，充分展现了财阀对于权力的公开觊觎。

（四）财阀在韩国民主革命中的作用

财阀在韩国民主变革中所起的作用非常微妙。他们既为军政府提供经济后援以获取优惠政策，又时常对军政府感到不满，希望政府减少对经济领域的干预，保障经济自由。而民主意味着政府会将更多权力分散到民间，因此民主革命在这一点上符合财阀们的意愿。但与此同时，民主运动对经济民主化的要求不符合财阀的利益，因此财阀对民主阵营尤其是进步阵营又心怀戒备。

正是因为存在着复杂的利益纠葛，财阀在民主革命的高潮期从未公开支持民主运动，反对军政府。在1987年的"6月抗争"中，"全经联"仍然发表声明表示拥护总统的"护宪措施"，也就是不实行总统直选制。但是当民主革命成功，军政府进入尾声，财阀很快就学会了用民主制度与政府对抗。1987年的"6月抗争"之后，看到国会与政党的影响力增加，郑周永就成立了"统一国民党"。在这一过程中，财阀界虽然没有公开声明，但采取了默默支持郑周永的态度。[①]

在民主选举制度得以正常实施后，财阀们开始积极主动地为候选人们提供选举资金。长期的"政经黏着"的历史使财阀们不敢忽视任何一股政治势力，不管是军部势力还是民主革命势力，不管是保守阵营还是进步阵营，财阀们都会向其提供政治资金。不仅是金泳三通过"3党合并"得到了财阀的巨大资金支持，甚至在进步阵营的金大中和卢武铉的选举资金中，财阀秘密提供的政治资金也占了大多数。可以说财阀们并不把政治理念的差异放在眼里，用金钱击溃了政党们的政治主张，无论谁赢得大选都会对财阀心存感激。

综上所述，财阀们并非民主价值观的拥护者，所有行为的出发点都是维护自身的经济利益。这些行为根本上是对民主的破坏，但财阀却也在民主制度的框架内进行参与民主活动，他们的秘密政治资金也曾帮助民主势力获得政权。

---

① 中央选举管理委员会，1992年。

三 "财阀帝国"日益强盛

当今的韩国,相比其他国家,大企业对政权的影响力尤其强大。原因主要包括:其一,韩国是"小国家、大企业",这个人口不足5000万的国家拥有14家世界500强企业。前10大财阀旗下上市公司的利润占全国上市公司利润总和的80%,可以说韩国经济就是财阀经济;其二,韩国的财阀企业是家族企业,企业领导权在家族代际间传承,企业资源可以被财阀家族所利用;其三,韩国社会的人际关系网功能强大,姻缘、学缘、地缘关系在社会上层中纵横交错,精英阶层以财阀的资源为中心,在阶层的基础上通过私人关系建构起尤其牢固的利益集团。

从金泳三政府开始,政府完全放弃了朴正熙时期的国家主导式的经济发展模式,企业渐渐不再受政府审批权的束缚,新自由经济理念成为社会共识。90年代以后,很多财阀企业已经成长为具有强大竞争力的全球企业,不再是从属于政府的合作者。政府在经济方面的职能由主导发展变成了为企业服务。

民主革命的胜利也有不利于财阀的一面。在宪政民主制度巩固后,民众自然进一步要求经济领域的民主化,要求分得更多的经营参与权和经济利益,这是家族企业所无法接受的。但是宪政民主制度巩固后再进行经济民主改革让人感到有些为时已晚。这时候的财阀在韩国经济中所占比重已经超过一半,财阀们凭借经济自由化、全球化以及产业升级这样的"天时",凭借已经在韩国占有的垄断地位从容应对来自政府和市民社会的改革压力,把自己塑造为效率和竞争力的代名词。财阀很快与民主制度中的几种权力建立了紧密联系,包括政党、政府、司法、媒体、研究机构,甚至市民团体也无法摆脱财阀的影响力。财阀通过公开的或者隐秘的渠道对抗和利用这些权力,不仅财阀改革举步维艰,经济民主难以改善,财阀对各种权力的控制反而越来越深入,以至于政治民主领域也深受其害。

韩国的政坛分为"进步阵营"和"保守阵营","进步阵营"对民主改革的主张更为激进,"保守阵营"则被认为是更加亲财阀的力量。但是在强势的财阀面前,金大中和卢武铉这两届"进步政府"历时10年却未能在经济民主改革中取得令国民满意的成就。虽然不能完全归咎于经济民主改革的失败,但1997年金融危机后逐步扩大的两极分化、持续的高失业率以及日益严重的雇佣不稳定问题都使国民对"进步阵营"进一步丧失了信心。当然,其政治民主改革的不彻底性也加速了民心的流失。另一方面，财阀一直大力宣传的效率、竞争力和自由经济理念却越来越深入人心。2007年底，财阀集团CEO出身的李明博以绝对优势当选韩国总统，此后保守政党也成为国会第一大党。保守阵营彻底胜利，财阀们则迎来了一个更为有利的局面。

（一）经济全球化浪潮下财阀垄断的升级

韩国自金泳三政府起积极加入到经济全球化的变革中，推动经济、政治、文化和社会等多个领域的开放，并且加入了世贸组织和OECD。1997年金大中政府在金融危机下不得不加快了经济开放。特别是IMF要求政府不再干预银行的货币政策，不再出台新的金融限制政策，不再发放政府辅助金，韩国政府通过金融控制企业的能力被大大削弱。在IMF的要求下，韩国还取消了外国资本对韩企业投资不得超过企业总资产50%的限制。外国人对韩国股市股票的总占有量在金融危机之前被限制在18%，到2000年，这一限制也被逐步取消，外国资本进入韩国的大门打开了。卢武铉政府则积极推动了与美国等国家的FTA协商。韩国企业无论在国内还是国外都跨入了无限竞争的时代，在日益激烈的竞争中，企业之间的分化日益明显。韩国国内市场狭小，能源依赖进口、劳动力价格较高，因此国际化程度高的企业更具有竞争力。韩国的财阀们早在70年代就在政府的扶植下走出海外，并且成为韩国产品出口的主要窗口，经过20年的发展，已经出现了多家优秀的跨国企业，在国际市场上获得了丰厚的利润。但韩国的大企业与中小企业之间没有形成牢固的合作关系，大企业出口对中小企业的拉动效果不大。1997年IMF打开了韩国金融业的大门，国外投资资本涌入韩国。这些资本与政府金融的目的不同，不会关心韩国的产业发展和经济结构，其目的只是获利，因此都涌向了经营良好的财阀大企业。如此一来，财阀与中小企业之间资本实力的差异也进一步拉大。

在经济全球化的浪潮中，财阀企业实现了更快的增长，而中小企业却在竞争中被大量淘汰，财阀在韩国经济中的垄断地位进一步升级。到1995年，韩国前10大财阀的生产量已经占到了韩国GDP的1/4。到1996年，世界500强企业中韩国有12家，而当时所有新型工业国家所拥有的世界500强企业只有24家。韩国真正进入了"小国家、大企业"的时代。

与80年代中期相比，财阀企业在韩国所占的销售份额虽然有所下降，但是其生产附加价值却不断提升，这说明财阀们已经从拥有巨大规模发展到了拥有强大竞争力（见表1）。

表1　　　　　财阀在韩国经济中所占比例（1985—2005年）　　　单位:%

	总销售额					附加价值					总资产				
	1985	1990	1995	2000	2005	1985	1990	1995	2000	2005	1985	1990	1995	2000	2005
10大财阀	41.2	35.9	39.0			25.9	33.3	50.6			25.9	33.3	50.6		
30大财阀	53.2	44.9	46.0			21.9	39.4	50.1			49.7	58.2	54.5		

资料来源：韩国银行《企业经营分析》1985年、1990年、1995年卷。

在这新一轮的成长中，财阀内部的差异也不断扩大，少数财阀成了财阀中的霸主。1995年10大财阀的销售额占韩国企业总销售额的39%，但其中的现代、三星、LG和大宇4大财阀的销售额占了全国国内总销售额的20%，韩国总出口额的60%。1998年，前5大财阀拥有韩国股市上近10%的上市公司，其股价总额占所有上市公司的30%。金融危机中，财阀之间的竞争力高下立现，前5大财阀企业的股票价值相对于其他企业迅速攀升，占了韩国整个股票市场的半壁江山（见表2）。因此，前5大财阀已经成为韩国财阀中的主角，经济垄断更加集中在少数人手中。

表2　　　　　　　大财阀股价在股票市场所占比重

单位：个，千亿韩元,%

	1998年				2002年		
	上市公司数量	股价总额	比重		上市公司数量	股价总额	比重
5大财阀合计	70	350	30.1	5大财阀合计	50	1282	49
上市公司总计	776	918	100	上市公司总计	683	2619	100

注释1：1998年数据是4月15日数据，2003年数据是1月2日数据。

注释2：1998年的5大财阀指现代、三星、大宇、LG和SK；2002年的5大财阀指现代、三星、LG、SK和乐天。

资料来源：韩国参与社会研究所：《韩国5大财阀白书》。

（二）财阀对经济民主的危害以及财阀改革的失败

财阀对民主的破坏不仅限于经济民主，但财阀权力的根源来自经济领域里的独裁地位，对经济民主的危害尤其显著。因此，财阀改革也都以改善经济民主为依据。

1. 财阀对经济民主的危害

首先，财阀家族独占所有权和经营权，侵害了股东的权益。

在财阀集团中，总裁通过少量股份掌握了集团公司的决策权，其管理系统带有封建家长制色彩。韩国自80年代起就不断督促财阀将企业上市，督促财阀家族减持股份以分散企业的经营权。但企业上市后，财阀家族在集团内企业之间建立了复杂的相互持股关系，最终仍旧以少数资金掌控了整个集团，借小股东的钱掌握了更大的企业。财阀集团通过设立直接向总裁负责的核心部门形成了中央集权式的管理体系，例如三星的企业结构调整本部、现代的经营战略组等。这些部门对所有企业进行战略指导、经营监督和评价。财阀在聘用高级管理层时把是否忠诚于总裁作为重要的考核标准，总裁与高级管理层之间的关系像封建主与家臣。高级管理层的合同任期一般为两年，任免权则实际上完全掌握在家族核心人物手中。财阀会长甚至已经宣布退出企业管理的名誉会长们实际上控制着企业，但在法律上为公司行为负责的却是被雇佣的专门经理人。

在这种独裁式的经营体系下，广大股东的权益被忽略。公司的经营活动经常要服从总裁的个人喜好，尽管有时候这些决策并不合理。企业经营的多元化一般以提升企业效率为目的，但韩国财阀的经营多元化多表现为财阀主个人垄断欲望的膨胀，这使企业经常由于财阀总裁一人的喜好而进入完全不相关的产业领域，无利于提升企业效率。正常的企业多元化因为受效率最大化的限制而有一个极限，但是个人欲望的多元化就不受效率的限制。财阀旗下的企业虽然都是独立法人，但却经常被要求牺牲自身利益帮助集团内的其他企业。企业在进行采购等经济活动时也不得不优先考虑与总裁亲近所经营的企业合作。总裁们进行政治活动时也会动用整个集团的人力和财力。当财阀家族内部选定新的继承人，整个集团往往会因为财阀家族的家务事而陷入混乱，现代集团的"王子之乱"就是一个典型案例。①

其次，妨碍了员工的经营参与，妨碍了劳资协商文化的形成。

财阀体制的存在还使企业员工难以参与企业经营，劳资之间难以建立起协商的健康关系。在韩国经济高速成长的军政府时期，政府一味用强制手段帮助财阀镇压工人运动，把工人放到了企业主与政府的极端对立面，再加上政府与财阀之间"政经黏着"的不正当关系，政府与财阀被贴上了"不道德"的标签。在1987年民主革命中，工人们的愤怒终于找到了出口，劳资矛盾出现了井喷现象，从此形成了对抗型的劳资关系传统。实际上80年代韩国的工资平均增长率高于其他新兴工业国家，10人以上制造业企业的工资增长率在1981年到1987年间年平均为6%，在1988年到1990年高达13.5%，大企业工资甚至出现了超过20%的高速增长。② 财阀企业中工人难以真正参与经营协商，工人们无法摆脱受害意识是韩国劳资矛盾居高不下的重要原因。在非家族企业里，随着企业规模的扩大以及股东的分散，往往会发生所有权与支配权的分离。员工被看作是内部顾客以及技术的重要组成部分，企业管理层也愿意承认工会并建立起劳资协商机制③，劳资矛盾因此走向缓和。但是这种劳资关系的转换在财阀这种家族企业里就无法实现。企业的最高经营者和所有人都是同一人，非财阀家族管理层的决策权都很有限，财阀主们更不情愿让工会真正参与经营协商。

民主革命成功后，政府不再强行压制工人运动，财阀开始通过"新经营战略"应对工人运动。主要做法是：改变以年功为依据的工资制度而进行岗位评价；为工人提供优厚的公司福利；通过提高生产自动化程度提高劳动效率；使用更多的非正规职，或者把工作外包出去；承认工会，但通过法律手段对其进行限制，例如不工作就不发给工资等；主动通过媒体营造反对激烈的工人运动的社会氛围；在企业内培养团队精神和家庭氛

---

① 现代创始人郑周永最初决定将会长职位传给二儿子，但后来五儿子获得了父亲的宠信，夺走了会长职位。此后，二儿子将现代汽车公司分离出现代集团成了现代汽车财阀。五儿子死后，小儿子与五儿子家庭之间又展开了收购和反收购的争斗。在这一过程中，现代集团很多公司的业务对象和管理层都发生了巨大的变化，这种动荡影响了企业的正常经营。
② 数据来源：韩国劳动研究院。
③ [韩] Godaeman：《劳资关系环境的变化以及理想的劳资关系的建立》，载《济州大学论文集》1996年第25辑。

围，培养职员对企业的忠诚心。①大企业主们还成立了"全国经济团体联合"，向因为劳动纠纷陷入经营困境的企业提供帮助，并阻止个别企业向工会妥协。与此同时，大企业开始向东南亚等地转移投资，使国内雇佣规模进一步缩小②，失业率上升。1997年金融危机使大量企业倒闭，这时候财阀凭借其竞争力反而能够提升员工工资。1996年30大财阀的平均年薪是2177万韩元，1999年上升到3347万韩元，增加了54%。其中前5大财阀的1999年平均年薪与1996年相比增长了73%。财阀企业工资的上涨得益于其生产效率的提高。5大财阀的劳动所得分配率③在1987年为0.55，高于全国平均水平，到2001年下降到0.35，低于0.52的全国平均水平。但工资提升、与中小企业收入差距增大，这就足以稳定核心员工对公司的忠诚心。与此同时，企业在非核心岗位上雇佣了大量"非正规职"。2001年至2006年5年时间里，韩国的"正规职"减少了1.1万名，"非正规职"增加了182.2万人，韩国已经成为OECD国家中"非正规职"比例最高的国家。"非正规职"享受不到"正规职"的福利待遇，工资收入也比"正规职"低很多，两者之间还经常出现"同工不同酬"的现象。这使工人队伍内部发生了分化，在失业者以及"非正规职"劳动者看来，为保护自己饭碗进行罢工的大公司的劳动者们成了自私的"既得利益集团"。财阀通过这些措施掌握了劳资关系中的主动权，但实际上并没有分给工人们更多的经济利益，工人们始终被排除在经营权之外。

最后，财阀垄断了买方和卖方市场，扭曲了市场竞争，使中小企业难以成长。

凭借市场垄断地位，财阀们在原材料市场上有强大的议价权，在销售中有强大的定价权，这导致新兴企业很难进入已经被财阀垄断的行业与之形成竞争。而财阀如果决定进入某一新的产业，则可以动用其强大的资本和行销网络很容易就击败这一产业中的中小企业。财阀是一种多元化的巨大资本，它可以靠在某些产业领域的高收益来进军新产业。在进入新产业

---

① [韩]具海根：《韩国工人阶级形成的文化与政治》，梁光严、张静译，社会科学文献出版社2004年版。
② 韩国信用评价公司公布的财阀企业从业者数量在IMF之前的1996年达到了最高值，之后一直在持续减少。与1987年相比，2001年30大财阀以及5大财阀中每个企业的平均雇佣人数都减少了约1/3。
③ 劳动所得分配率=人均工资/人均创造附加价值。

的初期有足够的经济实力展开恶性竞争,在竞争对手倒闭后再抬高价格,最终使消费者受害。另外财阀集团内部有足够大的商品市场,集团内部企业之间相互购买,从而使其他企业无法与之竞争。财阀的存在极大地扭曲了市场竞争,使市场不能够充分发挥其使效率最大化的功能。

2. 财阀改革的失败

鉴于财阀体制的上述危害,政府希望对其进行改革,以限制财阀在韩国经济中的垄断地位以及财阀家族对企业集团的垄断。朴正熙时代结束后,财阀不再是政府可以随意指使的棋子,政府开始通过一系列法规来约束财阀。但总的趋势是财阀不断反抗,导致这些法规的约束力越来越弱。这些法规中最重要的就是"出资限制政策"和"所有权分散改革"。

(1)"出资限制政策"节节后退

80年代起,财阀纷纷从国家金融机构获得低息贷款以进军新的产业领域。他们往往通过旗下的一家公司得到贷款后再让这家公司投资其他公司,也就是通过"加工资本"在不追加投资的情况下不断扩张。这种投资使得中小企业难以立足,财阀企业的资本负债率迅速升高,经济体系变得非常脆弱。为了遏制这种病态扩张,政府在1987年出台了"出资总额限制"制度。这一制度遭到了财阀们的反对,政府一直不断让步,这一制度渐渐失去了实际效力。

1987年这一制度出台时把资产规模在4000亿韩元以上的企业集团指定为受限制企业集团,规定集团内公司向其他公司出资时出资额不能超过本身净资产的40%。金泳三政府把受限制企业范围明确地确定为30大财阀,企业出资比例的上限也更加严格,改为25%。但是经过财阀们的讨价还价,这一制度增添加了例外规定,如果企业集团的所有权不完全集中于财阀家族而是实现了所有权分散,那么可以不受这一制度的限制。金大中政府和卢武铉政府不断缩小这一制度的适用范围,2002年受限制企业变成了资产规模在5兆韩元以上的企业集团,2005年更改为6兆韩元以上,2007年更改为集团总资产10兆元以上、单个公司资产2兆元以上的公司。不仅如此,如果企业符合所有权分散、经营透明、负债比例良好等条件,都可以不受这一制度的限制。[①]

---

① [韩]崔正杓:《失败的财阀政策》,Hainam 出版社2007年版。

(2) 财阀集团所有权分散改革的失败

政府一直希望改变财阀的家族企业这一特性，希望企业所有权能够更加分散到多数股东手中，由职业经理人掌握经营。为此，全斗焕政府通过1987年的"公正交易法"规定企业集团中不允许存在纯控股公司（pure holding company），以避免财阀家族利用"加工资本"通过控制一家纯控股公司而控制整个集团。在这一限制下，财阀家庭选择控股集团中的核心营业公司（operating company），再通过这些公司购买旗下其他公司的股份，在集团内部形成复杂的循环出资关系。[①] 1997年金融危机爆发后，财阀们以便于进行结构调整为由，强烈要求政府允许建立纯控股公司，政府统一了这一要求。从此之后，财阀集团里的循环出资结构变成了"金字塔"结构，也就是财阀家族控制控股公司，控股公司再控制子公司，子公司控制孙公司。这样一来，财阀家族们可以用更少的资本支配整个集团，企业集团所有权在财阀家族内部的传承变得更简单，少数家族对韩国经济的掌控更加稳固了。

对于以遏制财阀家族掌握企业集团为目的的"公正交易法"，财阀们采取了不断提出异议和消极对抗的态度。在金融危机后，财阀又以保护企业经营权不受外资威胁为由迫使政府修改了这一法律。

(三) 财阀势力全面渗透社会

财阀为了保障自身的经济地位而积极利用民主制度框架中的各种权力。财阀不仅通过政治资金影响着总统选举、政党和国会，而且还把媒体、学者变成了代言人。

1. 财阀对政治的影响

韩国财阀对政权的影响力体现在以下几个方面：在总统以及国会选举中通过政治献金影响选举结果；通过媒体影响选举、立法、司法和行政；

[①] "控股公司"可以是纯控股公司（pure holding company）和营业公司（operating company）。纯控股公司不从事具体经营活动，只拥有其他企业的股份并对其进行支配。营业公司在从事经营活动的同时又控股其他公司，对其进行支配。控股公司制度在欧美广泛存在，但控股公司一般拥有子公司100%的股份，因为这些控股公司的设立目的不是扩张，而是用最少的资本控制更多的企业。在此前提下，拥有100%的股票可以防止小股东干涉经营，控股公司对子公司的分离和支配都非常容易。公司上市时（也只有控股公司上市），子公司的经营成果则影响控股公司的股价。但是韩国的财阀集团中，总裁进行封建家长制式的独裁管理的传统由来已久，其他股东很难干涉经营权，控股公司制度被财阀家族们用作了企业扩张的手段。

通过法律途径与试图制衡财阀的政府力量对抗；通过网罗精英人才瓦解司法机构、行政机构、市民社会对财阀的监督和制约能力，甚至掌握话语权，影响全社会的价值观判断；通过其掌握的信息技术和数据库把握韩国社会各个领域的动向，并预测和影响未来。财阀通过提供政治资金实质上参与了民主竞选，致使无论哪个阵营当选，都对财阀报以感激，难以强势推动不利于财阀的改革。

在民主革命成功之前，财阀向政治人提供选举资金很大程度上处于被迫，是一种"保护费"。财阀为了避免来自司法和行政权力的打击、获得更多的优惠待遇而积极提供政治献金和贿赂官员，政治献金一度成为"准租税"。财阀出钱资助选举的传统一直延续至今，但其中隐蔽的政治献金越来越少，原因来自两方面：一方面选举法不断完善，围绕选举活动的司法、行政、社会监督越来越透明；另一方面政府对经济资源的控制力减弱，财阀对韩国各个领域的影响力提升，政治人权力寻租的空间变小。尽管如此，财阀的资助仍然是选举资金的主要来源，而且由于选举越来越"烧钱"，获取财阀资助是走向选举成功的必由之路。

当民主革命进入高潮，财阀们也开始为其政治资金赋予条件。1988年"全经联"负责人也是LG的总裁公开声称不向反企业的议员提供政治资金，马上各个政党都发表了"不反对自由经济体制"的公开发言。① 此后，经常有财阀总裁声称不向阻碍市场经济和企业活动的候选人提供支援②，致使政党们的选举公约中都必须考虑亲企业政策。2002年的总统选举中，"经总（韩国经济人总协会）"组成了"大选评价委员会"，对总统候选人的选举公约进行评价，"全经联"的智库"韩国经济研究院"从2001年起就准备了"下任政府政策课题"的报告，对政府和政界提出了明确的要求。财阀们已经成为政治资金的积极提供者，成了政治的幕后老板。

几家大财阀有充足的资金实力，在提供政治资金时不仅集中支持"亲企业"的政党和候选人，而且也密切关注民心动向，不漏过任何有可能当选的候选人。这种秘密的支援活动甚至在党内候选人竞选期间就已经

---

① 이종보,"민주주의 체제 하 '자본의 국가 지배'에 관한 연구:삼성그룹을 중심으로",성공회대학교 사회학과 박사졸업논문, 2010.

② 최홍섭외,"삼성그룹, 대선자금 선별지원",《조선일보》, 2002. 9. 13.

开始，财阀考虑到即便被支持者不能在后面的选举中"出线"，今后也会在政党内部具有一定的影响力。2007年一名前国家安全企划部的工作人员泄露了政府针对三星的秘密调查内容，这被称作"X档案"事件①，"X档案"揭露了财阀如何对韩国各种权力进行行贿和长期"管理"。其中有窃听录音资料表明，1997年总统选举之前三星总裁李健熙通过其妻弟也是《中央日报》社长向"保守阵营"和"进步阵营"的多名候选人提供了政治资金，结果金大中当选后曾专门向三星表示了感谢。卢武铉的选举曾被称为"干净的选举"，在缺乏选举资金的情况下，卢武铉向国民化缘，掀起了一股对卢武铉的支持热浪。然而在卢武铉的选举资金被公开后，人们发现其中与财阀们贡献的120亿韩元相比，国民捐款的区区50亿韩元可真是小巫见大巫了。

在选举中，财阀虽然更乐意资助保守政党，向保守政治人提供的选举资金更多，但也会向有实力的其他候选人提供必要的选举资金。财阀两边下注的原因之一是不愿与未来的青瓦台交恶；原因之二是希望从竞选时就积极影响民主派的执政理念。财阀的选举资金模糊了"进步阵营"和"保守阵营"经济政策倾向之间的差异。2005年11月中央选举管理委员会对经济、民生、社会、福利、教育、环境、政治、行政、外交、安保领域里的37项选举公约进行了比较分析，发现包括"进步"和"保守"之内的5个政党所公布的政策差别很小。② 选举结果表面上虽然由选民决定，但实际上财阀与政治人的暗中交易早已把国民排除在了政治舞台之外。

财阀的经济支持是竞选获胜的前提条件；财阀提供选举资金不具有明确的目的性，不是直接的权钱交易，但青瓦台永远都会重视财阀的利益。

2. 财阀对政府与司法部门的影响

财阀对政府政策的影响渠道既有公开的也有隐秘的。

财阀影响政府政策的公开渠道是通过旗下的研究院以及企业联合会与政府相关部门展开紧密合作。财阀们都有各自的企划和战略研究中心，有强大的研究能力和长远系统的发展战略，"全经联"会长团每月至少召开一次会议，议题涉及经济、劳资关系、政治资金、教育等多方面。"全经

---

① 《한겨레》，2005.7.23.
② 중앙선거관리위원회，"중앙선관위，5개 정당의 주요정책 인테넷에 공개".

联"还经常和政府经济部门官员们召开联席会议，讨论有关投资、贸易、利息、汇率和税收等方面的政策。"全经联"下设的30多个经济研究机构则随时与政府的相应机构保持紧密合作。

财阀影响政府以及司法机构的秘密渠道是与重要人物建立长期良好的私人关系。例如市民组织"参与联带"对三星的研究就发现，三星拥有三种人际关系网：①第一种人主要是有过政府高级官员任职经历的人，他们可以为三星充当贿赂人的角色，影响政府与三星集团有关的政策讨论；②第二种人是法律界人士，当三星遇到法律问题时充当"盾牌"；③第三种人活跃在舆论与学术领域，包括媒体人、学者甚至市民运动活动家，帮助三星宣传其价值观，营造良好的舆论环境。[①]

在韩国，很多政府官员退休后会被财阀企业聘用。例如商工部官僚往往到制造业企业，财务部往往到金融机构，国防部和军队将领往往到军需产业部门任职，银行的管理层也往往到企业任职。这些前任官僚们往往会担任与政府部门沟通，向政府部门行贿的角色。他们在政府内部物色新的"亲企业"人选，通过日常的"人情来往"建立起长期的友好关系。韩国人戏称政府机构是"财阀家臣预备班"，官员退休后就进入"财阀家臣毕业班"。

三星等大企业与检察院、法院等司法部门的精英也长期保持良好关系，三星不仅为其提供经济利益，而且还动用自身在该领域的强大人脉帮助"亲三星"的精英们获得更多的晋升机会。[②]实际上企业也直接雇佣了很多法律经营作为法律顾问。三星"企业调整本部"内就有一个30多人的"法律组"，其中大部分都担任过法官或检察官的职务。这个"法律组"集中管理整个集团内部的法律顾问，整个法律顾问的规模竟然超过千人。在大学教授和市民组织状告三星"非法继承侵害股东利益并偷税漏税"时，司法部门的应对显然非常谨慎。他们接受起诉后在最终受理期限到来时才开始立案调查，经过十几年的审理最终还是判处三星无罪。

3. 财阀对舆论的影响

早在80年代民主化浪潮席卷韩国时，三星集团的创始人就断言，青

---

① 韩国"参与联带"组织：《参与联带三星报告Ⅰ》，2005年。
② 郭正洙，"权力已经到了三星手中"，新舆论论坛主办"三星，大韩民国社会以及舆论讨论会"会议发表，2005。

瓦台的权力是暂时的,而媒体的权力是永恒的。韩国实现民主化后,财阀家族不再与政治家庭联姻,但与媒体、文化领域的联姻却在增加。财阀家族参与竞选很难获得国民的支持[①],但却成功地掌握了韩国媒体,利用媒体的言论自由影响政治事件进程和政府的执政效率。

财阀对媒体拥有巨大影响力。《朝鲜日报》、《中央日报》和《东亚日报》是韩国的三大报纸,其市场占有率达到70%以上,其中《朝鲜日报》本身是财阀集团,而《中央日报》和《东亚日报》则分别是"三星"和"三养"两大财阀集团创办的,这三家报纸是韩国保守舆论的大本营。在商业化运作的环境中,广告主对媒体的影响力巨大,而财阀是最重要的广告投放商,因此即便是没有财阀背景的报纸和电视台,其在面对财阀相关事件的报道中也经常袒护财阀。财阀旗下的这些媒体企业创办了很多杂志,覆盖了经济、时事、艺术、娱乐等多个领域。三星在60年代还创办过"汉城电视台"和"东洋电视台",后来在80年代被政府强行收购,但财阀们还是成了有线电视频道的大股东,并且通过娱乐公司控制着电影制作、电影放映以及录像市场的大半江山。除了直接拥有媒体企业之外,财阀们还通过巨额广告费影响着所有媒体。三星、现代和LG旗下的广告公司垄断了韩国的广告业市场,他们不在对财阀持批判态度的媒体上发布广告,通过支援"特辑报道"等形式影响记者们的选题和报道倾向。[②]

保守倾向的韩国媒体经常与民主派政府发生冲突。例如金泳三政府要修改"劳动法"而增进工会权益时就遭到来自"朝中东"的猛烈批评。金大中政府为了克服金融危机曾经对财阀进行产业结构调整,在外交中则提出了对朝鲜的"阳光政策",这些重要国策都遭到了保守媒体的激烈批评。不利的舆论环境使金大中政府的改革更加艰难,还使执政党在国会选举中落败。民主阵营的另一位代表卢武铉在总统竞选期间未能与保守媒体建立良好关系,上台后倚重互联网,与保守媒体进行了针锋相对的斗争,而保守媒体的不合作态度也是导致其上台后不久就被弹劾的重要原因之一。此后,卢武铉政府的多项改革措施都遭到保守势力的掣肘,而保守媒体首当其冲充当了青瓦台的绊脚石。面对保守媒体的不合作态度,金泳三

[①] 现代集团家族就热衷政治,其创始人郑周永曾经参加总统选举而失败,其儿子郑梦准竞选大国家党总统候选人,也在民意投票中失败。

[②] 韩国舆论研究所:《新闻与放送》,1989年11月。

和金大中政府通过查缴偷漏税款对其进行起诉,卢武铉政府则设立专门机构监督媒体报道中的失误,将其诉诸公堂,还通过修改一系列法规来扶植非保守媒体。保守媒体有财阀作为强大后盾,政府的上述努力都不能动摇其行业垄断地位。

财阀在媒体业中的经营活动一直受到法律限制,保守派李明博上台后放松了这些法律限制,使得财阀对韩国媒体的控制进一步强化。韩国的"广播法"不允许大企业和报社购买电视台的股份,李明博政府通过了"媒体相关法修正案",使得大企业和报社最高可持有无线电视台10%的股份,综合频道和新闻频道各30%的股份。"媒体相关法修正案"还废除了大企业可持有卫星电视股权的上限,允许媒体企业购买其他媒体企业50%以上的股份。"媒体相关法修正案"出台后,财阀在报业中的收购兼并变得非常容易,而且也开始涉足电视广播业。新任总统朴槿惠也是保守派代表,不会转而限制媒体业中的财阀,因此财阀在韩国媒体中的地盘还将继续扩大。但是,今后以互联网为载体的各种舆论空间的发展会对保守媒体形成一定冲击。

财阀还影响着学术研究领域。财阀设立了很多研究所,这些研究所不仅研究经济问题,也涉及社会发展、国际关系等领域,其中很多研究所有很高的声望,例如三星的三星经济研究所向国内外的政府和企业提供各种领域的研究报告,被评价为"研究力量不弱于首尔大学"。"全经联"下设的韩国"经济研究院"与"经济社会发展研究所"在韩国的研究领域里也举足轻重。财阀们从90年代起开始热衷于设立财团,以1995年为例,财阀设立的社会文化财团有14个,高等教育财团32个,这些财团积极支援学术研究,其中一部分对社会教育和政治教育非常积极。财阀们从80年代起就开始直接经营大学或者成为某所大学的主要经济后援,为优秀学生提供奖学金,这些支援影响了大学里的研究方向和立场。

再次,财阀在国内外帮助政府承担了很多社会责任,这种"回报社会"的做法为其赚得了美誉。在国内,很多财阀建立了体育、文化、教育、环保和社会救济等方面的基金,财阀总裁及其家人则出任此类社会组织的理事。在国外,财阀总裁们经常作为韩国代表参与各种国际经济协商组织,担任民间外交官的角色,成为政府的帮手、国民的骄傲,同时也提升了其在世界上的影响力。

最后,财阀企业的成功经营本身也赢得了国民的认可,特别是财阀企业发展为世界优秀企业后成为韩国国家形象的代表,成为韩国人的骄傲。财阀企业在韩国的就业市场上极受青睐,因为进入财阀企业意味着更高的薪酬待遇、更高的个人发展平台以及与精英共事的机会。财阀的很多创业者们往往都是白手起家,短短的一二十年内建立起了自己的企业帝国,仅通过一代人就跻身世界500强企业。他们都有超乎常人的毅力和胆识,他们的成功激励了韩国人。当韩国报纸报道三星的品牌价值超过索尼,三星电子的年利润超过日本10大电子企业之和,历来具有强烈民族主义倾向的韩国民众更加为财阀企业感到自豪。财阀企业深知国家品牌对产品品牌的影响,也积极在海外宣传韩国。他们宣传韩国文化,促进民间友好交流,"韩流"就是驻外财阀企业为了促进民间交流首先引入海外的。企业们在海外还积极开展回馈当地社会的活动,在提升企业美誉度的同时也提升了韩国美誉度。在申请奥运会、冬奥会和世界杯等重大国际盛会时财阀们更是积极参与,不遗余力地动用其财力以及在各个国家的影响力帮助政府,是成功举办各种国际盛会的功臣。

上述多种因素使财阀的立场与价值观在潜移默化中被全社会所接受,虽然财阀的"思想垄断"也受到了很多反财阀势力的指责,但我们看到以市场和效率为导向的思维方式渐渐占了上风。

4. 财阀构筑的社会精英私人关系网

财阀"高效"与"先进"的形象近年来逐渐在韩国国民中确立起来,政府以及司法部门与财阀企业之间的人才流动现象突出。在韩国实现政治民主化后,高级行政官员和司法官员大多会随着政府换届而卸任。政治资本只能持续5年,但经济资本却在特定家族的世代之间持续传承,加上财阀企业待遇不断上涨,财阀对韩国社会各个领域的影响力不断增加,越来越多的精英聚集在财阀家族周围。政府和政党也开始积极引入财阀企业高层出身的人才。金大中时期的"宪法裁判所所长"就有过3年以上三星法律顾问的经历,卢武铉政府的第一任信息通讯部部长也曾是三星的CEO,卢武铉政府还曾经任用三星集团内中央日报社的社长出任驻美大使。卢武铉政府在执政过程中经常把三星出身的人作为顾问。总统直属的"三大国政课题推进委员会"的民间委员中有两人是三星出身。国务总理室规则改革企划团内的健康保险组负责医疗产业化政策,也有三星生命的职员被借调工作。三星经济研究所的专务理事甚至成了国家情报官。卢武铉政府把三星作为政府改革的样本。2005年5月的"第6次政府革新世界论坛"就学习了三星电子的革新战略。这种"从财阀向政府"的新的人才流动进一步强化了政府的"亲企业"作风。随着优秀人才不断聚集到财阀企业，在三星等企业工作已经成为精英的代名词，政府从这些企业管理层中选拔人才的现象越来越多，人才流动已经由"从政府到企业"的单向流动变成今天的"政企间双向流动"，这种人才流动使得韩国政府、司法部门的价值观与财阀企业越来越趋同。

财阀通过牢固的私人关系巩固起了其精心建立的社会精英关系网。在韩国，学缘（校友）、地缘（同乡）和血缘是形成亲密人际关系网的核心因素。财阀们充分利用了这些关系连接起了韩国的各界精英，建立起了一个强精英（Power elite）集团。在学缘、地缘和血缘中，血缘纽带最为牢固，韩国财阀的婚脉网络也是其私人关系网中的核心。原本存在竞争的财阀们通过这张婚脉网实现了联合，并且进入这张网络的财阀都带来了自己建筑的精英网络，使这个"私人强精英集团"迅速成长，其影响力无处不在。

30大财阀织就了一张韩国精英集团婚脉连接网，网络中还有韩国迄今为止7位总统中的4位，其他如政党总裁、部长、国会议员、大学校长诸路精英，除此之外这30大财阀还是多个大学的主要支援财阀。

30大财阀的这一"私人强精英集团"主要形成于90年代之前，从90年代开始财阀家族的子女减少了，其婚姻中除了偶尔与媒体以及教育界的联姻外，"豪华婚姻"大大减少，财阀与政界的联姻更少，这也从另一个侧面说明财阀已经能够掌控韩国的各个领域，尤其在与政界的对弈中已经游刃有余。

（四）财阀与2007年保守派的胜利

自民主革命胜利以来，针对财阀的改革未见成效，财阀主张的价值观却渐渐占据上风。国民对"进步阵营"10年的政治、经济改革都感到失望，再加上两极分化、雇佣不稳定等问题的恶化，2007年底"保守阵营"的李明博当选总统。

李明博出身财阀集团的CEO，上台后宣布要带领韩国迅速跨入"先进国家"的门槛，"发展"与"效率"代替"分配"与"公平"，成为这一届政府政策的关键词，为企业创造自由宽松的环境是其重要政策方向。

自李明博政府上台、执政党大国家党成为国会多数党以来，韩国通过了一系列有利于几大财阀的法案,其中争议最大、对韩国未来影响最深远的是《媒体相关法》与《金产分离法修正案》。

2009年7月,韩国通过了《媒体相关法》,这一法律将使韩国媒体业在以下几个方面发生重大变化:此前的《广播法》不允许大企业和报社购买电视台股份,《媒体相关法》通过后,大企业和报社最高可持有无线电视台10%、电视台综合频道和新闻频道各30%的股份;企业可持有卫星电视股权的上限将被取消;在同一行业中,一个公司可以持有其他公司一半以上股票;互联网门户网站被定义为"互联网新闻服务业",网站以及留言者将为互联网言论承担法律责任。提出《媒体相关法》的保守党大国家党主张:限制资本投资媒体业的法律原本就违反宪法,取消这些限制有利于媒体产业的繁荣;新资本注入媒体将为年轻人提供至少两万个就业机会;强化对互联网言论的法律监督有助于建设健康的互联网文化。反对这些法案的意见认为:韩国的大报资本实力雄厚,而且都有明显的保守倾向,如果允许这些大报持有其他报社的股份并且涉足广播电视业,韩国的舆论将有可能被大资本控制;互联网舆论在监督和牵制政府方面起到重要作用,而《媒体相关法》通过后,网络管理者有权删除互联网上"不恰当的留言",因此,这一法案将对韩国的"互联网民主运动"造成打击。在野党、市民组织《媒体行动》以及电视台的工会都强烈反对《媒体相关法》,他们通过民意调查、国会内部对抗、示威和罢工等活动抵制这一法案。大国家党在久议不决的情况下将这一法案上呈国会。7月22日,执政党和在野党围绕这一法案的表决在国会上演了一场"肉搏战"。最终,该法案在一场混乱中被强行通过。

2009年修改前的《金产分离法》规定企业对银行的意见表决权不能超过4%,目的在于防止大财阀过多占有金融资源,均衡大企业与中小企业之间的金融资源分配。大国家党提出了《金产分离法修正案》,将企业可拥有银行股份的上限提高到10%。2009年,大国家党依靠占据议会多数席位的优势,不顾在野党的强烈反对,强行通过了《金融股东公司法》。这一法案将企业可拥有的银行股份比例由4%上调到了9%,9%的股份足以使企业成为银行的大股东。《金产分离法修正案》的支持者们认为,企业资本流入金融业对提高金融业的竞争力大有裨益。反对者们认为,这一法案通过后,韩国经济中占垄断地位的大财阀很可能会垄断金融业。这一方面会使中小企业在市场竞争中陷入更加不利的环境;另一方面如果对这些财阀监管不力，还有可能出现违规借贷，类似20世纪末的金融危机有可能再次上演。

《媒体相关法修正案》与《金产分离法修正案》明显有利于财阀进一步扩大其对韩国的影响力。在保守阵营执政的情况下，财阀帝国的权力很可能会进一步膨胀。

社会调查：韩国人心目中最喜欢的历届总统

历届总统评价，朴正熙仍然得票最高[①]

消息登记日期：2005 年 1 月 28 日

在全部调查中，朴正熙总统得票最高。

韩国人心目中最喜欢的历届总统：

从 1948 年当上第 1 届总统，然后历任了三届总统的李承晚起，到现在的第 16 任总统卢武铉为止，我们国家总共 9 位前任及现任总统中，几乎两人中就有一人最喜欢的是朴正熙总统，得票率为 47.9%。仅次于他的，位于第二位的是第 15 任总统金大中总统，得票率为 14.3%，与第一位有绝对性的差值。

朴正熙总统是通过军事政变上台执政的，1963 年由民选出马，成为第 5 届总统。到 1979 年被不义刺杀致死为止，长期占据总统职位，共连任到第 9 届。

他将开发置于民主化和保留人权之前，尽管被指责为独裁，但是他的新村运动、京釜高速公路建设等为现在韩国经济打下了强有力的基础，他的强有力的领导力和非凡的总统魅力最近再一次证明是最高的。

由此，通过这个理由，尽管现在 10 多岁到 30 多岁的人对他没有任何记忆，朴正熙总统仍然受到了这些不知道他的人的欢迎。

与此相对照的，候选时卢武铉得到最初卢武铉支持者"爱卢会"和同样热烈的年轻人的支持，就任总统后"卢武铉总统"仅得到第三位的 6.7% 的低支持率。

[①] 由韩国政治学会提供，陈海莹译。

［调查概要］
调查地：全国（济州岛除外）
调查人群：仅限于15岁以上的男女
标本大小：1728人
标本抽样：随机选择
标本方法：住户访问、个别会面
调查时间：2004年5月13日至29日
标本误差：±2.35%P（95%信任程度）
依靠机关：韩国盖洛普
调查机关：韩国盖洛普

再一次调查
调查时间、主管、调查内容及结果
政府建立50周年纪念 韩国盖洛普调查
"大韩民国50年的50位人物"调查

〈政治方面〉
第一位：朴正熙（66.9%）
第二位：金九（26.3%）

50位教授抽样调查"50位人物"的调查中：
第一位：金九
第二位：朴正熙
第三位：郑周永
1998年8月16日 美国《时事周刊》杂志"时代杂志"调查："20世纪亚洲20位人物"的调查中：
韩国人中唯独"朴正熙"一人入选
※2009※韩国 一位（朴正熙）
日本6位，中国3位，印度3位，等等

1999年10月21日，韩国电视台KBS财政栏目"吉重燮（길중섭）

评论"（ARS）所进行的"朴总统再评价"民意调查中：

朴正熙的支持率为 79.9%

1999 年 10 月 25 日至 11 月 4 日 MBC："朴正熙前总统纪念馆建立"的韩国民意调查中（6040 位参加者中）

赞成：3482 位（57.6%）

反对：2317 位（38.4%）

不清楚：241 位（4.0%）

1999 年 11 月 30 日新闻人物，한길리서치（注：近似为"大路"的调查公司的名称）共同调查："20 世纪韩国转型中的人物"调查中（以 500 位专家为调研对象）

※2010※20 世纪影响韩国社会最大的 100 位人物中

〈政治、社会方面〉

第一位：朴正熙（95.0%）

1999 年 12 月 7 日《中央月刊》（12 月号）："韩国最著名 10 位人物选"调查中：

第一位：朴正熙（50.3%）

第二位：金九（16.8%）

1999 年 12 月《朝鲜月刊》（12 月号）："本世纪韩国最著名的人物是哪位？"调查中：

第一位：朴正熙（52.1%）

第二位：金九（16.6%）

第三位：金大中（10.7%）

1999 年 12 月 3 日民族新闻：20 世纪 20 个新闻"韩国的人物"调查中：

第一位：朴正熙

第二位：金九

第三位：李承晚

2001年7月月刊新东亚和韩国建议中心与"韩国快艇"（보트코리아）调查公司的共同调查

7月19日东亚日报报道：总统角色最出色的总统是哪位？全国E-mail调查结果（教授13314位问卷调查）

　　第一位：朴正熙（58.4%）

　　第二位：金大中（22.9%）

　　第三位：金泳三（7.2%）

　　第四位：李承晚（3.5%）

　　第五位：全斗焕（3.3%）

2001年12月26日《国情弘报》

※2011※2001年12月27日SBS 8点新闻

2001年12月28日《中央日报》，"联合新闻"报道：历史上最受尊敬的人物（总人数为4500人的对象调查）

　　第一位：朴正熙（21.1%）

　　第二位：世宗大王（19.8%）

　　第三位：李舜臣（12.7%）

　　第四位：金九（10.5%）

2002年1月23日至2月14日《朝鲜月刊》（3月号）："韩国历史上最伟大的人物"网络民意调查（总共15295位对象）

　　第一位：朴正熙4285票（28%）

　　第二位：广开土大王2257票（14%）

　　第三位：世宗大王1930票（11%）

　　第四位：李舜臣1303票（8%）

　　第五位：金大中807票（5%）

2002年2月6日月刊中央，"普安普"调查公司的共同调查："历届总统国家管理能力评价"调查中：

　　综合评分最高：朴正熙

※2012※基本上所有项目中绝对最高评价

1. 国民第一位的政治评价

第一位：朴正熙（56.0%）

第二位：金大中（20.0%）

2. 国政管理能力评价

第一位：朴正熙（55.4%）

第二位：金大中（15.7%）

3. 国民寄予希望最高总统

第一位：朴正熙（60.6%）

第二位：金大中（18.4%）

4. 经济政策评价

第一位：朴正熙（62.0%）

第二位：金大中（15.6%）

5. 历史发展中为韩国作出肯定性贡献的

第一位：朴正熙（52.3%）

第二位：金大中（20.2%）

6. 最有责任感的总统

第一位：朴正熙（54.7%）

第二位：金大中（18.9%）

7. 议事、决断最果敢的

第一位：朴正熙（54.5%）

第二位：金大中（14.5%）

8. 人才起用评价

第一位：朴正熙（30.1%）

第二位：金大中（17.4%）

9. 南北关系改善评价

第一位：金大中（64.4%）

第二位：金泳三（8.2%）

第三位：朴正熙（6.5%）

10. 总统对国民意见尊重程度

第一位：金大中（37.2%）

第二位：朴正熙（11.9%）

11. 民主主义寄望最高的总统

第一位：金大中（36.5%）

第二位：朴正熙（13.5%）

2002年2月18日月刊中央和普迈普联合调查

※2013※2月18日联合新闻报道

1. 前、现任总统在今年参加总统选举，当选情况会是

第一位：朴正熙（46.4%）

第二位：金大中（16.7%）

第三位：全斗焕（9.6%）

2. 如果一边喝茶一边与总统展开对话的话，最感到亲切感的是

第一位：朴正熙（37%）

第二位：金大中（26.9%）

第三位：全斗焕（7.9%）

3. 总统的政策评价

朴正熙：在为民政治、国政管理能力、经济政策、果断的决策能力方面均为第一位；

金大中：在南北关系改善、对国民意见的尊重、民主主义寄予希望方面均为第一位。

2002年6月27日至7月9日韩国盖洛普

※2014※2003年8月14日联合新闻报道："历史上最受尊重的人物"的民意调查（全国仅20岁以上男女为调查对象，共1500人）

第一位：朴正熙（20.1%）

第二位：世宗大王（16.0%）

第三位：李舜臣（15.3%）

第四位：金九（7.9%）

第五位：柳宽顺（2.5%）

2002年8月26—27日韩国总统评价委员会

（委员长：朴东绪）

※《朝鲜日报》报道：历届总统评价调查结果

(有关方面专门学者共320位)

1. 业务落实能力

第一位：朴正熙（63.56%）

第二位：金大中（58.64%）

第三位：金泳三（50.96%）

第四位：李承晚（49.40%）

第五位：全斗焕（49.30%）

2. 业绩落实方面

第一位：朴正熙（66.58%）

第二位：金大中（65.08%）

第三位：金泳三（56.72%）

第四位：李承晚（55.16%）

第五位：全斗焕（52.84%）

3. 资质方面

第一位：朴正熙（62.70%）

第二位：金大中（58.45%）

第三位：金泳三（56.95%）

第四位：李承晚（56.04%）

第五位：全斗焕（51.90%）

2002年10月首尔大学校内新闻"大韩新闻"

※10月14日联合新闻报道：历史上最伟大的总统是哪一位？

（以1687名在校生为调查对象）

第一位：朴正熙（46.0%）

第二位：金大中（咚）

第三位：李承晚（咚）

2003年2月15日韩国研究

2月16日联合新闻报道："包含前政府和现政府，哪个政府好？"调查中

（全国成人男女共1037人为调查对象）

第一位：朴正熙（51.1%）

第二位：金大中（21.5%）

第三位：全斗焕（9.5%）

第四位：金泳三（2.0%）

第五位：卢泰愚（0.5%）

2003年7月 月刊 现代经济调查

（8月号刊登）

※2015※2003年7月29日联合新闻报道：国内100大企业秘书评CEO人物及条件的民意调查结果（应答者：61个公司的82位参加者）

1. 国家CEO中最喜欢的人是

第一位：朴正熙（68%）

第二位：金大中（18%）

第三位：卢武铉（10%）

2. CEO中最受尊敬和最受欢迎的人物是

第一位：李健熙（三星 会长）

※CEO的最大条件是：有先见之明和有决断力

2003年9月22日至11月14日《朝鲜月刊》：5000年韩国最伟大的人物（总共3937人参加）

第一位：朴正熙 1943票（49.4%）

第二位：世宗大王 393票（10.0%）

第三位：广开土大王 2257票（7.4%）

第四位：李舜臣 1303票（5.8%）

第五位：檀君 129票（3.3%）

2003年11月3—8日《东亚日报》与点睛（Eyeclick）公司 共同调查

※2016※2003年11月13日《东亚日报》报道：最受欢迎的总统是哪位？

（6大城市中30、40岁男性，共500人为调查对象）

第一位：朴正熙（51.4%）

第二位：无人（20.6%）

第三位：卢武铉（15.6%）

第四位：金大中（6.4%）

第五位：全斗焕（4.2%）

2004年1月7—25日 电影频道"捕捉"（注：栏目名称）电影门户网站恩奇诺（엔키노）调查公司的调查

※2017※2004年2月4日联合新闻报道：历届总统中哪一位政治最出色？（网民5883人）

第一位：朴正熙（56.7%）

第二位：金大中（29.0%）

第三位：李承晚（3.8%）

第四位：尹潽善、全斗焕（3.3%）

第五位：崔圭夏（1.8%）

第六位：金泳三（1.3%）

第七位：卢武铉（0.8%）

2004年2月24日上午7点（株式会社）点睛（Eyeclick）

※2018※2004年2月26日上午7点报道：现代总统包括历届总统中最受欢迎的是哪一位？

（全国仅20岁以上成人男女共1000人）

第一位：朴正熙（41.7%）

第二位：无人（28.9%）

第三位：卢武铉（12.3%）

第四位：金大中（11.1%）

第五位：全斗焕（2.7%）

第六位：李承晚（1.2%）

第七位：金泳三（0.9%）

2004年3月22日《朝鲜日报》产业部

※2019※2004年3月23日朝鲜日报报道：历届政府中企业界最喜欢的时代是：

（调查对象：李龟泽 POSCO 会长；尹钟龙 三星电子 副会长；具本俊

LG飞利浦LCD副会长；卞大圭，Humax公司总裁及首席执行官等在国内制造业，金融业，合资企业的代表担任CEO的55人）

第一位：朴正熙总统时代（52.7%）

2004年5月8日MBC—TV"直播大韩民国对话中"：历届总统中，最孝顺的总统是哪位（或：哪一位总统是孝子）？

问卷调查（参与人员35220人）

第一位：朴正熙12276票（34.8%）

第二位：金大中9425票（26.8%）

第三位：金泳三4566票（13%）

第四位：李承晚3561票（10.1%）

第五位：卢泰愚2860票（8.1%）

第六位：全斗焕2532票（7.2%）

2004年5月16日民族新闻

※2004年5月16日民族新闻家（注：栏目名称）报道：最受喜爱的国家领袖是？

第一位：朴正熙（50.0%）

第二位：金九（12.3%）

第三位：卢武铉（11.6%）

第四位：金大中（8.6%）

第五位：权永吉（1.3%）

※2004年5月21—24日MBC—TV家（注：栏目名称）《文化日报》（5月29日）等：本时代各方面的特别的英雄是？

（参与调查者：网上1825人）

〈政治方面〉

第一位：朴正熙888票（49%）

第二位：卢武铉443票（24%）

第三位：金大中388票（21%）

2004年5月13—29日韩国研究

※2020※2004 年 6 月 17 日朝鲜新闻报道：我国国民最喜爱的历代总统是哪位？

（15 岁以上 1728 人参加）

第一位：朴正熙（47.9%）

第二位：金大中（14.3%）

第三位：卢武铉（6.7%）

第四位：全斗焕（1.7%）

第五位：李承晚（1.0%）

第六位：金泳三（1.0%）

参考文献

1. 曹中屏、张琏瑰等编著:《当代韩国史》,南开大学出版社 2005 年版。
2. 赵利济主编:《韩国现代化奇迹的过程》,张慧智译,吉林大学出版社 2006 年版。
3. [韩]徐仲锡:《韩国现代史 60 年》,朱玫、孙海龙译,民主化运动纪念事业会,2007 年版。
4. [韩]具海根:《韩国工人阶级形成的文化与政治》,梁光严、张静译,社会科学文献出版社 2004 年版。
5. [韩]朴正熙:《我们国家的道路》,陈琦伟译,华夏出版社 1988 年版。
6. [美]玄雄:《朴正熙》,潘屹译,红旗出版社 1993 年版。
7. [韩]金泳三:《开创 21 世纪的新韩国》,郑仁甲译,东方出版社 1993 年版。
8. [韩]权赫秀:《世纪大审判——全斗焕和卢泰愚审判实录》,中央编译出版社 1997 年。
9. [韩]金勇澈:《三星内幕》,卓惠娟译,大牌出版社 2013 年版。
10. 林震:《东亚政治发展比较研究:以台湾地区和韩国为例》,九州出版社 2011 年版。
11. 尹保云:《民主与本土文化——韩国威权主义时期的政治发展》,人民出版社 2010 年版。
12. 李秀峰:《廉政体系的国际比较》,社会科学文献出版社 2007 年版。
13. 任晓:《韩国经济发展的政治分析》,上海人民出版社 1995 年版。
14. 陈水国:《廉政文化建设大全》,中国方正出版社 2006 年版。
15. 孙晓莉:《国外廉政文化概略》,中国方正出版社 2007 年版。
16. 王伟:《中国韩国行政伦理与廉政建设》,国家行政学院出版社 1998

年版。
17. 郭定平：《韩国政治转型研究》，中国社会科学出版社 2000 年版。
18. 殷正坤：《试论腐败成因及解决途径》，《华中理工大学学报》（社科版）1996 年第 2 期。
19. 冯峰：《国外关于腐败的定义、分类》，《党风廉政教育参考资料》2006 年第 10 期。
20. 陈晓律、张硕：《发展与腐败——韩国模式透析》，《南京大学学报》（哲学·人文·社科版）1998 年第 2 期。
21. 尹保云：《集权官僚制的现代化道路——韩国发展经验探索》，《战略与管理》1994 年第 2 期。
22. 马占稳：《扬汤止沸：韩国现代化中的早期反腐败——韩国现代化进程中反腐败问题研究之一》，《北京行政学院学报》2004 年第 1 期。
23. 马占稳：《釜底抽薪：韩国现代化中的后期反腐败——韩国现代化进程中反腐败问题研究之二》，《北京行政学院学报》2004 年第 2 期。
24. 周琪：《西方学者对腐败的理论研究》，《美国研究》2005 年第 4 期。
25. 张兆本：《对韩国公务员制度及其改革的考察》，《学习月刊》2006 年第 5 期。
26. ［韩］韩国政治学会编：《韩国政治的民主化（现实和课题）》，法文社，1989 年。
27. 焦佩：《经济民主化：韩国右翼政党的新课题》，《当代世界》2013 年第 11 期。
28. ［韩］李胜钟：《民主政治与市民参与》，三洋印刷社(삼영인쇄사•서울)，1993 年。
29. ［韩］金荣枰：《韩国的公务员制度》（下），《北京行政学院学报》2002 年第 2 期。
30. John C. H. Oh Bruce Wiegand: Democracy, Development, and Corruption: The Case of Korea, Korea Observer, Vol. XXVII, No. 4, Winter 1996. 1996by the institute of Korean Studies.
31. Deok-Yeong Kim, The Effect of Corruption on Economic Security and Its Implications. KNDU Revies Vol. 7, No. 1. June 2002, pp. 131 – 158.
32. Korea's Anti-Corruption Programs, The Office of the Prime Minister, Republic of Korea, 1999.

33. Kim Young Jong, The New Anti-Corruption Strategy in Korea: Focused on Socio-Cultural Environmental Education, 한국부패학회보.
34. Yong Soo Park, International Efforts to Combat Corruption and Korea's Anti-Corruption Drive, Korea Observer, Vol. 36, No. 2, Summer 2005, pp. 323-348, 2005by the Institute of Korean Studies.
35. Myoung-soo Kim, A Korean Perspective on Corruption: Challenges to Economic Growth and Governance. Paper presented at meetings on Corruption and Governance held inWashington, D. C. and San Francisco from October 26 to 30, 1998.
36. Byeong-Seog Park, Political Corruption in South Korea: Concentrating on the Dynamics of Party Politics. Asian Perspective, Vol. 19, No. 1, Spring-Summer 1995.
37. [韩] 李秉喆:《湖岩自传》,中央日报社1986年版。
38. 이병철,「호암자전」, 중앙일보사, 1986.
39. [韩] 具滋暻:《道路,只有一条》,杏林出版社1992年版。
40. 구자경,「오직 이 길밖에 없다」,행림출판사, 1992.
41. [韩] 赵东成（音译）:《韩国财阀》,每日经济新闻社1997年版。
42. 조동성,「한국 재벌」,매일경제신문사, 1997.
43. [韩] 宋虎根:《排他式的民主化与有所保留的双重转换：韩国民主化的社会成果和局限性》,载 [韩] 崔章集、[韩] 林玄镇编《韩国社会和民主主义：对韩国民主化10年的评价和反省》,Nanam 出版社1997年版。
44. 송호근, "배제적 민주화와 유보된 이중전환 :한국민주화의 사회적 성과와 한계", 최장집·임편진편, 한국사회와 민주주의:한국 민주화 10 년에 대한 평가와 반성, 나남출판사, 1997.
45. 林荣泰:《大韩民国50年史》,deulnyeok 出版社1998年版。
46. 임영태,「대한민국 50 년사」,들녘 출판사, 1998.
47. 金允泰:《财阀与权力》,新人出版社2000年版。
48. 김윤태,재벌과 권력,새로운 사람들, 2000.
49. 金东运、金德民、白云光（音译）等:《财阀的经营支配结构和人脉婚脉》,Hainam 出版社2005年版。
50. 김동운, 김덕민, 백운광 외, 재벌의 경영지배구조와 인맥 혼맥, 해남

출판사, 2005.
51. 金镇邦：《财阀的所有结构》，Hainam 出版社 2005 年版。
52. 김진방, 재벌의 소유구조, 해남출판사, 2005.
53. ［韩］宋元根、李相昊：《财阀的事业结构和经济力量集中》，Hainam 出版社 2005 年版。
54. 송원근·이상호, 재벌의 사업구조와 경제력 집중, 해남출판사,, 2005.
55. ［韩］崔正杓：《失败的财阀政策》，Hainam 出版社 2007 年版。
56. 최정표,"실패한 재벌정책", 해남 출판사, 2007.
57. ［韩］赵敦文、李柄千、宋元根（音译）：《韩国社会，问三星》，Humanitas 出版社 2008 年版。
58. 조돈문·이병천·송원근,「한국사회, 삼성을 묻는다」, 후마니스트, 2008.
59. 李宗保：《对民主主义体制下"资本支配国家"的研究：以三星集团为中心》，成功会大学社会学博士毕业论文，2010 年。
60. 이종보, "민주주의 체제 하 '자본의 국가 지배'에 관한 연구 : 삼성그룹을 중심으로", 성공회대 사회학 박사 학위 논문., 2010.

后　记

　　对我来讲，最初选择研究反腐败问题，有些初出茅庐初生牛犊的劲儿。那时我刚刚从大学校园进入中国社会科学院工作不久，供职于政治学研究所比较政治研究室，书生气十足，颇有先天下之忧而忧的情结，对于所有社会热点问题，都充满着强烈的社会责任感和使命感，什么都想去试一试。正值我国反腐败工作在全国范围内如火如荼地展开，中央印发了《建立健全教育、制度、监督并重的惩治和预防腐败体系实施纲要》，国家也新设立了国家预防腐败局，自己于是跃跃欲试。加之前期我还对香港廉政公署的反腐败工作进行了一点研究，做了一点小小的积累，于是想就腐败问题进行研究。比较政治的研究侧重于比较，重视对外国经验的学习借鉴，在学习中，我把注意力很快转移到对韩国的关注上。韩国一直是个非常"抢镜"的国家，国内对韩国的反腐败报道很多，像金泳三、金大中等都是我们耳熟能详的政治领袖，像对全斗焕、卢泰愚两位前总统的"世纪大审判"也是我们津津乐道的话题。一代代韩国"大统领"们慷慨激昂，誓将腐败涤荡干净的大无畏精神也让我为之心潮澎湃，很有近距离观察了解和学习这个神秘国度的冲动。

　　幸运女神眷顾了我。在韩国高等教育财团的资助下，2008年，我终于踏上这个国家，并在一年的生活和学习中，与韩国许多优秀的专家学者、高校教师、青年学生、企业家、普通老百姓都有了很多面对面的接触机会。尽管有语言上的障碍，但我还是非常享受这种难得的坦诚相待的交流。其中有多位韩国朋友为我提供过无私帮助，有的教我学习韩国语，带我参观韩国总统府、国会等机构，有的帮我热情联系韩国反腐败民间协会，有的赠送给我许多书籍等重要资料，让我深为感动。

　　也是在这一年的观察和思考中，我的一些观点认识也发生了变化。特别是我在韩国的一年里，韩国政坛、社会发生了大大小小的无数事件，先是热闹非凡的"牛肉风波",然后是经济危机中凋敝的市场;撤去阳光政策后,南北关系陡紧……更引人瞩目的还是政治人物的跌宕起伏——卢武铉的纵身一跳引起我对政治斗争的思索,金大中的去世又让我把目光拉远,直至对整个韩国现代史的追溯。逐渐发现,在国内了解和掌握的一些信息,或多或少有些片面和表层化,越来越不能解释心中很多的疑问。为什么韩国的各届政府、各个领袖人物都在宣扬反腐败,都下决心铲除腐败,然而腐败现象却屡禁不止,甚至个个领袖人物都最终与腐败丑闻纠缠在一起呢?我深感就事论事的浅薄,许多疑惑并不能解开。

此时,我幸运地被选入一个优秀的科研项目,即由我们所所长房宁研究员牵头组织的一批专家学者,在孙冶方经济科学基金会和北京修远经济社会研究基金会的支持下,开展的为期三年的"东亚政治发展研究"课题研究。该课题以实地调研为基础,注重历史过程与社会现实的考察,通过寻访大量当事人,获得了大量直观认识和第一手材料,通过对这些材料进行比较研究,获得了许多非常具有原创性的新认识。这些宝贵的学习经历和科研成果大大开阔了我的视野和眼界。因此我开始从理论上重新观察韩国,观察韩国的腐败问题。有一位专家评价得好:韩国的民主仍然在成长中。对我而言,对韩国的认识不也应该是一个不断的学习、不断的认识的过程吗?

常听说,读书的境界有一个从薄到厚再到薄的过程,实际上是对知识积淀归纳和演绎的形象化表述。经过几年的学习和思考,加上像房宁研究员等名师的点拨教诲甚至耳提面命,我终于有了今天的阶段性成果。说成果有些牵强,更多的应该是一个记录,是对这个问题思考过程的一个阶段性的记录。任务远未完成,仍需继续努力!

路漫漫其修远兮,吾将上下而求索。

2014 年 2 月 2 日于北京,初稿完成有感而发